| 光明社科文库 |

华侨大学马克思主义学院马克思主义学科建设成果

传统文化与人文精神

汤忠钢◎著

光明日报出版社

图书在版编目（CIP）数据

传统文化与人文精神 / 汤忠钢著. --北京：光明日报出版社，2020.2

（光明社科文库）

ISBN 978-7-5194-5604-7

Ⅰ.①传… Ⅱ.①汤… Ⅲ.①中华文化—研究 Ⅳ.①K203

中国版本图书馆 CIP 数据核字（2020）第 025237 号

传统文化与人文精神
CHUANTONG WENHUA YU RENWEN JINGSHEN

著　　者：汤忠钢	
责任编辑：曹美娜　黄　莺	责任校对：张　幽
封面设计：中联学林	特约编辑：万　胜
责任印制：曹　诤	

出版发行：光明日报出版社

地　　址：北京市西城区永安路 106 号，100050

电　　话：010-63139890（咨询），010-63131930（邮购）

传　　真：010-63131930

网　　址：http://book.gmw.cn

E - mail：caomeina@gmw.cn

法律顾问：北京德恒律师事务所龚柳方律师

印　　刷：三河市华东印刷有限公司

装　　订：三河市华东印刷有限公司

本书如有破损、缺页、装订错误，请与本社联系调换，电话：010-63131930

开　　本：170mm×240mm

字　　数：213 千字　　　　　　　　印　　张：14.5

版　　次：2020 年 2 月第 1 版　　　　印　　次：2020 年 2 月第 1 次印刷

书　　号：ISBN 978-7-5194-5604-7

定　　价：93.00 元

版权所有　　翻印必究

序　言

忠钢博士的新作《传统文化与人文精神》即将付梓，索序于我。感其诚不敢拂其意，就不揣谫陋，略为之言。确如忠钢在其文中所说，"中国文化浩大恢宏包罗万象，这往往使得欲图了解中国文化的人们深感困惑。因而从整体上先把握中国文化的精神气质，就成了首当其冲的切入点"。书中究意于此，特设专章给予讨论，我认为是非常有必要的，忠钢也就此做了有价值的概括。这里我也谈谈我在这个问题上的看法。

在我看来，中国是礼仪之邦，中华文明又称为礼乐文明，中华文化也称为礼乐文化，礼乐可以说已经成为中国人、中华民族的文化名片。虽然经过五四运动打倒孔家店、推翻"三座大山"，以及"文化大革命"的"破四旧"、"批林批孔"，传统文化遭受了较大的破坏，但礼乐文化的基因仍然留存在我们每一个中国人的血液里，留存在我们日常的一言一行、所思所想中，这是无论如何也无法磨灭的文化印记。

但是，毕竟时过境迁，21世纪的中国，与传统小农自然经济时代的、一切都很慢很慢的慢生活的传统中国相比，无论是政治经济、科学技术，还是人们的思想意识、生活方式，都早已经有了天壤之别。那么，传统礼乐文化对于我们今天的中国与中国人，究竟还能有什么价值呢？对此我要肯定地说：有价值，绝对有价值！其价值主要体现在以下几个方面。

一、在道德观念上，传统礼乐文化教会我们仁爱和敬畏

孔子说："人而不仁，如礼何？人而不仁，如乐何？"意思是指，一个人内心若是没有仁爱，又如何能够真正实践礼乐呢？换句话说，仁德是礼乐的基础。中国的传统礼乐是古代先贤们在日常的生产与生活中总结出的生活经验和生存智慧，其中体现了我们的先祖对于生活、对于他人及天地自然的仁爱和敬畏。这种敬与爱，往往也就在古人所设计的人际交往的各种礼节，以及敬天祭祖的各种仪式中充分展示出来。所以，当今天我们重新学习和实践传统礼乐文化，这一份仁爱和敬畏之德性与情感自然也就能贯通于我们的身心之中。

二、在言行举止上，传统礼乐文化教会我们优雅和从容

《论语》里面讲："质胜文则野，文胜质则史。文质彬彬，然后君子。"大意是说，对于一个人而言，太过于质朴率性，往往会显得有些粗野不礼貌；太过于讲究礼节，又会显得浮华不真诚。只有既质朴又讲礼，文质彬彬，才称得上是君子。所以，对于一个君子来讲，其内心一定是纯朴率真的，外表也一定是彬彬有礼的，显得优雅而从容。这就是在传统礼乐文化的熏陶下培养出的谦谦君子的形象。我们今天若能在大中小学中合理地推行传统礼乐文化的教育，也同样能够将我们的青少年培养成理想的君子。

三、在社会风气上，传统礼乐文化培养公序良俗

移风易俗，是传统礼乐文化几千年来一以贯之的重要社会功能。传统礼乐文化一方面可以通过对个人日常行为举止的规范教育以及道德心性的全面培养来形塑谦谦君子；另一方面也可以通过统治者在各种大型典礼中的礼乐实践来向社会大众传导礼义廉耻的基本价值观，让民众明确是非荣辱，从而形成良好的社会道德风尚。而在移风易俗的社会教化效果上，乐显然又比礼的作用更明显。比如《礼记·乐记》中就讲："乐也者，圣人之所乐也，而可以善民心，其

感人深，其移风易俗，故先王著其教焉。"所以，今天我们对于传统音乐，尤其是早期儒家所讲的雅乐的当代转化、传承传播方面多下功夫，一定能起到很好的社会教化作用。

忠钢与我互为师友，相交之日匪浅而每感其朴质，个性不乏其较真又不喜周旋于人事，每类清净散人，故而深契我心所喜。这大概也是浸染于传统文化由衷而出的风致吧。

特为之序于上。

冯兵
2019年6月5日于华园

前　言

　　本书涉及的文化比较和文化哲学的话题，其为学界热续之研究，从20世纪八九十年代以来迄今已逾数十年，也可谓旷日持久。忆昔笔者治学之初，关于此类题目的讨论正盛，而当时我所初始的研究方向也即所谓"传统文化的现代化"，因而对所谓"文化""传统与现代""中国文化的基本精神"以及"中西人文比较"诸类题目，自然要给予相当的关注和展开一些思考，并在导师王国炎教授的指导下陆续写作发表了一批水平参差的论文。2003年笔者入中国人民大学哲学院，重点研究近代思潮与现代新儒家专题。但就实而言，文化哲学恰也是现代新儒家诸大家理论探索的中心。现代新儒家的文化哲学因为其中西贯通的学理纵深度确乎有其独特的品质，浸染有年，也催动了笔者学术视野和研究方法的成长，从过程来看，这当然是非常重要的训练的一环。近年来因教学工作需要，一直给华侨大学境外研究生同学讲授"中国传统文化概论"课程，俯仰之间十数年往矣，学术工作始终没有离开文化哲学这个基本领域。深感其既有可以深拓的哲理魅力，又始终联系生动活泼的生活世界的本根，荡漾于历史感和现实性的光影婆娑之间，确有令人欲罢不能的吸引力，此间三昧诚非一言可尽。

　　这里汇集的文字，是笔者从事文化哲学研究以来部分笔耕的成果，多数曾在各类学术期刊发表过，或被转载，或被学术索引。虽然时过境迁，文化哲学领域的研究日新月异，不断向前发展，但敝帚自珍的心态使然，笔者还是比较珍惜这些小作品的，也自信其仍然有一定的价值可以供有兴趣的读者寓目和参考。所以仍然愿意将其整理出来结集出版。

从结构的角度看，本书围绕以下几个基本问题展开。

第一部分：围绕"文化"这一活跃在我们的生活语言和文本叙述中的高频语词，切入作为概念的"文化"界说，发现其确为一众说纷纭的、令人困惑的"斯芬克斯之谜"。从文化成果的角度对"文化"做现象性描述、从文化于人的功用的角度对"文化"做功能性界说、从文化的历史演变性的角度对"文化"做历史性定义，以及从文化对社会发展的标识性和对人的主体性的反映之角度予"文化"以社会性、主体性意义上的阐明，都是考察文化问题、界定"文化"概念的必要视角和线索，也从不同方面深化和推进了对这一论题的研究。但值得推敲和商榷的东西无疑也是很多的。

笔者以为融合其可取之处淬成一个哲学意义上的定义：所谓文化，就是人类主体在存在的历史上和社会实践的活动中，持续外化、对象化自我的本质力量，去适应、利用、改造客体即自然、社会及人自身，同时又确证、丰富、发展自我本质的过程和成果，它是人与物、主体与客体、内化与外化的辩证统一。该定义方法把"文化"理解为是人类在社会实践史上的"人化"与"化人"的整个互动过程和成果的总和，紧扣人的"文化主体性""文化的社会性""内化、外化的同一性"，以及兼顾"文化的社会功能性与历史性"等特点，说明了这样几种关系。(1)文化的根源及本质意蕴——人自我的本质；(2)文化的起源或发展动力——社会性实践即主客体互动过程；(3)文化的结构——人的知、情、意生命特性在实践中相应开出的科学、艺术、道德（宗教）的文化体，它由内向外呈现了心态—制度—器物—行为的结构层面与线索；(4)文化的动态过程——"人化"和"化人""外化"和"内化"的统一；(5)文化的意义与目的——"化人"：人的（本质）全面自由的发展（亦即人的现代化）。文化即社会实践史中实现的"人化"与"化人"的唯物而辩证的、积极统一的过程和成果，这是笔者对"文化"基本理解和笔者整个文化哲学的理论基石。

第二部分：中国传统文化的基本精神与基本特征的问题。

众所周知，中国传统文化浩大恢宏，包罗万象，要相对其有一个整体的把握和明确切实的了解，首先就得透过纷繁复杂的文化现象，从哲学层面上揭示其内在的基本精神与气质。于此论域，学术界历来说法不一。而笔者以为，问题或许并没有那么复杂，因为中国传统文化内在的基本精神和基本特征相对而言是清晰的。我赞同张岱年先生所说，把文化的基本精神理解为相对文化的具体表现如文物、制度、习惯等的"文化发展过程中的精微的内在动力，也即是指导民族文化不断前进的基本思想，是文化体系中处于核心地位的基本观点"。并且认为，这些基本思想或观点，又是影响和塑造中华民族的精神气质、生活性格的基本的文化要素与力量。笔者以为："民胞物与"的天人合一精神；"执两用中"的中庸之道与辩证法；"天行健，君子以自强不息"的日新奋斗精神；重人轻神、民为邦本的人本主义态度；不崇玄虚、求实务实的实用理性；太上立德、义以为上的道德主义情怀；"协和万邦"的和平主义态度和"苟利国家生死以"的爱国主义精神，以及海纳百川、有容乃大的文化开放与创新精神就是中国传统文化基本精神的八个维度，它们滋养了数千年中华儿女的精神世界，塑造了无数伟岸的人格，凝聚了民族人心，巩固了国家统一，维护了社会秩序和良好的人际关系，书写了泱泱中华"郁郁乎文哉"的大国气象，值得我们永久地加以珍惜、发展和弘扬。

而所谓中国传统文化的基本特征的概括，有的论者将传统文化归结为以求善为目标的伦理型文化，有的论者以民族的文化心理素质作为解析传统文化特征的基本内核，有的论者把传统文化的基本特征视为伦理审美型或伦理的人文主义。不难发现这些论者的视角皆有精神方面或社会意识形态方面的线索。笔者以为一个民族的文化特征不能简单地用纯精神性或意识形态的方面去概定而缺乏地理环境、生产方式及社会形态诸特性的相应发明，或可说，这至少是不全面的因而也是无法完整地揭示一种文化的民族性差异和独特风貌的。由此，我们认为中国传统文化至少应该有四大基本特征：从经济形态上看，它是农业文化；从社会形态上看，它是封建社会的文化；从社会意识形态诸形式在历史上所起的作用看，它的主体是"内圣外王"的伦理政治文化；从思想文化流派在历史上的地位看，它的正统是儒家文化。

第三部分：关于中西传统人文精神的比较和现代建构的问题。

论及人文精神，历来的观点或者将作为人文精神学科基础的人文文化狭隘地指向"文史哲"，从而将自然学科及其蕴藉的科学精神与人文学科和人文精神对立甚至割裂起来；或者要求消除这种对立与分裂，将人文文化与科学文化、人文精神与科学精神兼容统一起来，但往往又对两者之所以能兼容和统一缺乏深度的学理说明。如果说前一类观点是片面因而是错误的话，后者则是流于肤浅的。本书通过考察人文话词的词义发生和历史流变，认为人文精神论题实质上是一个人性论和理想人格何以可能的问题。把人文论题置于中西方人学、人性论的总体范畴之中，紧扣中西方哲学转向发展的内在线索和特点，从突出中西方哲学与文化比较研究的视界展开论述。笔者认为：从最原初的意义上看，人文主义和人文精神，可以剖分为"人"（性）和"文"（化）这样两个元素，它呼求以符合人性特点的合理知识的教化活动达到对人的改造并促成人的全面自由的发展。作为一个在社会实践史上动态发展的概念，人性具有知、情、意的丰富内涵和求真、向善、持美的独特的活动性，在外化、对象化自我的实践活动中，它又把以科学文化、道德文化和审美文化为支柱的整个文化世界作为自身的证明。从这个意义上来说，人文精神体现为对人性的知、情、意内涵的全面发展，体现为人类求真、向善、持美的掌握世界的手段和能力的全面发展，体现为科学文化、道德文化和审美文化的全面发展。

笔者认为，人类对自我总体的理性认知和把握乃是一个由自发、自在到自觉、自为曲折演进的过程，它受到人的社会实践水平和关系的制约，在中西方传统文化中，人文话语呈现出各自时代的、民族的、地域的特色和差别。从"向善"方向展开的中国传统人文精神以道德主义为特质，西方则有一个以理性主义为特质的人文传统，它是西方人以"求真"维度观照自我和世界的产物。道德主义和理性主义人文精神各有优长又互有缺憾，反映了人文精神的丰富形态和人性在非均衡、非同步中发展的特性。而试图超越传统、沿着"西化"和"中化"两条路向重塑着的中西方近现代哲学文化则各有矫枉过正之嫌，并没有找寻到摆脱人文困厄的真正出路。马克思主义是我们对古今中外人文史的精华和缺失进行学理和事实层面的批判继承、扬弃超越从而建设当代新形态的人文精神的唯一正确的方法论原则和行动指南,社会主义和共产主义则是"人类彻底扬弃异化"、人(性)获得全面自由发展的真正空间,是人文精神最终得以落实和实现的根本出路。

第四部分:传统文化的现代化和现代化范式问题。

现代化理论研究作为"地域研究"的一个部门自20世纪中期兴起于欧美学界而逐步成为国际学术群体共同关注和热烈讨论的重要问题,它大致走过了现代化即"西方化"从而将传统—现代两极对立起来的早期研究阶段,以及试图突破"西化"论并走向传统—现代二元互动模式的当代研究阶段,其间表现了明显的去意识形态化的多元转向轨迹。这种倾向无疑是我们赞赏的。日本学者、爱知大学汉学家加加美光行先生在"2007年现代国际中国学研讨会"上的主题报告《现代中国学新范式》中提出的"共同态度性"与其说是对现代中国学新范式的提倡,毋宁说是对整体的东西方学术理念与方法在彼此间对话关系上的一种建设性态度,它表现了对西方中心主义——无论在观念世界还是现实世界中的——怀疑和批判意识,强调了在"共同态度性"这样一个基础上达成多主体间的"互动关联性"关系共识并追寻彼此间的平等对话、多元互动的可能性。这一观点不仅对实现现代中国学对"地域研究"的突破具有新范式与新方法的重要价值,也可以看成为当代的现代化研究突破现代与传统的"中心"扭结提供了新视野和方法论支持。值得注意的是,与西方学界长久以来的自我中心主义倾向相似,中国近代以降的以现代新儒家为代表的文化保守主义思潮在现代化问题上明确坚守着民族主义立场,主张通过传统的"返本开新"去统摄西学以开出真正"健旺"的"现代化",这里表现了与萨伊德意义上的"东方主义"恰异其趣的另一种"东方主义",即中国文化传统的中心主义情结。以"共同态度性"观之则同样是偏狭而不可取的文化傲慢态度。走出中西方各自的"中心主义"崇拜情结不仅是观念的任务也是现实的任务,但首先肯定是观念的、学理的任务。笔者在这一部分简明扼要回溯了现代化理论研究在西方的发生轨迹,并对中国现代新儒家的保守主义性质的现代化立场进行批评,提出必须放弃对

"永远正确"的思想体系的迷恋,走出发现并代言"绝对真理"的"奇里斯马"情结,化狂傲为谦虚,建立一种对彼此的充分理解和尊重的"共同态度性"和宽容的世界观,以真正走出东西方各色中心主义的阴影,并以之为基础构建当代国际学术的良性生态。

第五部分:对现代新儒家的保守主义文化哲学的评析。

现代化问题在近代中国的提出,主要是在西方强大的政治和经济压力冲击下的诱发反应,"欧风美雨""西学东渐",指的就是中国的现代化过程。近代以来为探求中国社会政治与文化的出路兴起的各种政治文化运动,也大多与现代化有关。

相形之下,明确地对西方中心论说"不"而能独自坚守民族文化主体性的,是现代新儒家一系。对于现代化,既接受又不安是现代新儒家的一个基本的态度,接受的态度来自现实的和功利的考虑,而不安和批评则来源于基本的价值信念,或者说,来源于以心性论为核心的思想体系,因此,他们主张在保存与发扬中国文化传统特别是儒家文化基本价值的前提下实现现代化,主张将标志现代化重要内容的民主与科学重新"由中国内圣之教的源头根本开出"。不能不指出,正是在这一点上,表现了现代新儒家的文化的民族主义或保守主义的性格,而这事实上是对现代化做了隐晦的否定,是某种与萨伊德所批评的"东方主义"迥异其趣的中国文化中心论的"东方主义"。

这种儒家价值中心论延续着"中学为体西学为用"的虚骄态度或者东方对西方的傲慢心理,它在梁漱溟之"'意欲'三路向"说,钱穆之"人生三路向和文化三阶层"说,冯友兰之"人生四境界"说,方东美之"人生两界六层六种人"说中都有明确的反映,尤其在熊十力一系的新儒家中表现得更为突出。唐君毅和牟宗三等人都宗法乃师熊十力弘扬心性之学,又另辟蹊径对话西方康德、黑格尔等西方哲学,努力发掘传统文化的精神和特性,表现了极大的学术创新性和思想性。被誉为"文化意识宇宙之巨人"的唐君毅先生的哲学体系大致由谈"生命存在与心灵九境"的形上学、谈"人生之本与人生两面"的人生哲学、谈"道德自我与自反自觉"的道德哲学,以及谈"人文化成、中优西劣"的文化哲学构成。其代表性作品《心物与人生》《人文精神之重建》《文化意识与道德理性》以及《中国人文精神之发展》等,都是专文讨论文化哲学思想的巨著。

而更为笔者所熟悉,也是博士学位研究阶段的对象人物的牟宗三先生,其规模宏富的"道德的形上学"哲学体系可以说是基于其"心性"(或"仁体""良知""道德理性")的核心概念而做的推演发挥,其反思民族文化的精神,探究文化与人性、文化与心性的逻辑关系,比较中西文化精神的特质与类型,剖析人文与宗教的勾连与融通,描述民族文化的困境与开新重建的可能途径,都极富理论深度和思想新意,值得我们特别地加以重视和研究。比如,其界定中国文化精神开显为一"综合的尽理之精神"和"综合的尽气之精神",而没有开显出"分解的尽理之精神"来,而后者正是西方现代民主和科学的内在思维基础,它在西方文化中发展得比较健全、充分,因而国人只能成就"道德的主体"和"艺术的主体",成就不了西方式的"思想的主体"和"政治的主体"。鉴于中国传统的"德性"直接转出科学和民主是困难而不可能的,于是他进行了由"德性直贯"向"外王之学"的"曲通",此即"良知坎陷"——由道德的心开出学统、政统,建立科学和民主,以此来建构中国社会的现代性过程,但这种现代性,最终又必须服从德性的优先原则。这似乎可以看成是对"心性之学"并不排斥知解理性、不排斥现代民主所做的一种辩解,也是对传统儒学的创新与发展。由此,宣告了一个奠基于哲学人类学基础上,从先验心灵结构与活动特性出发,沟通中西学术风韵,容纳传统性与现代性,以道德理性为内核,转生并统摄政治理性的新颖的现代文化哲学的成立。

应该指出,从"科玄论战"到"良知自我坎陷",现代新儒家一直坚持以人文精神对抗唯科学主义,在中国现代思想史上占有重要地位。现代新儒家所弘扬的儒家传统的人文精神也的确有其合理之处,足以在人类未来的文化建构中占有一席之地。但是,由于"良知自我坎陷"说从反对科学主义出发走到了另一个极端,在归根结底的意义上表现出将科学理性或工具理性人文化的理论趋向,现代新儒家最为根本的价值取向,亦可以说依然处于自我封限,判分德性之知与闻见之知、强调德性主体对知性主体之绝对优位性的传统之中。我们虽不必否认它的理论意义，但是它恐怕也不可能为中国文化带来文明科学理性之光。正如现代新儒家所指出的，唯科学主义的科学一层论的确是一偏之见。但是，现代新儒学在根本的价值取向上所表现出来的"唯人文主义"的"价值一层论"同样难免理论的偏失。如何既不偏废价值理性，也不偏废工具理性，立足于现实的社会实践，谋求价值理想与工具理性的辩证综合依然是我们在推进中国文化的现代转型的过程中应当认真加以考量的问题。

另外，笔者在此部分还提出牟宗三的"人文道德宗教"和"人性论"问题并做了专门讨论。乃是因为此问题确是文化哲学中较为人们所关注和热切讨论的常见问题，因而不能不给予一定之意见。比如人性论问题，牟氏之人性观从传统中走来，又结合中国的时代问题做了新颖的阐发和丰富，而其根底却仍是儒家传统的心性之学及其规定的性善论，其人性观表现了对传统范式的精巧的"保守"，包含了学理和实践上极大的问题。要走出牟宗三式的道德理性中心阴影笼罩下的人性论故辙，要落实其所谓的"全幅人性"即马克思主义所谓"每个人的全面自由的发展"的理想，就要求对传统形而上学的种种幻象给予"去魅"并推动人性观念向"生活世界"和实践的总体的社会历史进程的还原。用传统哲学的概念来说，即"理不离气"才能使人性由潜能向实能、独立而多元、全面而自由地表现、发展出来，从而创造属人、为人、利人的科学文化、艺术文化、伦理文化，这应当被看成当代人文主义者在现实中最根本的任务。

目 录
CONTENTS

序 言 ··· 1

前 言 ··· 1

第一章　文化概念界说新论 ·· 1
　一、"文化"的中西词源学考察 ·· 1
　二、不同视域下的文化界定 ·· 2
　三、对诸种文化定义的评说 ·· 5
　四、作为哲学意义上的文化新定义 ······································· 7

第二章　浅探中国传统文化的优秀精神 ······························· 12
　一、"民胞物与、一体之仁"的天人合一精神 ························ 13
　二、"执两用中"的辩证法与"和而不同"的中庸之道 ············· 15
　三、"天行健，君子以自强不息"的日新奋斗精神 ·················· 17
　四、重人轻神、民为邦本的人本主义态度 ····························· 18
　五、不崇玄虚、求是务实的实用理性 ··································· 20
　六、太上立德、义以为上的道德主义情怀 ····························· 22
　七、"协和万邦"的和平主义态度与"苟利国家生死以"的爱国主义精神 ······ 24

八、海纳百川、有容乃大的文化开放精神与文化创新方法 ………… 26

第三章　关于中国传统文化的四个特征 ………………………… 30
一、从经济形态看：中国传统文化基本上是农业文化 ……………… 31
二、从社会形态看：中国传统文化基本上是封建社会的文化 ……… 33
三、从社会意识形态诸形式在历史上所起的作用看：中国传统文化的主体是"内圣外王"的伦理政治文化 ……………………… 36
四、从思想文化流派在历史上的地位看：中国传统文化的正统是儒家文化 …………………………………………………………… 38

第四章　中西人文精神的历时性比较与现代新建构 …………… 42
一、人文精神正义 ……………………………………………………… 42
二、中西方传统人文精神特质的考订及其现代重塑两条路向的反思 … 55
三、东西方的互相走近
——"人文精神"现代重塑的两条路向、质疑与超越 ………… 66
四、对当代中国人文精神新形态建构的思考 ………………………… 73

第五章　传统到现代的转换
——刍议"现代化"三题 ………………………………………… 83
一、"现代化"问题的凸现及其研究的一般态势 …………………… 83
二、关于"现代化"的界定 …………………………………………… 87
三、"大现代化观"——深化现代化研究的一种可能的思路 ……… 92

第六章　论"共同态度性"范式在传统文化现代化理论研究中的运用问题
——对日本汉学家加加美光行先生《现代中国学新范式》的解读 ……… 97
一、"现代化"问题：缘起及转向的轨迹 …………………………… 99
二、东方保守主义也需要"共同态度性"的洗礼

——传统性：尊重不等于独尊 …………………………………… 104
　三、确立"共同态度性"的关键是走出文化一元中心主义情结 …… 107

第七章　唐君毅现代新儒学文化哲学的反思与批评
　　——兼谈马克思主义的"文化"理解模式问题 ………………… 112
　一、"文化意识宇宙的巨人"——唐君毅 ………………………… 112
　二、从马克思主义哲学文化观出发的批评 ……………………… 117
　三、一个概括的表述 ……………………………………………… 125

第八章　现代新儒家的"民族文化精神之反思"
　　——以牟宗三的观点为案例的说明 …………………………… 127
　一、中国民族文化精神之反省 …………………………………… 127
　二、理性的运用表现与理性的架构表现 ………………………… 134
　三、良知的自我坎陷 ……………………………………………… 141

第九章　现代新儒家文化哲学中的道德宗教精神 ……………… 155
　一、时代悲感与意义唤醒 ………………………………………… 156
　二、开出药方："道德的理想主义" ……………………………… 159
　三、儒学是一人文的道德宗教 …………………………………… 166

第十章　再论牟宗三的现代新儒家"人文教" …………………… 175
　一、儒学具有人文道德宗教的价值及精神内涵 ………………… 176
　二、儒家的"人文教"被誉为宗教的最圆满的形态 …………… 177
　三、人文道德宗教是对治人类"意义危机"的良方 …………… 179
　四、"良知的自我坎陷"使人文道德宗教更趋精致化 ………… 181
　五、小结 …………………………………………………………… 184

第十一章　浅谈现代新儒家人性观的若干问题 ……… 186
一、以"心性之学"的心体、性体界说人性 ……… 186
二、作为对现代新儒学人性观反思的几个批评 ……… 192
三、结语 ……… 198

第十二章　"照着说"与"接着说"
——浅谈牟宗三现代新儒学心性论的特质及其问题 ……… 199

一、牟宗三继承了宋明儒学以心性为本体的基本看法，将心性本体界说为"既存有又活动"、即道德即超越的最高实体 ……… 200

二、牟宗三坚持孟子以来的性善说，将心性本体形而上的"创造性本身"视为理解人性的真所在 ……… 201

三、宋明心学以直觉主义肯定本心仁体之真实性的"工夫论"与方法论在牟宗三那里也得到"保守" ……… 202

四、牟宗三继承了宋明儒学心性论"体用不二"基础上"内圣开外王"的基本视野 ……… 204

五、简短的评述 ……… 205

参考文献 ……… 208

后　记 ……… 212

第一章

文化概念界说新论

"文化"可谓是生动热烈地活跃在我们的生活语言和文本叙述中的高频语词,但作为概念的"文化"的界说,却一直是个众说纷纭、令人困惑的"斯芬克斯之谜"。定义文化是艰难的,目及中外论者之数以百计的文化定义,确有使人晕眩畏怯之感,但它却又是不能被绕避和模糊处理的基本概念,任何涉足文化现代化论域的研究者都必须面对它并标明自己的理会。

一、"文化"的中西词源学考察

同其他学科许多基础概念一样,"文化"概念也有一个从古典到当代、从混沌到澄明、从指意偏狭到内涵、外延得到深广度开拓的漫长发展和反复冶锻的历程。

"文化"一词,中国古已有之。作为内涵丰富的"文"和"化"的并连使用始见于《周易·贲卦·象传》,其文曰"观乎人文,以化成天下",基本含义是"以文教化",指以与武力征服相对待之"人文"即人伦仪则、道德秩序去规范和化易人民于"野蛮",使之开化和文明化的活动。孔颖达在《周易正义》中就说"观乎人文以化成天下者,言圣人观察人文,则诗书礼乐之谓,当此法教而化成天下也"。考之典册,我们还可以看到诸如"凡武之兴,为不服也;文化不改,然后加诛"(《说苑·指武》),"设神理以景俗,敷文化以柔远"(《三月三日曲水诗序》),及"文化内辑,武功外悠"(《补亡诗·由仪》)等类似的表达。可以说,从精神化易的层面谈文化的思路乃是中国古人沿袭的基本趋向。

不过，我们今天使用的"文化"一词则是外来的语汇，相当于英语的"Culture"和德语的"Kultur"，而它们又来自拉丁语的"cultura"，原义含有神明崇拜、耕种、练习、动植物培养及精神修养等意思。与中国古代的"文化"从一开始就较偏重精神教化不同，西方的"Culture"更多地展现了逐渐由物质生产活动引入精神生产活动的特点。18世纪以后，"Culture"在西方语言中演化成个人的素养、整个社会的知识、思想方面的成就、艺术和学术作品的汇集，并被引申为一定时代、一定地区的全部社会生活内容。随着19世纪下半叶人类学、文化学、社会学等学科的兴起，文化问题才真正摆脱朦胧的"前科学"状态而得到广泛的研究。尤其是从泰勒在1871年发表了《原始文化》这一里程碑式的著作并第一次给出文化的专门概念以后，定义文化就如雨后春笋般在学者中流行起来。学者们从不同的研究视界切入分析，一方面为我们深入把握文化论题提供了必要基础和丰富启示，另一方面，又可能让我们陷入文化定义林立的迷宫，甚至失去自己的清醒判断。因而，对纷纭庞杂的文化定义做出科学的分析和清理，既洞识其优长，又见察其缺失，不拘一家，择善而从之，从而达到符合时代发展高度的更明晰和更准确的界说，无疑是必要的。

二、不同视域下的文化界定

面对中外论者们给出的庞杂繁复的文化定义，逐一予以考察也许是一件费力而又不讨好的工作。许多学者都试图在发现这些文化定义的基本特性的基础上，对它们予以归纳分类再加以解析。如曹锡仁在《中西文化比较导论》中将文化定义为四类：（1）文化——成果论；（2）文化——能力论；（3）文化——精神论；（4）文化——行为论。[①] 胡潇的《文化现象学》[②] 则将文化定义为七类：（1）现象描述性的定义；（2）社会反推性定义；（3）价值认定性定义；（4）结构分析性定义；（5）行为取义性定义；（6）历史探源性定义；（7）主体立意性定义。这些归纳类别与取谓不一，大致路向却是相仿的。比较而言，胡潇的

---

① 曹锡仁. 中西文化比较导论［M］. 北京：中国青年出版社，1992：3.
② 胡潇. 文化现象学［M］. 长沙：湖南出版社，1991：3-6.

七分法的视野虽不是决然完全和一定准确的,但确实更加开阔与丰富,提供了一条颇具启发性的线索,我们倾向于以之为基础将诸种文化定义精炼成如下五类。

(一)描述性定义

该类定义一般以对文化内容或成果的详加罗列和具体描述为特征,也是最为常见的中外学者所采用的定义方法之一。被誉为"人类学之父"的英国学者泰勒的文化定义是其代表:"文化,或文明,就其广泛的民族学意义来说,是包括全部的知识、信仰、艺术、道德、法律、风俗以及作为社会成员的人所掌握和接受的任何其他的才能和习惯的复合体。"[①] 我国学者梁漱溟也依此路向定义"文化",他说:"文化,就是吾人生活所依靠之一切……文化之本义,应在经济、政治,乃至一切无所不包。"[②]许多学者把文化做广义与狭义的理会,其在广义上使用的文化一般也是取描述性的意义,如任继愈就把广义的文化理解为包括文艺创作、哲学著作、宗教信仰、风俗习惯、饮食器服之用等的总摄的描述[③]。

(二)社会性定义

该类定义从文化对社会发展水平和阶段之反映的维度上去说明文化自身,突出文化作为社会动态演变状态所规定的标识意义。如1973年第三版的《苏联大百科全书》就这样定义文化:"文化,是社会和人在历史上一定的发展水平,文化这个概念用来表明一定的历史时代,社会经济形态,具体社会,氏族和民族的物质和精神的发展水平(例如,古代文化,社会主义文化,玛雅文化),以及专门的活动或生活领域(劳动文化、艺术文化、生活文化)。"[④] 我国学者杨邦宪认为:"文化是一个社会历史范畴,是指人类创造社会历史的发展水平、程

[①] 泰勒. 原始文化 [M]. 上海:上海文艺出版社,1992:1.
[②] 梁漱溟. 中国文化要义 [M]. 上海:学林出版社,1987:2.
[③] 任继愈. 民族文化的形成与特点 [M] //中国文化研究集刊:第2辑. 上海:复旦大学出版社,1985:1.
[④] 陈华文. 文化学概论 [M]. 上海:上海文艺出版社,2001:6.

度和质量的状态。"① 这无疑也是社会性定义的取向。

（三）主体性定义

该类定义尤其注重发明和强调"人"这一主体对文化的特殊意义和本质地位。弗洛伊德、卡西尔、列维—斯特劳斯的文化概念都可以划入这一类。马尔库塞就分析说，在弗洛伊德看来，"所谓文化，就是有条不紊地牺牲力比多，并把它强行转移到对社会有用的活动和表现上去"②。卡西尔认为人不是什么理性或社会性的存在，人的本质乃在于他的"符号活动"，人类包括神话形象、日常言语、科学符号的整个符号体系是人所有的先验而自在的能力，其外化和实现即展现为文化的结晶，而卡西尔也认为这恰也是人自身的创造过程，文化的本质是与人的符号本性的同一。美国文化人类学家克罗伯和克拉柯亨继续卡西尔的符号—文化学派的线索，强调"文化"概念的人的内在根据，认为"文化是由外显和内隐的行为模式构成；这种行为模式通过象征符号而获致和传递"③。列维—施特劳斯的结构—人类学不仅视文化为一系统，其模式与社会关系及结构相对应，而且穷溯其源，更视文化与社会的结构植根于人类的心灵，所谓文化不过是人类内在结构的缩影而已。

（四）功能性定义

该类定义试图从文化对人的意义、功用和价值的角度去界说文化，强调文化是属人的独具特色的行为工具和生活方式。如英国功能学派的马林诺夫斯基说，文化是"一个满足人的要求的过程，为应付该环境中面临的具体、特殊的课题，而把自己置于一个更好的位置上的工具性装置"④。功能—结构学派创立者拉德克利夫·布朗认为，一种文化的不同方面的中心功能就是要维护这种文

---

① 杨邦宪. 对中国传统文化的再评价 [C] //张立文. 论文集：传统文化与现代化. 北京：中国人民大学出版社，1987：3.
② 马尔库塞. 爱欲与文明 [M]. 黄勇，薛民，译. 上海：上海译文出版社，1987：18.
③ 傅铿. 文化：人类的镜子——西方文化理论导引 [M]. 上海：上海人民出版社，1990：2.
④ 庄锡昌. 多维视野中的文化理论 [M]. 杭州：浙江人民出版社，1987：371.

化的社会结构。孙中山的文化定义也当被看作功能性定义，他认为："简单地说，文化是人类为了适应生存要求，和生活需要所产生的一切生活方式的综合和他的表现。"①

（五）历史性定义

把文化放到历史发展演进的层面，从文化的累积和传承的过程性中去理解文化是该类定义的主要特点。美国社会学家福尔森认为："文化是一切人工产物的总和，包括一切由人类发明并由人类传递后代的器物的全部，及生活的习惯。"② 日本文化学家祖江孝男也指出："文化就是'由后天被造就的，成为群体成员之间共同具有且被保持下来的行为方式（也可以叫模式）'。"③ 美国人类学家摩尔根的古典进化论和怀特的新进化论也都重视对文化的历史阶段性的进化发展的考察和分析，怀特就把作为"象征"（人类行为和文明的基因）的总和的文化视作"是肉体之外的基于象征系统的事物和行为在时间上的连续统一体"④。需要指出的是，这种对文化定义的分类方法同样是就全体的视角，取其共通性而言的一般的区分，而不是什么绝对对立的标准，许多学者的定义在事实上往往可以是上述几类方法的兼容的使用，但他们又确实体现了致思切入点和侧重点的不同，从而反映出表述上的多样性的色彩。因此，提出上述的分类方法并以之为一般把握标准是适宜的。

三、对诸种文化定义的评说

中外学人对"文化"的理解迥异其趣，正可谓"横看成岭侧成峰，远近高低各不同"。就我们的文化分类标准观照下的文化定义而言，必须承认，从文化成果的角度对"文化"做现象性描述、从文化于人的功用的角度对"文化"做功能性界说、从文化的历史演变性的角度对"文化"做历史性定义，以及从文

---

① 陈华文．文化学概论[M]．上海：上海文艺出版社，2001：7．
② 陈华文．文化学概论[M]．上海：上海文艺出版社，2001：7．
③ 陈华文．文化学概论[M]．上海：上海文艺出版社，2001：7．
④ 冯天瑜．中华文化史[M]．上海：上海人民出版社，1990：21

化对社会发展的标识性和对人的主体性的反映的角度予"文化"以社会性、主体性意义上的阐明，都是考察文化问题、界定"文化"概念的必要视角和线索，也从不同方面深化和推进了对这一论题的研究，具有当然的价值。但值得推敲和商榷的东西无疑也是很多的。简单地说，比如较流行的描述性定义把一切文化内容（物质的和精神的）总摄于"文化"，使之无所不包，指意不免过于宽泛而不够精炼，而穷尽文化的外延在事实上也是不可能的。这反倒使其内涵与特质隐而不彰，模糊而不易确切把握，以至于为时人刺为"文化是个筐，什么都可装"了；主体性定义高扬"人学"的旗幡，直指本心，深入发明文化的属人的精神特质和人的内在的文化本性，揭示了文化即"人化"的思路，是很见深度和启发性的。但该类定义往往又陷入"见人不见物"的泥沼，忽视了外在于人的社会历史的客观因素的分析，把"人"从而把"文化"做了先验、静止的抽象处理，这又是我们所不能赞同的；社会性定义则恰恰相反，它很注重社会的客观因素尤其是社会实践活动及社会关系结构对人的文化的制约意义，但又夸大客观因素为绝对的决定作用，对文化的主体人的内在能动根据缺少重视和发掘，是某种意义上的"见物不见人"的错误，使"人"有所谓"遗忘"和"空场"之虞；功能性和历史性"文化"概念也仅仅指向了文化的功用价值性及发展过程性的维度，对文化的社会及人的复杂因素及文化成就都缺少必要反映，用以说明文化的方面性内涵是可以的，而用以界定"文化"则还不甚恰当。总兼诸说，我们不难发现它们都有某种形而上学的单面性，主要体现在作为主体与客体、人向物的外化与物向人的内化被人为地做了一分为二、非此即彼的对待和割裂。而正如我们所知道的，作为主体的人与作为客体的（以社会为基地和媒介的）自然、社会及人自身是一个互动整体，作为人发挥和对象化自我的本质力量以改造客体的外化过程与作为改造客体的成就，即"物"同时对人的自我本质的确证与发展的内化过程也是一个互动整体，它们辩证统一而不可分裂。因此，汲其是而去其非，提出一个超越形而上学化思维，辩证地将人与物、主体与客体、内化与外化二而一地统一起来，从而更能接近文化的实质性内蕴的新的"文化"观，不仅是可能的，而且也是必要的。

四、作为哲学意义上的文化新定义

回顾考察了前哲时贤的文化定义，我们想给文化做出这样一个哲学意义上的定义：

所谓文化，就是人类主体在存在的历史上和社会实践的活动中，持续外化、对象化自我的本质力量，去适应、利用、改造客体即自然、社会及人自身，同时又确证、丰富、发展自我本质的过程和成果。它是人与物、主体与客体、内化与外化的辩证统一。之所以下这样一个定义，我们主要基于如下几方面的考虑，或者说它体现了如下几方面的特质。

（一）它紧扣和凸显对人的文化主体性的理解

在文化的创造和发展中，核心的乃是堪为天地精华万物灵长，有着言之不尽的丰富内涵和创造潜能的人。可以说，文化实质上即是"人化"，是人类自己的本质力量外化与对象化的创造结晶。马克思曾经把资本主义工业史及其已经"产生的对象性的存在"看作"是一本打开了的人的本质力量的书，是感性地摆在我们面前的人的心理学"①。其实不仅工业，人类一切活动领域的任何创造，无论是政治、经济、法律制度，还是科学、艺术、宗教，整个的文化都是"人化"的创造结晶。深入理解人的本质或者说"认识自我乃是哲学探究的最高目标"②，人类迄今对自我本质的丰富性层次事实上已经有了相当睿智的见察，仅就主体类的内在精神的能动特性而言，我们同意把人视作一有着知、情、意的生命特性的存在体。人类身上确实具有明天人之分以掌握自然普遍规律而"为自然立法"的求真的理智性，有求天人合一以实现人生绝对自由的"为人生立法"的求善的意志力，也有兼容并超越真善，愉情悦性的求美的情感能力这样三种独特而互动统一的本质力量。马克思在《1844年经济学哲学手稿》中就强调指出："一个种的全部特性、种的类特性就在于生命活动的性质，而人的类特

---

① 马克思，恩格斯. 马克思恩格斯全集：第42卷 [M]. 北京：人民出版社，1979：127.
② 卡西尔. 人论 [M]. 甘阳，译. 上海：上海译文出版社，1985：3.

性恰恰就是自由的有意识的活动"①,这即是对人的本质的三个方面的简洁概括:"自由"与意志因素密切相关,"有意识"即指理智,活动则具有感性的品格。意志因素与理智因素共同体现于感性活动中,构成了人区别于动物的"类特性"。在《政治经济学批判·导言》中马克思还指出了人类掌握世界的基本方式:思维的、艺术的、宗教的以及作为这几种方式之综合来看的实践——精神的方式,这无疑是对人性知、情、意内涵的另一种形式的肯定。

人类正是靠着自己在漫长的历史上发展起的求真、持美、向善的本质力量,形成了自己独特的思维方式、审美情趣、价值观念,并以之为掌握(认识和改造)世界的方式,从而创造了以科学、艺术、道德为三大支柱的整个文化大厦,使人得以由"茫然于人道"的"植立之兽"成长为今天的"万物之灵长"和"宇宙的精华"。我国学界受前苏联教条主义思维模式的影响,长期疏忽对自我的丰富的精神潜质和主体的积极的能动特性的研究,一谈主体性、一谈心灵和精神潜质则视为唯心主义,这事实上是一个失误,必须予以校正。

(二) 它紧扣和凸显文化的社会性的理解

与西方论者的主体性文化定义不同的是,历史唯物主义者始终不脱离人的社会性去空谈、玄谈什么人。探讨人的文化主体性及其类的生命特性不能撇开人的劳动实践本质和社会关系本质(社会性的两层含义),否则就无法克服人性先验化、抽象化的错误,甚至会陷入神学化的泥潭。西方现当代人学观照下的"人"之所以过于理想化,缺少现实感,根源也就在于对人的社会性的"遗忘":一方面,他们没有注意到"这些人使自己和动物区别开来的第一个历史行动并不在于他有思想,而是在于他们开始生产自己所必需的生活资料"②,即没有看到劳动实践是人性生成的动力源泉,也是整个文化活动(狭义)的客观前提;另一方面,它也没有看到"人的本质不是单个人所固有的抽象物,在其现实性上,它是一切社会关系的总和"③,不懂得人是社会的人,是"社会关系实

---

① 马克思.1844年经济学哲学手稿[M].北京:人民出版社,1985:53.
② 马克思,恩格斯.马克思恩格斯全集:第1卷[M].北京:人民出版社,1979:18.
③ 马克思,恩格斯.马克思恩格斯全集:第3卷[M].北京:人民出版社,1979:56.

际上决定着一个人能够发展到什么程度"①。人性不是一个"先天地而固存"的神秘的东西，它是从自然界走来、在社会性劳动实践活动之中生成和发展的产物。因而，以唯心论去研究人学，无法对人与文化做出准确的把握也就在情理之中了。

这里必须指出的是，正如上文分析的那样，马克思主义哲学从来都没有"遗忘"人，相反是对人有着深深眷顾并做出了更全面和理性掌握的真正的人道主义。萨特指责马克思主义有所谓"人学空场"，用之指苏联教条主义式的"马克思主义"尚可，指马克思主义则是一种别有用意的污蔑。但教条主义社会实践观的机械决定论"遗忘"人的教训也确实应予以汲取和反思。我们必须坚持马克思的思路，既从社会性、从实践的意义去说明人性和文化，又要努力从人的能动方面理解社会性实践，做到两者的辩证统一，这样才能达到人和文化的科学本质。

（三）它紧扣和凸显文化作为外化与内化统一性的理解

我们已经强调指出了，人改造客体的社会性实践过程是人的本质的外化的过程，这也是"文化"的本质性内涵之一。同时不能忘却的是，与这种外化相伴随的文化的成就对人的内化过程即确证和发展人的本质的过程，这也是一个逐步开发人类知、情、意的或求真、持美、向善的生命特性，丰富人类的思维方式、审美情趣和价值取向，从而推进人类能力与素质、促进人类的全面自由的发展的过程。马克思指出："作为目的本身的人类能力的发展，真正的自由王国就开始了。"

"历史不过是追求着自己目的的人的活动而已。"② 人在创造了文化的同时也在由自发到自觉地以文化创造着人自己。蓝德曼在《哲学人类学》中说："不仅我们创造了文化，文化也创造了我们。个体永远不能从自身来理解，他只能从支持他并渗透于他的文化的先定性中获得理解。"③ 只看到人的文化创造主体

---

① 马克思，恩格斯. 马克思恩格斯全集：第25卷［M］. 北京：人民出版社，1979：295.
② 马克思，恩格斯. 马克思恩格斯全集：第2卷［M］. 北京：人民出版社，1979：118.
③ 蓝德曼. 哲学人类学［M］. 北京：人民出版社，1988：273.

性和文化的人的本质固然是不对的,而看不到人的被文化创造的客体性和人的文化本质,否认人是文化的存在,同样是一种浅近的见识。人是在创造文化的历史中不断为文化所塑造从而不断超越了自身的产物。人化是文化的起点和前提,化人是文化的根本目的和宗旨。文化是人化与化人、外化与内化的互动统一,这不像有些人理解的"诡辩的循环决定论",而是谨依事实的求是的辩证法。

(四)它紧扣和凸显文化的历史性和功能性的理解

把文化看成是人化和化人的统一要求我们,既必须看到人性与文化是一个历史地展开和发展的动态过程,也必须看到人性与文化的展开和发展的历史事实上有着丰富与多维的可能性。这种人化的丰富与多维的可能性就反映在人创造的文化的结果或形态是精华与糟粕、积极与消极的历史统一体上。也就是说还必须注意文化的历史展开的动态过程与其两重性结果的联系、区别。我们把文化结果区分为积极的成果即文明("文明"与"文化"是子集与全集的关系,"文明"是从人类的物质创造活动尤其是火的运用,活动引申到精神的光明照临大地的。孔颖达解《尚书·舜典》之"睿智文明"为"经天纬地曰文,照临四方曰明"。英文译介中人们一般也用 civilization 去指"从野蛮或愚昧的状态中,向更高一级的状态提高或发展"而显明其与 culture 一词"人类力量的前进发展"的宽泛指意上的细微差别)。与消极的后果这样两个指向,而只有那些积极的文明成果才是符合利人和化人的文化原则和本义的。人化的功用与目的自然是为着创造文化以化人的,但又不总是能化人,也可能异化人(在德语中,"异化"意指疏远、冷淡化)。

由于社会关系中的实践的发展阶段与水平受历史的制约(包括生产力、认识程度、社会制度、阶级结构、伦理关系的因素),人类对自我本质的总体的理性的把握是一个渐进的历程,人性在整体上一般地体现了一条在单面化或异化发展的历史中,为自身的全面实现开辟道路的特性,从而文化的发展也往往从学理和现实生活层面上都长期被单面地肯定、畸形地发展着。理想化的人性、文化与"人文精神"在历史上是不存在的。因此,马克思就提醒我们,"……首先要研究人的一般本性,然后要研究每个时代历史地发生变化的人的本性"①,去分析人性生成、演化、发展的现实根源、制约因素和一般过程,从而把握"文化"时,就应内在地包含其动态而多维的发展过程及其与人的复杂的反作用的分析,既承认文化有积极的化人的精华,也有消极的异化人的糟粕,但却又内在而积极地指向化人的文明成果。这点往往为人们所疏忽,但无疑又是极为重要的。

其实,从更广泛的意义上来说,此文化定义的优点还在于它也能方便说明这样几种关系。(1) 文化的根源及本质意蕴——人自我的本质;(2) 文化的起源或发展动力——社会性实践即主客体互动过程;(3) 文化的结构——人的知、情、意生命特性在实践中相应开出的科学、艺术、道德(宗教)的文化体,它由内向外呈现了心态——制度——器物——行为的结构层面与线索;(4) 文化的动态过程——"人化"和"化人""外化"和"内化"的统一;(5) 文化的意义与目的——"化人":人的(本质)全面自由的发展(亦即人的现代化)。

总之,我们认为文化即社会实践史中实现的"人化"与"化人"的唯物而辩证的、积极统一的过程和成果,由此,我们持有了对"文化"概念最基础的理解,也是我们用以于演绎整个文化哲学的根本的方法论。

---

① 马克思,恩格斯. 马克思恩格斯全集:第23卷 [M]. 北京:人民出版社,1979:669.

第二章

浅探中国传统文化的优秀精神

中国传统文化之基本精神的界定问题乃是治中国文化史者所不能回避的基本论题，也是一个历来歧见纷呈的论题。张岱年先生认为，所谓文化的基本精神乃是相对文化的具体表现如文物、制度、习惯等的"文化发展过程中的精微的内在动力，也即是指导民族文化不断前进的基本思想……是文化体系中处于核心地位的基本观点"①。在张先生看来，中国文化的基本精神就是中华民族在精神形态上的基本特点，而刚健有为、和与中、崇德利用与天人协调四点，就是中国传统文化的基本精神之所在。李宗桂先生则指出："所谓中国文化的基本精神，就是中华民族特定价值系统、思维方式、社会心理以及审美情趣等方面内在特质的基本风貌。"② 他也分析了以人文精神为内核的中国文化基本精神在自强不息、正道直行、平均平等、求是务实、豁达乐观以及以道制欲等诸多方面的表现样态。

如果留心体察，我们不难发现，其实学者们在此论题的理解上大都还是相仿的，只是各自观视的角度和强调的重点颇有些不同而已。笔者以为，所谓中国传统文化的基本精神是在中国文化中绵延奔流的，既是指导推动着中国文化前进发展的文化基本观点，又是影响和塑造着中华民族的精神气质、生活性格的基本的文化要素与力量。研究考察中国传统文化的基本精神，固然要敢于承认这种基本精神确是精华和糟粕历史的统一体，不见此而非彼，但我们更认为，

---

① 张岱年，程宜山. 北京：中国文化与文化论争 [M]. 中国人民大学出版，1990：18.
② 李宗桂. 中国文化概论 [M]. 广州：中山大学出版社，1988：345.

在大力加强社会主义精神文明建设，努力推动传统文化为现代化服务的今天，尤其要去发掘、突出中国文化中光辉灿烂、催人奋进的精神面，在浩瀚的历史长河中，正是这种精神，浸渍、熏陶和支撑了无数中国人的生命和生活，支持和推动着中华文明自立自强于世界民族之林。我们认为，中国传统文化的基本精神，或许可以从以下八个方面得到界定与说明：

一、"民胞物与、一体之仁"的天人合一精神

天人合一，是中国传统文化的总特征，也是中国传统文化基本精神中最根本的一条。何谓天人合一呢？正如张岱年指出的："中国哲学中天人合一观点有复杂的含义，主要包含两层意义。第一层意义是，人是天地生成的，人的生活服从自然界的普遍规律。第二层意义是，自然界的普遍规律和人类道德的最高原则是一而二、二而一的。"①强调人与自然的统一，人与自然的协调，人的道德理性与自然理性的一致。天人合一观的提出，体现了传统中国人试图辩证地认识人自身与其所在的宇宙自然即主体与客体的整体关系，努力寻求对自我命运的主动掌握从而实现人生价值的独特而深刻的文化思考与探索。

天人合一的思想传统在中国有一个演化的过程。早在西周时期天人合一思想业已萌芽，指"天定人伦"，实际上仍是神人关系。到春秋战国时期天人合一观就已经基本形成了。当时的思想家们大都认为天人一体、人天同质，坚信人法天则、人能合天，要求天人协调、天人相用。孔子发明仁心，认为"克己复礼天下归仁"，把仁心的开显至极而究竟圆满，即能与天相知，这种建立在"一体之仁"基础上的哲学，我们认为是典型的天人合一思维。接着孔子讲，孟子认为人有天赋的善心善性，天人同性，"尽其心者，知其性也。知其性则知天矣"（《孟子·尽心上》）；庄子认为天人是一气流通的统一体，反对人为造作，主张"无以人灭天"，人生的最高境界是"天地与我并生，而万物与我为一"（《庄子·齐物论》）；《易传》中对天人合一也有极为精辟的论述，如《易传·

---

① 张岱年．文化与哲学［M］．北京：教育科学出版社，1988：15.

文言》中说"夫大人者，与天地合其德，与日月合其明，与四时合其序，与鬼神合其吉凶，先天而天弗违，后天而奉天时"，亦即指出了理想人格即"大人"乃是道德完美，既能洞知自然规律又能顺应自然规律的天人合一的人格。汉代董仲舒把天人合一改造为"人副天数"和"天人感应"，使之成为谶纬神学的命题，是较粗陋的。北宋张载是正式提出"天人合一"明确概念的第一人，他继承发扬战国时思孟学派之思路，倡言天人同气，万物一体。认为天人协调、"民胞物与"当为人生追求的最高理想，"天人合一"应是人生追求的最高境界。在其名著《西铭》中，他就说："乾称父，坤称母，余兹藐然，乃混然中处。天地之塞，吾其体；天地之帅，吾其性。民，吾同胞；物，吾与也。"这可以说是中国传统的天人合一说的经典性解说了。自宋以降，天人合一说就成为占主导地位的社会文化思潮，为各派思想家所广泛接受。

传统的天人合一观既可以是一个本体论的问题，也可以是一个辩证法或认识论的观点，还可以被视作一个人生价值论及审美理想的命题。所谓"教虽分三，旨乃归一"，儒释道诸家虽然在天人合一之"一"的理解上存在在世的道德性与超世的超道德性的分歧，但就其学理立意和言说方式上却极具融通互汇的特点。中国传统的天人合一观首先认定人心（心、性、志）与道心（道、天、理、太极）是同一而非对立与差别的形上本体，即所谓"人皆有是心，心皆具是理，心即理"《与李宰》（卷十一）；但它作为形上本体又是与形下经验世界相同一的实体，不能妄执一端，"宇宙即吾心，吾心即宇宙"（《年谱》卷三十六），华严宗也讲"理事无碍""一切即一，一即一切"；传统的天人合一观认为天与人本来是合一的，但因"愚不肖者"们"蔽于物欲而失其本心"（《与赵监书》卷九），使天人辄相分离，故而必须指归天理，熄灭人欲，必须打破"法""我"二执（《成唯识论》卷八），才能恢复天人合一的本来面貌；而欲求"返本归真"达到天人合一之境，方法论原则就是要返求之己，发明本心，宋明儒家讲"默坐澄心，以求静一"，讲"主敬""格物"的道德修养践行，道家讲"玄览""心斋"，佛家讲"戒定慧"，这都是要求以直觉顿悟的路线去实现本真的敞开与澄明；天人合一之境（或谓悟道之境）只可意会，不能离开直觉而仰赖思虑分辨，所谓"道可道，非常道"(《老子·第一章》)、"无思无虑始知道"(《庄子·知北游》)、"才涉唇吻，便落意思，尽是死门，终非活路"(《五灯会元》卷十二)；在天人合一中，人我俱忘、人物浑一，"此心真体光明莹彻，万物皆备"(《江右王门学案》)更兼"虚若太空，明若秋月。寂若夜半，定若山岳"(《二曲集》卷二《学髓》)，具有无限而博大的超越感与审美陶醉感，陆象山说："翼乎如鸿毛遇顺风，沛乎若巨鱼纵大壑，岂不快哉！"(《语录下》)，陶渊明也多次在其诗中描述此种特殊的体验，如"纵浪大化中，不喜亦不惧"(《神释》)、"俯仰终宇宙，不乐复何如？"(《读〈山海经〉》)。可以说，天人合一乃是中国文化中最核心的精神、最基本的思维方式、最醇美的生活理想和人生的最高境界。

中国传统的天人观有利于人的道德意志和主体人格的自觉、有利于审美生活情趣的形成和人与自然生态的和谐，但其片面发达也会因压抑与疏忽认知理性的开发而使科技落后，对自然规律无法确切把握和利用，这又不利于人的自由和全面发展。引进并使西方的认知理性思维方法与其结合也就成了中国传统哲学在近现代以来研究发展的一般任务，事实上也是其基本走向。

二、"执两用中"的辩证法与"和而不同"的中庸之道

中国是一个有着丰富的辩证智慧或辩证思想的国度，当古希腊和印度人专心于形式逻辑进而形成机械原子论的时候，在中国文化中就已经很注意发展辩证逻辑思维的能力了，尽管它们还很朴素，中国人却以此建构起了自己整个的有机宇宙的哲学。"辩证法乃在于从对立面的统一中把握对立面，或者说，在否定的东西中把握肯定的东西。"①中国的辩证法是有着自己民族的特色的，它更多的是侧重从对整体、"对待"、过程、"反衍"和动态平衡的强调中去体现自身的特点。中国哲人以"统观""会通"的方式考察天人、形神、道器、心物、体用、显微、理气、阴阳、动静、辟阖、能所、知行等范畴的相互联系，视其

---

① 黑格尔．逻辑学：上卷[M]．杨一之，译．北京：商务印书馆，1966：39．

为一有机统一的整体（"统体""一体""道""一""太极""太和"）中的两面，它们虽不是完全平等或均衡的，但又不是决然对立、非此即彼的，而是相反相成、动态转化和对立统一的关系与运动过程。儒释道三家经典如《周易》《大乘起信论》《老子》中就有如"一体两面""一物两体""一心二门""整体—对待—流行"的辩证法范型，它们都是用"分一为二""两面互动"又"合二为一"的肯定、否定、否定之否定、循环往复以至于无穷的辩证路向去致思宇宙现象和人生问题的。

哲学自然观上的朴素辩证法在中国人的现实社会生活的主要表现就是"和而不同"的中庸之道。儒家极重和谐，以"中和""中庸"为最高价值。孔子提出了许多闪耀着辩证光辉的思想，在《论语》中我们可以看到诸如"中庸之为德也，其至矣乎！""礼之用，和为贵""过犹不及""允执其中""君子和而不同，小人同而不和"等文字，这都是强调凡事要在矛盾对立面之间保持必要的谐和，既不简单混同又不固执一端，而且，这还被提到了区分君子小人的人格做派或道德水平的标准的高度。《中庸》中首提"时中"，亦即经常地保持动态中的平衡的意思，认为"喜怒哀乐之未发，谓之中；发而皆中节，谓之和"，《国语》中说"夫和实生物，同则不继"，《易传》中讲"一阴一阳谓之道"，张载在《正蒙·太和》也讲"两不立，则一不可见；一不可见，则两之用息"，这都是在阐明矛盾对立面的和平调谐乃是事物存在发展的根本前提的道理。固然，光有和谐没有斗争是不行的，儒家从辩证法的高度也意识到了斗争的必要性，而"和为贵"的一面则是儒家始终强调的重点和归宿，斗争被看作是事物发展的手段、动力但不是最终目的。张载在论及和与争的关系时就说："有象斯有对，对必反其为；有反斯有仇，仇必和而解"（《正蒙·太和》），这也是很有道理的。孟子还提到"天时不如地利，地利不如人和"，看到了"人和"保持人们之间的团结的政治和军事的意义，并认为此即是关乎国运的治道，得道多助，失道寡助。道家高洁绝尘，往往从批判世俗伦理、引导人们超脱经验执迷的意义阐发其辩证观点。老子讲"反者道之动"（《老子·四十章》）、"正言若反"（《老子·七十八章》），认为"祸兮，福之所倚；福兮，祸之所伏"（《老子·五十八章》）、"物或损之而有益，或益之而损"（《老子·四十二章》）。庄子还提出了著名的"反衍"思想："以道观之，何贵何贱？是谓反衍。"（《庄子·秋水》）也是对世俗等级利达观念的批判。中国古典的辩证思维十分丰富，光辉灿烂，影响十分深刻且广远，它们成为中国人传统的思维方式之一，使中国人形成了不好走极端，凡事适可而止，容许"同归而殊途"的优点。但它的朴素性却也往往流于笼统和模糊性，事实上也有使国人凡事不痛不痒、成为"和事佬"，以灵活性代替原则性的流弊，划不清唯心论同形而上学的界限。

三、"天行健，君子以自强不息"的日新奋斗精神

自强不息、日新奋斗的文化精神，可以被看成是中国传统文化中天人合一观及辩证法思想在中国人的生存态度上积极的价值渗透与塑造最集中的反映与结晶，也是对中华民族整体人格状态的历史概括与准确写照，它标明了传统文化中人的主体性的高度自觉。《易传》对此做了经典性表述："天行健，君子以自强不息""生生之谓易""刚健而文明，应乎天而顺乎人"，这里的意思是说，人格气质与生命精神应当效法健动有力、运行不止的天体，人必须发挥自我能动性，自强不息、努力奋斗。孔子认为天地万物生生不已、永无止境而人生易老、时光易逝，恰如奔流而去的大江河（"逝者如斯夫，不舍昼夜"），因此他提倡人应当高远其志，发奋向道，不耽耽于衣食而无所用心，孔子自己就努力实践"发愤忘食，乐以忘忧，不知老之将至"的精神，著书立说、诲人不倦，为实现自己的政治理想奔走列国十数年，甚至知其不可为而为之；《礼记·大学》还倡言"苟日新，日日新，又日新"，也是反映了儒家日新不已、奋斗不止的人格观念的重要文字。另外，墨家"非命"而"尚力"，注重自我能动性对人生的价值实现的关键意义。法家认识到当时天下"争于气力"的形势，主张改革创新、耕战立国，也是积极有为的学派。尽管中国传统文化中也有与自强不息、日新奋斗人生观相反相成的清静无为的理论，如老庄道家的虚极静笃、心斋坐忘之说，以人我两忘、身心俱息、臻于"形如槁木、心如死灰"（《庄子·齐物论》）为是，魏晋玄学和隋唐佛学都是崇尚玄远幽虚、静为其本的学

说，乃至宋明理学尤其是陆王心学一系，主静说亦有较大影响，但自强不息、积极作为在中国文化中仍然是主导的思想方面。中国古人往往把自强不息、日新奋斗视作关系国运盛衰、社会文化健康与否的重要因素而加以强调，玄远主静之学即使是形上致思也会被目为空疏不实的异端而遭批评。颜元就说："晋宋之苟安，佛之空，老之无，周程朱邵之静坐，徒事口笔，总之皆不动也，而人才尽矣，圣道亡矣，乾坤降矣。吾尝言：一身动则一身强，一家动则一家强，一国动则一国强，天下动则天下强。"（《颜习斋言行录》）

　　自强不息、日新奋斗作为中华文化的基本精神在两千余年来，深入人心、泽被广远，为包括知识分子和一般民众的整个社会所接受而普遍化和社会化，激励中华民族不息奋斗，百折不挠、积极有为，不断前进。一方面，使中国人形成了为理想而不惧艰难、执著奋斗、殒身不惜的坚强和独立的人格，所谓"舍身而取义"（《孟子·告子上》）和"有杀身以成仁"（《论语·卫灵公》）是也。司马迁的《史记·太史公自序》中更有文为证："西伯拘而演《周易》；仲尼厄而作《春秋》；屈原放逐，乃赋《离骚》；左丘失明，厥有《国语》；孙子膑脚，《兵法》修列；不韦迁蜀，世传《吕览》；韩非囚秦，《说难》、《孤愤》；《诗》三百篇，大抵圣贤发愤之所作为也。"另一方面，这种精神也演化成了中华民族鲜明而强烈的爱国主义激情、渴望为国家建立功业的奉献情怀和反抗侵略、捍卫主权、维护祖国统一的坚定气概，历史上许多的民族英雄以"人生自古谁无死，留取丹心照汗青"的凛然节气，自强奋斗、鞠躬尽瘁、死而后已，一直感动和激励着中华儿女效法他们，为国家民族拼搏进取、积极有为。

四、重人轻神、民为邦本的人本主义态度

　　人本主义在中国文化中有着悠久的历史和鲜明的个性，也当被看作是中国文化的基本精神之一。"以人为本"的人本主义在中国文化中有两层指意：一是在人与神的关系上体现为"天地之性人为贵"的人格肯认和"未能事人，焉能事鬼"的轻神重人的根本态度；二是在人民与统治者的关系上"民为邦本""民贵君轻"的社会观和朴素民主观。

从第一方面来看，一般来说，中国文化中确实一直有着重讲人的传统，冯友兰先生指出："无论古今中外，无论哪宗哲学，归根到底要讲到人，不过中国的哲学特别地要突出人。"①"人学"在中国似乎颇有些早熟性。在殷商时代是"尊神""先鬼"的，但至西周即已为之大变化，开始重人、重人心，即所谓"周人尊礼尚施，事鬼敬神而远之，近人而忠焉"（《礼记·丧礼》）。春秋战国时期，"天"的权威瓦解，人本主义真正独立发展起来。先秦诸子大都取人本立场，称颂人性独有的尊贵卓越地位："惟人万物之灵""天地之性人为贵"、人是域中"四大""三才"之一、人能"裁成天地之道，辅相天地之宜"、能"参天地，赞化育"等。儒家尤其以人事为重，关注社会实际事务。《论语》中记载孔子诸如"未能事人，焉能事鬼""务民之义，敬鬼神而远之，可谓知矣""未知生，焉知死"及"子不语，怪、力、乱、神"的人本思想。这种现世观、人的主体意识和人本态度甚至影响了作为宗教的道教和佛教，在后来封建社会中得到进步思想家广泛的认同和发展，"舍之天运，征乎人文"（《后汉书·公孙瓒传》）成为中国文化的主要价值取向。中国传统的天人合一观又可以满足人们的终极关怀与形上致思的祈向，对抵制宗教，避免西方中世纪式的神学迷狂是有过历史的大作用的。

从第二方面看，民为邦本的思想源远流长，最早可以溯源至殷周之际。《尚书·盘庚》中有云："重我民""罔不唯民之承""施实德于民"；周公汲取商亡的教训，重视民心和民情，他还提出了"保民"观念。在《左传》《国语》等典籍中也有丰富的民本思想，如"民之所欲，天必从之""国将兴，听于民；将亡，听于神""民和而后神降之福"。民本思想在儒家学说中更有集中的反映，是儒家政治理论的基石。儒家认为，得民与否是政治成败之根本：孔子主张富民、教民，"民、食、丧、祭"，民是为首位；孟子说"民为贵，社稷次之，君为轻"更是中国人耳熟能详的经典性的民本口号；荀子以舟水喻君民，认为水可载舟亦可覆舟，他还说"用国者，得百姓之力者富，得百姓之死者强，得百

---

① 冯友兰.论中国传统文化［M］.北京：生活·读书·新知三联书店，1987：140.

姓之誉者荣。三得者具而天下归之，三得者亡而天下失之"（《荀子·王霸》）。道家也重民，老子就说"无常心，以百姓为心"（《老子·第四十九章》）。法家比较而言更重严刑酷法，以之为治国之道，但也不乏重民思想，法家经典《韩非子》中就有不少这样的文字，如"凡治天下者，必因人性""利之所在民归之"等。汉唐时民本思想进一步发展，宋元明清时强化，箴言颇多，大都以呼吁民为邦本、体恤民生、予民休息为意。

中国的人本思想反映了中国先哲对"人"的关注，我们既要看到这种关注在一定意义上确实反映着人民反压迫、求自主的深切渴望与呼声，在另一方面也要理解它实质上仍是以"保民而王"、维护专制统治为主旨的政治策略性，但即便如此，民本思想对制约暴君苛政、改良人民的政治处境毕竟还是具有积极意义的。同时，对中国文化中的民本主义与西方式民主的本质区别也要引起必要的注意，中国的民本思想并无对公民权利的法理内容规定，更没有人民共同管理社会政治的意思，个人只是在宗法专制条件下的"子民"，君主始终是民众的监护和放牧者。正如金耀基先生指出的："中国的民本思想毕竟与民主思想不同，民本思想虽然有'民有，民享'的观念，但总未走上民治（by the people）的一步。如实地说，中国人是不相信政治应由人民自己来管的，中国人一直认为政治应由贤德的人来做，如有贤德的人在位，则必以民之好为好，民之恶为恶，如此政治便不啻由民自管自理。"[①] 过分夸大人本主义为近世的民主主义是不恰当的。

五、不崇玄虚、求是务实的实用理性

与远神近人、面向现实、关注人生的人本主义相应，中国文化与学问有一个共同的基调："广大高明而不离乎日用"，即强调学术研究同现实生活、社会时务的密切结合的求是精神与务实态度，这可谓是中国人传统的治学原则和道德信条之一。

---

① 金耀基. 从传统到现代 [M]. 北京：中国人民大学出版社，1999：21.

正如我们前面已经提到的，求是务实的实用理性精神形成的现实根基是中国社会的农耕自然经济。农民历来是中国人的主体，他们在从事农业劳作的长期过程中经验主义地感受到"一分耕耘一分收获"、空疏玄谈无补于事的道理，也自然形成了一种求是务实的朴素性格。直接或间接地受到农民这种务实精神的影响，中国的知识分子也养成了"重实际而黜玄想"的治学风格和"大人不华，君子务实"的价值观念，它甚至历史地陶冶成了整个中华民族的民族性。章太炎云"国民常性，所察在政事日用，所务在工商耕稼，志尽于生，语绝于无验"[①]，便是中国民族性格的实用理性特质的表明。有着强烈的经世济民的入世精神的儒家也是一个以求是务实为特色的学派。《论语》集中反映了孔子的求是思想，他说"知之为知之，不知为不知""每事问""学而时习之"，强调"毋意""毋必""毋固""毋我"；荀子否认生而知之，强调后天的积极学习对改进人性、丰富人的知识才能的重要意义；王充重实事，疾虚妄；宋明时的陈亮、叶适、清人颜元皆注重事功，强调动机与效果的统一。法家尤其反对老庄学派的空谈、玄想的狂疏不实性，否认所谓的"前识"，推重"参验"，强调实行和实践，推崇以耕战为中心的事功并用刑罚和庆赏"二柄"引导人们去生活。道家亦有不少求是精神，如老子的"知人者智，自知者明"，庄子的"析万物之理"，黄老派的"与时迁移，应物变化"等，与其"玄之又玄"的"道"论相辉映。汉代的经学、宋明的程朱派理学、清代的"朴学"都重格物事之理则，重分析、考据和实证。自古而今，务实的中国人致力于兵农钱谷、水火工虞、典章文物制度等"经世致用"之学的研究，在天文、算术、农学、医学、兵学等应用科学以及"资治"的史学上，都比较发达。相反，"学贵玄远"的魏晋玄学、清谈"性命"的宋明陆王心学（尤其是其末流）都受到人们较多的讥刺，"佛老不能为天下国家"更是儒冲突于佛道的关键。

但必须指出的是，这种奠基于农业经验主义基础上的实用理性还是狭隘的。中国人受农业的简单再生产过程的影响，养成了重视实践、注意经验观察和直

---

① 章太炎. 驳建立孔教议 [M] //章太炎. 章太炎政论选集：下册. 北京：中华书局，1977：689.

觉体会的思维定势与运思习惯，比较西方，从一开始就对考究经验背后的根本原因的问题不甚有兴趣，缺少西方式关注"自然之所以然"的"亚里士多德传统"，而且，中国的求是务实精神主要的也还是在伦理政治领域的运用，是求善的方法论原则。中国传统文化道德主义的价值取向，使中国的学问更重追问"人之所以为人"和如何"成人"的"德性之知"，追求圣贤人生是其宗旨，而认识与改造自然的"见闻之知"和科学（尤其是基础科学）技术的发展研究往往为人所疏忽。朱熹就说："如今为此学而不穷天理，明人伦，讲圣言，通世故，乃兀然存心于一草一木、器用之间，此是何学问！如此而望有所得，是炊沙而欲其成饭也。"（《答陈齐仲》）可以说除了身兼工程师的墨翟创立的学派外，中国鲜有先哲重视方法论、细研逻辑学、重视自然科学的理论研究和科技发明创造活动。中国人习惯以善摄真，善即是真，用一种道德主义的直觉体验的模糊思维，辩证而笼统地观照自然物理世界，轻视形式逻辑，不关心理论体系的逻辑论证，也未建立过西方式的严密的、成系统的、完整专门的科学理论与学科体系，因而也使科技发展得不到深刻而持久的动力支持，这在很大程度上阻滞了中国的生产力与经济的发展。有的论者以为中华文化有技术但却无科学是不无道理的。这个教训是很深刻，应予以足够反思。

六、太上立德、义以为上的道德主义情怀

　　我们知道，宗法性是中国传统社会的重要特征，"六亲""九族"的家族观念和浓厚的血亲意识历久承袭并广泛地渗透到中国人的社会生活和民族心理之中，转化形成了中国人强烈的道德情感和伦理意识，进而使中华文化陶冶出了道德主义的特质。道德问题根本上是一个价值论的论域。价值论把研究探讨什么是以及如何实现人生最大的意义问题作为自己的核心。在中国，专门而系统的人生价值问题的探讨滥觞于先秦诸子争鸣的时代。儒家文化是中国文化的主脉，其价值哲学的发达是其他学家所不可企及的。儒家的价值观可以被看作是道德的至上论，它对人的道德主体性的深入发明也使得它的道德学说带有鲜明的内在价值论的特点。孔子的价值观的第一原理是"义以为上"（《论语·阳货》），即是说道德乃是最高的价值（《左传》中"太上以立德"也是这个意思）。孟子明确提出人有"天爵良贵"即天赋而内在的道德意识，它既是人性的本来，是后天德性冶锻、理想人格之所以可能的根本依据，也是人生最高的价值维系。考察儒家价值论，我们不难发现，人我、群己、公私、义利、理欲是儒者们关注和教化社会大众的基本命题。人们通常都以为儒家学说是完全反对功利、根本否认个人价值的，并以其"正其谊不谋其利，明其道不计其功""存天理、灭人欲"等论语为证明。

其实，儒家学者一般地确是主张纯粹的道德观的，即以为人、为群、为公、为义、为理作出发点去理解人生价值和道德践履，而反对完全的世俗实用即为我、为己、为私、为利、为欲为根基的价值观。儒家并非认为我、己、私、利、欲为不屑一顾的完全无价值的方面，只是说它们要以为人、为群、为公、为义、为理作根本原则与价值趋向，而不应假借为人、为群、为公、为义、为理之名而行我、己、私、利、欲之实，这也就是《论语·里仁》中孔子所指出的"仁者安仁，知者利仁"的不同。孔子不反对言利，认为要"因民之利而利之"（《尧曰》）"见利思义"（《论语·宪问》），还讲"不义而富且贵，于我如浮云"（《论语·述而》）。孟子也指出要"为民置产""国不专利"，还说"当今之世，万乘之国；行仁政，民悦之，犹解倒悬也。故事半古之人，功必倍之"（《公孙丑》）。《易传》讲"崇德"，也讲"利用厚生"，指出"备物致用，立成器以为天下利，莫大乎圣人"（《系辞上传》）。与董仲舒不同，颜元提出了"正其谊以谋其利，明其道而计其功"（《四书正误》），王夫之更鲜明地提倡"声色臭味以厚其生，仁义礼智以正其德"（《船山思问录》）。道家的价值论是"绝仁弃义"的无道德内涵的绝对价值观，它以作为宇宙自然之本根的"道""德"（非是人伦世界意义上的）的实现为人生价值之鹄的。墨家也重道德，也"贵义"，但它否定纯粹道德，认为"利"（公利）是道德行为的本质与动因，因而墨家的价值观和道德论是功利主义的。法家则不主张道德的价值，认为"上古竞于道德，中世逐于智谋，当今争于气力"（《韩非子·五蠹》），人性本恶，价值标准应是人尤其是君主的私利。但比较而言，儒家的道德论才是整个社会意识形态的主导。中国历来是人治社会，而人治又特别注重道德教化的意义。道德在中国较之成文法更有威力。孔子是不赞成严刑酷法的，说"道之以政，齐之以刑，民免而无耻；道之以德，齐之以礼，有耻且格"（《论语·为政》）。中国历代统治者也都十分注意强化伦理规范对人民的精神熏陶和行为的规范并以之为治国之本，即"礼义廉耻，国之四维，四维不张，国乃灭亡"（《管子·牧民》）。在缺乏政治分权和君权制约的人治社会，道德事实上也发挥了诱导为政者抑恶从"仁"的调节功能。

可以说，正是强烈的道德观念及其理论奠定了支撑中国伦理政治社会的理论基石，筑就了中国民族的价值意识形态的坚实内核。儒家强调"太上立德"和"义以为上"、发挥人的道德主体性，认为"人皆可为尧舜""满街皆是圣人"，人人皆有希贤希圣的可能，这往往能激励人们自觉去敦修人格、正道直行。中国传统的德性文化塑造了无数真正善良、正直，真正有气节、刚正不屈的"民族的脊梁"和伟岸人格。但这种德性文化的负价值亦是很明显的，即伦理文化的封建化底蕴、道德的形而上的抽象化和绝对化，造成精神钳制，人性、个人价值和世俗生活被桎梏。但传统道德观的先公后私、义以为上的基本思路还是应予以充分肯定的。

七、"协和万邦"的和平主义态度与"苟利国家生死以"的爱国主义精神

中国文化"道并行而不相悖"的气质体现在民族国家间关系问题上，首先就是《尚书·尧典》所谓的"克明峻德、协和万邦"的和平主义态度。中华民族从来都是一个爱好和平的伟大民族。罗素这样评价说："世界有不屑于战争（Too proud to fight）之民族乎？中国人是也。中国人天然态度，宽容友爱，以礼待人，亦望人以礼答之，道德上之品行，为中国人所特长……如此品行之中，余以具'心气平和'（Pacific temper）最为可贵，所谓心气平和者，以公理而非以武力解决是已。"[①]

---

① 梁漱溟.中国文化要义[M].上海：学林出版社，1987：291.

24

从历史上看，中国民族确实是一个"心气平和"的民族，他们坚信道德修为和教化既可以"治国"，也能"平天下"。《易传》中说"圣人感人心而天下和平"，又说"天下百致而一虑，殊途而同归"，即是要求和平共处、允许多元共存。孔子明确反对动辄使用武力，强调和为贵，认为"远人不服，则修文德以来之，既来之，则安之"（《论语·季氏》），主张各民族之间应有"裔不谋夏，夷不乱华"（《左传》定公十年）的共识。当然，也不是说中国人就完全不谈兵、忌兵，中国古代也有过"兵家"，也有自己的军事学研究，也有如"兵者，国家之大事，死生之地，存亡之道，不可不察也"（《孙子兵法·计篇》）的"重兵"思想。只是中国人从不主张黩武穷兵、从不好战，但从国家民族安危的政治的角度上也看重军事的重要性，强调要恰当处理两者的关系，即所谓"好战者亡，忘战者危；不好不忘，天下之王"（桓宽《盐铁论》）。认为发动战争必须谨慎，"兵为凶器，不得已而用之"（《六韬·兵道》），并要分析战争的性质是否是合理的"义战""凡用兵，先论理之曲直。我若不直，兵决不当用"（《宋史·苏辙列传》），若是义战，则战必胜，"兵兴以义，虏无坚城"（蔡锷《滇军北伐誓师词》）。但从历史的总体上讲，以"礼"不以"兵"还是中国文化的主流，尤其在儒家那里，更是如此，孔子讲"去兵"，甚至认为"军旅之事，末之学也"。不少腐儒死守以德怀远的理想主义，于军事无所用心，这对中国军事的发展是造成过负面影响的。

同时，中华民族也历来是一个对自己的祖国和文化有着十分强烈的自豪感和真挚的热爱之情的民族，在伦理政治文化培育的爱国主义精神的激励下，中国人民既勤奋地创造着文明成就，又积极地奉献着自己的聪明才智，当自己民族的主权和文化受到侵略破坏的时候，也能不畏强权、挺身而出，坚决捍卫自己的祖国和文化，甚至不惜为国家民族而"舍生取义""杀身成仁"。爱国主义是中国传统文化中贯以始终的鲜明线索，在文化典籍中也留下了丰富的洋溢着爱国精神的壮美文字。班固说"爱国如饥渴"，可谓是中国人的爱国情最富力度的表达；中国人爱国恰如爱家乃至甚于爱家，如"烈士之爱国也如家"（《抱朴子·广譬》），"平生铁石心，忘家思报国"（陆游：《太息·宿青山铺作》）；爱国甚于爱自己的生命,"常思奋不顾身,而殉国家之急"(司马迁《报任少卿书》),"金瓯已缺总须补,为国牺牲敢惜身"(秋瑾《鹧鸪天》);爱国不分等级,人人有责,即顾炎武讲的"天下兴亡,匹夫有责",陆游也讲"位卑未敢忘忧国"(陆游《病起》);爱国就要积极作为并有益于国家,岳飞说"以身许国,何事不敢为","利于国者爱之,害于国者恶之"(《晏子春秋·内篇谏上》);而爱国更集中体现在维护和实现国家的统一上,如"剑外忽闻收蓟北,初闻涕泪满衣裳。却看妻子愁何在,漫卷诗书喜欲狂"(杜甫《闻官军收河南河北》),"出师未捷身先死,长使英雄泪满襟"(杜甫《蜀相》),"王师北定中原日,家祭勿忘告乃翁"(陆游《示儿》)。即使是所谓的隐文化、山林文化,往往也是有鉴于政治黑暗、官场腐败、报国无门的不得已的做法,而且中国的隐文化也不绝对地避世和不问国家政治,中国的隐者奉行的原则是"达则兼济天下,穷则独善其身"、是"居庙堂之高则忧其民,处江湖之远则忧其君"(范仲淹《岳阳楼记》),一旦有机会为国效命,则复又是"鞠躬尽瘁,死而后已"(诸葛亮《前出世表》)。总之,正是这种强烈的爱国主义精神凝集和增进了中华民族的向心力,哺育和滋养了中国人民的精神世界,使我们自信、自立、自强,从而使中华文化稳固、统一、不断进步。中国人民热爱自己的国家和民族的文化,也敬仰和崇拜那些为中华民族和中华文化的进步发展做出过历史贡献的人们,视他们为英雄、民族的魂魄和脊梁而永远怀念、歌颂他们。

八、海纳百川、有容乃大的文化开放精神与文化创新方法

有的论者以中国文化为一与农耕自然经济相应的封闭体系是不能令人苟同的。我们恰恰认为,"厚德载物"、以和为贵的兼容精神在民族和中外文化关系上的落实使得中国文化体现出了一种海纳百川、有容乃大的文化开放气魄,在"输入—吸收—输出"的文化的交流融合中,不断审视和超越过往、不断丰富和更新文化创造机制,这也正是中华文化保持强劲的生命力而历久弥新的方法论要津所在。

中国传统文化的开放性有着在中华各民族之间的内部的交流融合及中外国

家间的文化交流互补这样两个维度。"中华民族"是对生活在中国境域的、彼此间历史地交往、相互地影响而发展着的各个民族的统称，正是这种交往和互动的影响，促成了中华民族血统的融合和中华文化格局的形成。早在春秋战国时期，从事农耕生产的中原华夏族就开始了与北方的游牧民族（主要是所谓四境的戎、狄、蛮、夷诸族）的文化交流，又经魏晋唐时代与南方少数民族的既耕既猎的山地游耕文化的融合，形成了我们今天意义上的汉民族及其文化。各民族的交往过程亦即是文化多元交汇的过程（这种交往与交汇是有着迁徙、聚合、战争、和亲及互市等多种途径的），一方面使相对发达的汉族农业经济的生产方式、政治制度及文化技术向周边少数民族地区扩展，另一方面，又使各少数民族的地域的文化资源向汉族文化充实和汇流，无论是经济生活的粮食果蔬、衣着服饰、家居器用、生产工艺，抑或是文学艺术、史学、医学的各个领域，都为中原汉族的文化发展提供了丰富多样的营养，尤其是北方游牧民族的文化，渗透着粗犷强劲的精神，富于流动创新性，对稳健儒雅的农耕文化是发挥了历史的强补剂的意义的。光辉盛大的中国传统文化是包括各少数民族在内的中华民族的共同的伟大创造。

　　一般地讲，在汉代以前，中国文化基本上还是内在而独立发展的，自从西汉张骞通西域以后，情况就开始发生了变化，不仅继续拓宽了与东亚国家的文化交流，与中亚游牧文化、西亚波斯的阿拉伯文化、南亚的印度文化乃至欧洲文化也次序展开了全方位的交往和交流。梁启超认为："中国的智识线和外国的智识线相接触，晋唐间的佛学为第一次，明末的历算便是第二次。"[①] 其实，更准确地说，以佛教东来为标志的中外文化的第一次交汇应在刘汉之季。后汉汉明帝初年，印度佛教经由西域传入中国，这是中外文化交流的一件大事。产生于南亚次大陆的佛教文化虽然是一类宗教文化，但其精致的思辨方法和独特而繁复的理论结构却是中国传统哲学自身所不及和未曾见识过的，它的信仰体系和思辨气质很能够吸引中国民众和知识分子。当然佛教在中国的传播也是其符

---

① 梁启超. 中国近三百年学术史[M]. 北京：东方出版社，1996：13.

合与取得中国民族文化特质和形式的过程，它在魏晋时与老庄玄学互与渗透结合并与儒学初步结合，至隋唐时实现中国化，形成了诸如禅宗、天台宗、华严宗、净土宗等中国化的教派。儒佛道的三教的持续冲突融合又使传统儒学在宋明时期达到理学的新境界。理学家们表面上指斥佛教为异端，但实际上又大都心仪佛学的思辨方法，所谓"出入佛老，返诸六经"是也。宋明理学无论是程朱一系或陆王一系，都明显地受到来自佛教哲理的深刻影响，以至于有了"程朱近华严，陆王近禅宗"的说法。佛教对中国文化在哲学、文学、绘画、音乐、建筑的各个方面都有较大的发展促进作用。

明代后期，中外文化交流达到了第二次高潮。西方传教士陆续进入中国，带来了基督教文化，并以"学术传教"介绍了不少西方的哲学、艺术及一些天文历算及几何的科学知识，受到朝野人士的欢迎。徐光启、李之藻、方以智等学界名士与利马窦等耶稣会士相交厚，悉心研究并热情欢迎这股异域新风。清朝康熙帝对西方文化的关注与认真学习也是人们所熟知的。虽然到雍乾时期，中西文化交流为封建保守势力所中断，但经过鸦片战争的教训，一批先进中国人"睁眼看世界"，发扬固有的文化开放精神，积极致力于中西文化交流，引进西方的器物、制度文化，引进"民主"和"科学"的观念文化，以至引进马克思主义，并努力结合中国文化和时代的特点，积极实现民族文化的再度创新。中国文化在输入和吸收外域文化的同时，也积极向外辐射传播，中国的伦理政治文化、中国的先进的农耕技艺、中国以四大发明为主的科技创造、中国的文学艺术不仅是东亚文化圈的核心，也为西方世界的社会及文化的发展进步做出了中华民族的历史的巨大贡献。就中国古代的科技发明的世界意义而言，马克思曾论述道："火药、罗盘、印刷术——这是预兆资产阶级社会到来的三项伟大发明。火药把骑士阶层炸得粉碎，罗盘针打开了世界市场并建立了殖民地，而印刷术则变成了新教的工具，总的来说变成了科学复兴的手段，变成了对精神发展创造必要前提的最强大的杠杆。"[1] 西方著名科学史家李约瑟也说："要是

---

[1] 马克思，恩格斯. 马克思恩格斯全集：第47卷[M]. 北京：人民出版社，1979：427.

没有这种贡献，就不可能有我们西方文明的整个发展历程。因为如果没有火药、纸、印刷术和磁针，欧洲封建主义的消失就是一件难以想象的事。"①

要之，中国传统文化源远流长，体大思深，其内涵的基本精神，即："民胞物与"的天人合一精神，"执两用中"的中庸之道与辩证法，"天行健，君子以自强不息"的日新奋斗精神，重人轻神、民为邦本的人本主义态度；不崇玄虚、求实务实的实用理性；太上立德、义以为上的道德主义情怀，"协和万邦"的和平主义态度和"苟利国家生死以"的爱国主义精神，以及海纳百川、有容乃大的文化开放与创新精神，滋养了数千年中华儿女的精神世界，塑造了无数伟岸的人格，凝聚了民族人心，巩固了国家统一，维护了社会秩序，敦厚了人际关系，书写了泱泱中华"郁郁乎文哉"的大国气象，在文化全球化和呼吁传统文化为现代化持续发展服务的今天，越来越有着世界性的价值和意义，是值得我们去好好珍视和承继弘扬的。

---

① 李约瑟. 李约瑟文集[M]. 沈阳：辽宁科学技术出版社，1986：123

第三章

关于中国传统文化的四个特征

中国传统文化，是指在中国大地上由中华民族共同创造的相对于现在而言的一切文化创造活动与文化成果。中国传统文化浩大恢宏，但其内在的基本特征，即历史地表现出来的与其他民族的文化相区别的独具特色的文化特性或气质则是清晰的。而透过纷繁复杂的文化现象，揭示中国传统文化内在特性与气质，对我们从哲学层面上求得对中国传统文化明确理解和总体把握，无疑又是极有裨益的。对中国传统文化基本特征的界定，学术界历来说法不一，有的论者将传统文化归为以求善为目标的伦理型文化，有的论者以民族的文化心理素质作为解析传统文化特征的基本内核，有的论者把传统文化的基本特征视为伦理审美型或伦理的人文主义。不难发现这些论者的视角都是沿着精神方面或社会意识形态的线索去界定传统文化的基本特征的。李宗桂就说："物质文化、制度文化等方面的特质，固然也能甚而更能广泛地反映文化的民族性，但较之精神方面的特质，它就显得不那么集中、深刻。"[1] 因而他是主张从"价值观念、思维方式、心理状态、精神风貌"等方面考察传统文化的本质特征的。与此不同，冯天瑜认为对民族文化差异性特征的考察必须通观民族所处的地理环境、所从事的物质生产方式、所建立的社会组织形态等独特而多样的复杂因素，精神特质的形成也要结合这些因素的作用去分析。[2]

比较而言，我们更倾向于后者的视野，一个民族的文化特征不能简单地用

---

[1] 李宗桂. 中国文化概论 [M]. 广州：中山大学出版社，1988：320.
[2] 冯天瑜，等. 中华文化史 [M]. 上海：上海人民出版社，1990.

精神性或意识形态的方面去概定而缺乏地理环境、生产方式及社会形态诸特性的相应发明，或可说，这至少是不全面的因而也无法完整地揭示文化的民族性差异和独特风貌。但地理环境作为影响文化特征的因素，放到经济生产方式的文化意义中去探讨似乎更妥帖些，刻意由地理因素单独引出一类文化特征既与生产方式或社会形态视角上谈的文化特征的相关分析重叠杂糅，也易流于地理环境决定论之缺失。另外，从社会意识形态的角度谈文化特征固然已涵括思想文化的层面，但若把思想文化流派的线索单独论列无疑会更见清晰，有利于更富深度地厘定传统文化的多维特征。下面我们就依经济形态、社会形态、社会意识形态和思想文化流派的线索简单分析一下中国传统文化的基本特征。

一、从经济形态看：中国传统文化基本上是农业文化

用"基本"二字指称中国文化的农业特征是恰当的，它表明的是奠基于农耕生产之上的自然经济是整个中国传统文化的物质基础的主导方面和支配力量，同时，农业经济又不是传统文化唯一或全部的经济基础，它与其他经济产业互与交织并组成一类多元经济结构，正是这种以农业自然经济为核心的多元经济结构对中国传统文化特质的塑造历史地提供着经济力量的影响作用。

地处东亚大陆的中国有着适宜农业生产的优越的自然条件和地理环境，气候温和、土壤肥沃的黄河流域和长江流域孕育了早期的中华农耕文明，中华民族的先民早在六七千年的彩陶文化时期就开始超越狩猎、采集经济阶段进入农耕时代。在约四千年前的夏商周三代时期，一个以农耕业为主要社会生活资料来源的农业社会就已经基本上形成了。以农业为生存根基的中国社会历来有着浓厚的重农思想，无论是思想家还是政治家们都深知农业繁荣关系国计民生，"尚农""重农抑商""重农固本"几乎是中国传统社会历世不易的基本国策。历代皇帝都以"帝亲耕，后亲蚕"（《吕氏春秋》）之类仪式号令天下农民勤劳耕作；人们认识到农耕是财富之源，"不耕获，未富也"（《周易·象》）；是成就霸业的前提，"霸王有不先耕而成霸王者，古今未有，此贤者不肖之所以殊也"（《吕氏春秋·上农》）；认为"孝悌力田者"（《管子》）即农民是社会的中

31

坚，要求必须理解他们的艰辛，"君子所其无逸；先知稼穑之艰难，乃逸"（《周公·天逸》）并采取恰当措施去稳定和促进农业生产。几千年来，中国农民"日出而作，日入而息，凿井而饮"（《帝王世纪·击壤之歌》），聪明、务实、辛勤地从事并推进着农业经济活动的发展，积累了极为丰富的农业生产技术，形成了富有东方特色的农业科学，比如精巧的农具的发明、良种的培育和复种技术的推广、粮食作物与经济作物的多样经营、集体耕作、农田水利建设和对自然力的充分利用等，都曾长期领先世界，是中国人民对世界农业发展的积极贡献，这奠定了中国文化的农业物态特征，在此基础上也形成了中华民族"重实际而黜玄想"的民族性格，中华文化"实用—经验理性"的基本精神，中国人"安土""重迁"；"乐天"的生活情趣以及寓辩证性与保守性为一体的朴素变易观和恒久循环论。

雷格斯在分析"农业型"经济形态的特征时指出："它的占大多数的乡村人口都生活在一个自给自足的基础上——那就是说，农夫和乡村所生产者大都为他们本身的消费之用，而所消耗者主要的是他们自己所生产的。"① 自给自足是生产力较低的自然经济的一般特性，但中国的自然经济与西方原本意义上庄园制自然经济并不完全等同，它有自己的鲜明特色，最突出的一点就是中国传统社会有一个以农业自然经济为核心又以市场为衔接的多元经济结构。在中世纪的西欧自然经济条件下"每一座庄园都自给自足……没有商业来往和交换，用不着货币"②，另外，农奴也是依附性的非自由人。而在中国，自然经济不是以西欧式的庄园制的封闭体系为基本单元的，地主土地所有制在中国条件下，既允许土地的买卖，也给予农民有离土的更多自由，无论是所有者还是生产者都具有不稳定和流动性，无论是地主经济还是农民的生产活动都不具备西欧庄园经济的全面性和自足性，地主占有的剩余劳动主要是谷物地租，手工产品和深加工的农制品数量和种类极其有限，农民个人家庭生产的手段和产品的狭隘就更不用说了。为了解决消费品的不足，地主经济和农民的生产活动一般都必须

---

① 金耀基. 从传统到现代 [M]. 北京：中国人民大学出版社，1999：9-10.
② 马克思，恩格斯. 马克思恩格斯全集：第21卷 [M]. 北京：人民出版社，1979：48

进入并假借市场的商品交换来实现。这就使中国自然经济形成了"男子力耕""女子纺绩"式的以农为主,又以工补耕,以商助农的多元经济格局,市场及其商品经济这一腐蚀和瓦解西欧自然经济的力量,在中国很大程度上却是发挥着促进农业和手工业经济发展的积极作用,是中国以农耕自然经济为内核的多元化经济体系事实上的黏合剂。中国的冶炼、纺织、造船、制瓷尤其以四大发明为代表的手工业生产技术达到了相当高的水平,商品生产、商人资本、城市货币经济、长途货运乃至海外贸易都与农耕经济相始终,其繁荣是西欧中世纪所无法想象和比拟的。而这种以农为本的多元共存的经济形态既为中国文化的兼容并包、厚德载物的开放性格奠定了物质基础,也是我们常说的中国经济的早熟性的表现。但农业的中心地位是毋庸置疑的,工商业经济始终只是补充和依附的经济资源,中国人大都视农业为根本,工商为末,以为"农,天下之大本也,民所恃以生也。而民或不务本而事末,故生不遂"(《汉书·文帝纪二年》)。自然经济的根本特性是不会任由工商经济独立发展的,它们只能被定位在补充农耕经济之不足和满足大一统封建国家的需要上。这一点可以看成是中国文化的农业化特性得以巩固并走向顽固和保守,阻滞资本主义萌芽使其成熟迂缓、成长艰难的深层原因之一。

另外,作为中华文明的两大基本经济类型之一的、表面上总在冲突和破坏着农业经济的"往来转徙,时至时去"(《汉书·晁错传》)的游牧民族的经济事实上也为汉族农业经济的生产方式、政治制度及文化技术的充实发展并向周边扩展和多元交汇提供了历史条件,是融合中华民族的血统和丰富发展中华文化的积极力量。这一点也是有必要指出的。

二、从社会形态看:中国传统文化基本上是封建社会的文化

张岱年在谈到文化分类问题时指出"观念文化与经济政治制度有着最密切的内在联系,与不同时期垄断了生产资料从而也垄断了精神生产的阶级有着最

33

密切的内在联系。因而按社会形态、阶级属性分类仍然是最基本的方法"①。从社会形态和阶级属性的角度看，自春秋战国以降至 19 世纪中叶的长时期中国都处在封建社会的历史阶段，它是中国传统文化所依托的社会政治基础的主导方面、支配力量和服务对象，从而也使中国传统文化无法避免地被赋予了封建主义文化的基本特征：它是奠基于主体经济形态即自然经济基础之上主要又作为地主阶级利益与意志的集中反映的一类文化形态。这是首先要理解的。

当我们试图更深刻地判明中国传统文化的封建主义特征时，还必须对中国式"封建主义"与在西方历史上通常的特点做出既不简单混同又不过分夸大其分歧的准确理会。"封建"一词在中国古典语汇中的使用是对"封土建国"的简称，《说文》云："封，爵诸侯之土也。""建，立朝律也。"是指帝王分封亲属及有功臣吏为诸侯并赐予爵土使其建立有相对独立特权的附属性、服务性邦国的意义。在这层意义上，西方的"封建制度"与之颇有共趣之处：它是"一种以土地占有权和人身关系为基础的关于权利和义务的社会制度。在这种制度中，封臣以领地的形式从领主手中获得土地。封臣要为领主尽一定的义务，并且必须向领主效忠"②。无论在中国抑或西方的封建制，爵土分封、相对的领地主权、等级秩序谨严、附属和服务性功能等都是它们共性的规定，而诸侯坐大，王权旁落，地方割据对中央权威的挑战和僭越、以及国家分裂和战事频现仍也是封建制必然导致的一般后果。

但中国的封建制是有其鲜明个性的。它有两个特点：

一是它的创立与推行反映的是中国宗法制的原则和精神；二是封土建国意义上的"封建制度"在秦汉以后被郡县制度所取代而式微也反映了中国君主专制的特点。首先，我们知道，封建制实际上是周公创立的宗法制度中与嫡长子继承制、宗庙祭祀制等相并列的一项具体的社会礼乐制度，西周宗法制或曰家族制，其实质是以家庭亲情为本位和模式，从制度上严格定位了的在天子、诸

---

① 张岱年，程宜山. 中国文化与文化论争 [M]. 北京：中国人民大学出版社，1990：165.
② 简明不列颠百科全书 [M]. 北京：中国大百科全书出版社，1985：6.

侯、卿大夫及士农工商的整个人际间、等级间的道德和政治的秩序关系，它也是国家的基本架构。正如金耀基分析指出的："中国传统社会的结构中最重要而特殊的是家族制度。中国的家是社会的核心。它是一'紧紧结合的团体'，并且是建构化了的，整个社会价值系统都经由家的'育化'与'社会'作用以传递给个人。"[①] 天子如父，臣卿如子，忠孝相通，此亦即所谓的"家国同构"现象。中国大陆山河型的地理环境及其决定的聚族而居、安土重迁的中国人的社会生活比较其他民族更多更强烈地保留了氏族社会时代的亲族血缘关系的社会组织形式和功能，宗族制乃是其在新的历史条件下的维护与演进。而在西方中世纪固然也是有血亲关系的，但大一统国家的缺乏、地缘政治和等级政治的互相分裂对峙使稳固的血缘政治或宗族政治无法形成，血缘关系只是存在于家庭内部，在整个社会结构上却基本不起大的影响。其次，周公创建"封建制"的初衷是"封建亲戚，以蕃屏周"（《左传》）即为稳固政治统治与维护国家的统一而设，但事实上封立邦国却导致政治割据和国家分裂。秦始皇一统中国后就废止此行政建制而改行郡县制度，虽然受宗法观念影响分封爵地却始终未曾中绝，各代仍然有些分封王侯拥势自重尾大不掉的情况，如汉代的七国之乱、西晋的八国之乱及明朝的朱棣与朱宸濠之变等，但西周式的封建制的式微、"百代皆行秦政制"、分封王侯很大程度上成为"食土而不临民"的"食封贵族"却是一个不争的历史事实了，这恰恰符合与反映了君主专制和中央集权日益加强的形势与特点。中国的专制君主削弱封建制、力行郡县制、改造官僚制、采用科举制、稳固农耕经济、实行严格的户籍制以及贯彻政教分离。这种政治的集权手腕都是有利于国家统一的积极措施，也与西欧中世纪时代的教权高于王权、诸侯割据、小国林立、混战不休的情形形成鲜明比照。因此，我们可以说中国传统的"封建制"与传统文化的封建性质较之西方确实更有其鲜明的特性：在政治上既维持了宗法制的精神又较早确立了中央集权的专制政体，与西欧中世纪长期的诸侯割据状态不同，比较来讲使社会更安定、国家更统一；经济上

---

① 金耀基. 从传统到现代 [M]. 北京：中国人民大学出版社，1999：24.

较早确立地主——自耕农土地所有制，农民有更多的生产、经营的自由和积极性，比西欧的农奴、半农奴为基础的领主制经济更有生产效率；观念文化上较早确立了实用理性精神，避免了西欧中世纪的宗教蒙昧和神学独断。当然，从另一面看，中国的宗法专制结构在政治上高度集权对人身的严酷控制、经济上重本抑末导致的小农经济的顽固性、礼教思想观念对人心的桎梏又使中国的封建文化比西欧更加阻碍了商品经济、市民阶层和资本主义生产关系的生长成熟，延缓了时代的进步。

三、从社会意识形态诸形式在历史上所起的作用看：中国传统文化的主体是"内圣外王"的伦理政治文化

"意识形态"一词依《汉语大词典》的解释，是"指在一定的经济基础上形成的对于世界和社会的系统的看法和见解，包括政治、法律、艺术、宗教、哲学、道德等思想观点"。一般来讲经济是基础，它决定观念文化和意识形态，但社会政治结构又是这种决定作用得以发挥的纽机，社会意识形态维面上看的文化特征恰是以之为坚实基础的展开。中国传统的意识形态确实有着阶级的学派的历史差别，但在中国宗法专制的社会结构中它们更是连贯交织、互动整一的体系，"内圣外王"是它们连贯交织的基本线索，伦理政治文化则是它们互动整一的作用过程的主要结晶。我们已经指出，中国的宗法制及宗法社会是对氏族社会家族血缘关系的强烈固执和对君主专制国家政权进一步运用的产物，它最突出的特点就是"家国同构"。家是国的微缩，国是家的放大，家庭的基本结构与成员间的亲情关系被推而广之地用作国家的政治结构原则和社会的人际伦理范型，它是以家庭与国家之间、伦理与政治之间的双向运动为机制的。宗法君主制社会使中国文化形成"内圣外王"的伦理政治型文化。

首先，宗法制突出了以个人德性为核心、家庭为本位、以国家政治为宏阔指向的修养程式：从个人的角度看是身修而家齐，家齐而国治，国治而天下平；从国家的角度看是天下之本在国，国之本在家，家之本在身，认为"君子之事亲孝，故忠可移于君；事兄弟，故顺可移于长；居家理，故治可移于君"（《孝

经·广扬名》），相同的，"其为人也孝悌，而好犯上者鲜矣，不好犯上而好作乱者，未之有也"（《论语·学而》）。其次，它也有一整套家族政治化、政治家族化的相应各个阶层的具体道德规约和行为标准，《孝经·礼运》篇中"父慈，子孝；兄良，弟悌；夫义，妇听；长惠，幼顺；君仁，臣忠"的设计乃是堪为经典的表述，而最核心也是最为人们所熟知的则是"三纲"：君为臣纲、父为子纲、夫为妻纲；"五常"：仁、义、礼、智、信。儒家的道德规约也被统治阶级奉为国家和社会的普遍标准。

在中国的宗法专制社会中，各个时代的思想家和政治家都十分重视伦理和政治问题。儒家以修身为本、达于至善为鹄的，要求"克己复礼""存理灭欲""返身而诚"，同时更高扬"仁政"和"德治"的旗幡，有治平天下舍我其谁的鲜明风格；墨家的伦理政治学说提倡"兼爱"反对爱有差等，主张"非攻"反对侵略战争；法家确实是更侧重实行政治专制以严峻奢杀著名的改革派，但法家也不乏道德教条如认为"臣事君，子事父，妻事夫"是"天下之常道"（《韩非子·忠孝》）；而自标"绝仁弃义""其学以自隐无名为务"的道家实际上也是关注道德研究富有政治热情的一系，老子提倡"贵柔""知足""不争"，设计过"小国寡民"的政治蓝图，庄子也准备要"应帝王"，（《管子·牧民》）以"礼义廉耻"为国之"四维"，认为"不恭祖旧则孝悌不备，四维不张，国乃灭亡"；佛家历来被指斥为"不能为天下国家"和"无父无君"，但中国化了的佛教历来却是以"明心见性"自期，以"庄严国土、利乐有情"自诩的，它也阐发孝道，承认沙门要敬王者、宣扬忠君思想。中国的历代虽然颁布过许多的成文法，但中国是一个道地的人治社会而非法治社会，统治者们一般不单以法律精神治理国家，更注重从宏观上维护、强化和敦行伦理政治文化范型，强调伦理纲常对人民精神和行为的熏陶与制约对巩固自己的统治的积极意义，也为建立伦理与政治之间的良好的互动渠道和机制采取切实措施，如科举制。思想家们还努力为这种伦理政治范型寻找绝对的形而上学的神圣依据，认为人有道德主体性，仁义礼智之德性乃天之所赋，"人皆可为尧舜"，统治者是天之元子、君权神授。

中国的宗法专制的社会结构决定了它的文化主体必然是一种人的内在道德修养论与外在的客观政治论互与渗透、互为应援的伦理政治型文化，从历史的发展来看，它是一个正负面价值的统一体。从正面看，伦理政治型文化使中国成为礼仪之邦，使中华文化洋溢着浓厚的人情味，使中国民族尤其关注德性修养，凝聚力强劲，同时也养成了中国民族的整体观念、爱国主义情怀、强烈的经世济民观和入世的现实主义精神，没有西欧中世纪式的全社会性的宗教迷狂和神学独断的现象，是人生理想与社会理想兼容互致的典范。但其负面的流弊无疑也是巨大的。首先，伦理学的绝对化，偏重"德性之知"，疏忽"见闻之知"，习惯以善摄真，从未建立过西方式的系统、专门的科学理论与学科体系，这就阻滞了中国的科学技术、生产力与经济的发展；它也有禁欲意义，《礼记》中提出的"存天理，灭人欲"的观点得到学者们近乎一致的赞赏与过分强调。严酷的道德高压，成为人们追求世俗生活与人性自由的强固羁绊，导致了戴震所说的"人死于法，犹有人怜之者，死于理其谁怜之"的惨剧（《孟子字义疏证》卷上）。其次，伦理政治型文化在事实上是君主专制主义的命脉所系，而马克思就一针见血地指出："专制主义的唯一原则就是轻视人类，使人不称其为人，哪里的君主制是天经地义的，哪里就根本没有人了。"①专制政治使传统中国人养成王权崇拜情结、官本位迷信、家长制权威的盲从，这种状态下是不可能有个人的自由、平等与权利可言的。

四、从思想文化流派在历史上的地位看：中国传统文化的正统是儒家文化

在中国悠远的文化史上，恐怕找不到另一类能似儒家文化那样一以始终地给中华民族以如此深刻如此广泛的巨大影响的思想文化流派了。无论对儒家文化做怎样的评价，都不能无视它是中国传统文化的主流思想、居有正统地位这样一个事实。

当然这种主流和正统地位是一个历史的发展和稳固的过程，是儒家文化向

---

① 马克思，恩格斯. 马克思恩格斯全集：第1卷［M］. 北京：人民出版社，1979：411.

理论和社会的深度与广度开拓的过程。儒学作为宗法社会小农经济农业国度中生成的意识形态,产生于春秋时代,本来只是作为地域性文化的鲁文化之一脉,战国时却已向中原传播而成为中原文化并在当时儒、墨、法、道、阴阳等的百家争鸣华夏文化格局中有了"显学"的声名。到秦汉时期,随着统一的中央集权政权的建立和思想文化的统一工作尤其是"罢黜百家、独尊儒术"措施的实行,儒家思想成为一贯的官方意识形态,以儒家为主导的汉民族思想文化才正式开始形成,并不断向周边少数民族和海外国家流播,乃至成为世界性文化。相应的,儒学在其创始人孔子那里也还只能被看成是一种很少探讨人与自然关系、以人际关系为中心简洁展开的伦理政治思想,黑格尔就说"孔子只是一个实际的世间智者,在他那里思辨的哲学是一点也没有的——只有一些善良的、老练的、道德的教训……"①此语虽有些尖刻但基本上还是属实的。直到孟子、荀子那里(包括《大学》《中庸》《易传》的作者的论说),兼取法家道家诸学——精华,儒学得到了系统的阐述与新的发挥,既完成了"内圣"与"外王"的完整的伦理政治学说体系,也使其具有了更多的哲理化色彩。汉代儒学取得了独尊的官方意识形态的地位,一面是向谶纬神学发展,一面是开辟了"我注六经"即训诂阐释儒家经典的传统。宋明理学是儒学体系的最终成熟和完备阶段,它既兼备前说又融会佛道,既关注现实社会人生的伦理政治问题,又穷际天人,探研自然、宇宙和心性本源之学,在哲理深度和思辨方法的精密上达到了既是儒家也是整个传统文化的颠峰境次。

儒学之所以能取得官方的支持而成为意识形态的主流和传统文化的主导,一个重要的原因就在于,具有独特气质的儒家思想学说是某种比较而言的最佳的观念上层建筑。儒学并不是什么纯乎其粹的单一的理论,它是与各种思想文化交流融会而不断丰富发展,内部也有着不同的派别分歧的庞杂的学说体系,但其核心或基本的思路则是明朗和稳定的。简洁地说就是:天人一体万物同源的宇宙观、刚健自强的人生态度、"义以为上"的价值观、"法先王"和"复三

---

① 黑格尔. 哲学史讲演录:第1卷 [M],北京:商务印书馆,1966:119.

代"的社会理想、重视现世、经世济民的实用理性、为政崇德、修身为本的政治关怀等,道德理想主义则是其最大的理论特质。我们经常说儒家是封建专制在理论上的维护力量,这是不错的,儒家事实上是传统社会的伦理政治范型真正的始作俑者和最虔诚的支持者,它强调修身齐家治国平天下的互动整一性,强调人皆有希贤希圣成就道德理想人生的主体性,强调君君、臣臣、父父、子子的尊卑等级秩序,强调天不变道亦不变和"君权神授"等,这些从个人到天下以道德一以贯之的富于人情味的泛道德主义或理想主义的论点都发挥着对封建宗法专制社会的直接而积极的维护作用。但另一方面,儒家其实也不是现实社会的无保留的维护者,它的道德理想主义同时也更是制约与批评的力量。对君主的残暴、官吏的腐败、赋役的繁重、土地的兼并等激化阶级矛盾、必将危害整个统治阶级利益的行为,它也会予以必要的批评和适度的缓冲、调节。因而即使儒家历来心仪三代,鼓吹封建制和井田制的开倒车的论调,但较之道家的消极隐遁的出世观和法家过度的严刑峻法、忽视人心融摄的特点,无疑还是更有优势的,其为统治者青睐而选作官方意识形态、一鼎思想界也就不足为怪了。

儒学成为主导的社会思想资源,首先是体现在自汉武帝的"独尊儒术"的国策出笼后,春秋战国时代的儒、墨、法、道、阴阳等的,百家争鸣、"和而不同"局面的宣告终结,儒之外的诸家或中绝,或边缘化,或附儒家化。另外,这种主导性还从这么几方面得到体现:从广泛的民族文化视角看,汉民族文化对其他民族文化的强大影响力——和吸引力以及统一的中华民族文化巨系统的形成,主要是仰赖儒家文化的核心作用;从中华文化的统一性和地域性关系看,辽阔的疆域、丰富的地理及其他历史因素,生成了有浓郁风格的地缘文化,但又始终保持了多样性中的大一统,即所谓"各因地齐、政俗、才性发抒,而名一家"(章太炎语)。儒家的精神力量是其中重要的提携与凝合要素;从狭义的精神文化或艺术文化的角度看,无论是在中国传统文化所谓的雅文化与俗文化中,还是在所谓的庙堂文化与山林文化,或显文化与隐文化中,儒家文化都努力地发挥出自己的主导性。

不过，正如我们所知道的，儒家文化作为一类道德理想主义文化，其主要根基是扎在宗法制时代，因而其学说中所带有的高蹈空疏性、崇古保守性都是很明显的，在其支持下中国的封建君主专制社会也具有极强的生存弹性和顽固性的特点。

作为中国传统文化基本特征的概括，或者还有更多的特点，但以上四点标明的是中国人创造的文化在历史上所展现的特有轨辙、独立个性和风貌之主要方面，它们可以被视为中国文化的基因和脉络，是传统中国文化的主体，也构成了今天我们无法回避和忽视的"生存场"，是中国文化寻求现代化转化与重建的客观背景与既有基质，因而，正确理解这些基本特征，不仅对传统文化本身的学习和深入掌握而言是必须的，对实现传统文化的现代化再造与复兴也具有根本的意义。

第四章

中西人文精神的历时性比较与现代新建构

> 自然科学往后将包括关于人的科学,正像关于人的科学包括自然科学一样:这将是一门科学。
>
> ——马克思

一、人文精神正义

"人文精神"可谓是生动热烈地活跃在我们的生活语言和文本叙述中的高频语词了,人文精神问题不仅是理论界研究的一个前沿论题,同时也是一个获得广泛社会参与的大众话题。如何理解人文精神,如何看待所谓的"科学"和"人文""两种文化"[①] 之间的分裂和日趋紧张的对立的困境,如何评价人文精神在中西方文化中的传统差异,如何找寻实现人文精神的现实出路从而建设当代形态的人文精神等一系列问题,既有深刻的理论意义更具有强烈的现实价值。在世界范围内对所谓的人文主义与科技主义关系的总体性反思和以市场经济为导向的中国社会现代化转型过程中加剧了的世俗化浪潮的大背景下,人文精神论题自然而然成为我国学界关注和探讨的一个焦点,正如我们所看到的,这种关注和探讨在 20 世纪 90 年代中后期逐步步入了高潮。

令人遗憾的是,在这一论题的研究上,很多论者的致思路向在较大程度上仍然拘泥在对"人文"和"人文精神"的狭隘理解上,迄今为止还鲜有论者切入中西方人学、人性论的总体范畴中,紧扣中西哲学转向发展的内在线索与特

---

① C. P. 斯诺. 两种文化 [M]. 纪树立, 译. 北京: 生活·读书·新知三联书店, 1994.

<<< 第四章 中西人文精神的历时性比较与现代新建构

点,突出中西方哲学与文化比较研究的视界去展开专门论述的,我们见到的也多是一堆散金碎玉式的研究成果,甚至形成不少的误察和谬见。如认为人文精神就是人本位而又对人(性)本身缺乏深度分析和完整把握;如把人文精神及其学科基础逼仄地框范在"文史哲"及艺术等学科领域从而把科技理性或科学精神看成与人文精神完全冲突的对立物;如认为中国没有人文精神传统或中国传统文化精神体现了真正的人文精神;如过分夸大西方后现代哲学的人文精神价值而看不到其反人文精神的巨大缺失;如看不到马克思哲学才是真正的人道主义、其真正指示了人文精神的现实出路和真正归宿等。学术观点的分歧、争鸣中蕴涵着自由思想、互予启迪的可贵品格,但分歧与争鸣中的学术观点也潜伏着误读和重新厘定的可能。人文精神的讨论应该欢迎批评性反思和建设性怀疑,这乃是为着在多元互动中的正本清源,促成向相对共识和一元真理的接近。以此自期,笔者不揣浅陋,就众说纷纭的人文精神论题直抒管见,给出自己的言说,以就教于方家。

(一)人文精神——从"人文学"和"人文主义"谈起

探讨人文精神论题,首先必须明确的无疑应当是何谓"人文精神"。我们注意到,作为概念,不少论者也强调要将"人文精神"同"人文学""人文主义"这样一些概念关联起来予以界定,在他们看来,"人文精神""正是从各门'人文科学'中抽取出来的'人文领域'的共同问题和核心方面——对人生意义的追求"或者是"一切人文学术的内在基础和根据"[1]。而这里的关键则在于,这些论者据以为"人文精神"根基和内核的"人文学科"事实上又被简单地等同于"文、史、哲"[2],

---

[1] 王晓明.人文精神寻思录[M].上海:文汇出版社,1996:207,17.
[2] 吴鹏森,房列曙.人文社会学科基础[M].上海:上海人民出版社,2000:6.作者说:"人文学科主要包括哪些具体学科呢?一般而言,它主要包括文、史、哲,并同时包含着由这三个学科所衍生出来的其他一些学科,如美学、宗教学、伦理学、文化学、艺术学等等。"中国的《辞海》对人文学科也做了这样的解释:"人文科学源出于拉丁文humanists,意即人性、教养……狭义指拉丁文、希腊文、古典文学的研究。广义一般指对社会现象和文化艺术的研究,包括哲学、经济学、史学、法学、文艺学、伦理学、语言学等。"显然,一般的自然科学的学科与相关教育、修养是不被他们所包括的。

奠基于在这种学科之上的"人文精神"也被狭隘地定位在了所谓的对人的道德理想、审美情感、人生意义等方面的关注以及相关素质、内涵的修养、培养与完善上（如文学修养、哲学修养、道德修养、艺术修养等方面）。不难发现，在讨论中，持这种理解的学者不在少数。

从这种理解出发，这些论者就很自然地会把"理科"即自然学科及其体现的"科学精神"与"文科"及其体现的"人文精神"分裂开来，在他们看来，"'人文精神'往往是与'科学精神'不同的。由数学、物理学、化学、天文学、地理学、生物学、生理学等自然科学共同分享的'科学精神'，竭力排除人文因素的参与，追求纯粹的客观性、确定性、严密性和精确性。而'人文精神'则恰好要把这种'科学精神所排斥的人生意义抢救出来'"①。我们不禁要问：人文学科真的就是仅仅指向"文史哲"吗？"数理化"等自然科学当然地是外在于人文学科的不同范畴吗？人文、人文学科和人文主义孕育的人文精神就只是文学修养、哲学修养、道德修养、艺术修养吗？缺失了科学精神的人文精神还有保证人性健康发展的足够力量，所谓的人生意义还具备当然的合理性基础吗？

正如英国现代思想家阿伦·布洛克曾经感叹的那样：

> 我发现对人文主义、人文主义者、人文主义的、以及人文学这些名词，没有人能够成功地做出别人也满意的定义。这些名词意义多变，不同的人有不同的解释，使得辞典和百科全书的编纂者伤透了脑筋。②

当我们对"人文""人文学科""人文主义"这些概念冷静地予以溯本探源式考察辨析后，我们不难发现，问题其实并不如人们想象的那么简单。

首先我们来看"人文主义"（humanism）这个词，它是一个较晚近才出现的内涵广阔、意蕴微妙的词，源于德语（humanismus），由德国教育家尼特哈默于1808年在一次关于古代经典在中等教育中的地位的辩论中所首创，后在史家

---

① 王晓明. 人文精神寻思录 [M]. 上海：文汇出版社，1996：207.
② 阿伦·布洛克：西方人文主义传统 [M]. 北京：生活·读书·新知三联书店，1997：2.

福格特、思想家伏伊格特、布克哈特等人的著作中广泛使用而流行起来。实际上 humanismus 是对 15 世纪末出现的拉丁文 humanista（即人文主义者）的翻译，后者出现在 1490 年意大利比萨的一部文献中，原统称那些教授人文学的教师、研究人文学的学者以及学习人文学的学生及其一般思想倾向。

而这里提到的"人文主义者"视阈中的"人文学"（studia humanitatis，又作 studia humana）一词最早还可以追溯到基督教创立之前罗马帝国建国之初的公元前 150 年。① 它产生于罗马，出自西比阿斯家族，其本义是指研究人的各种自然倾向即 humanitas（人性）的学问，以及对人类知识所做的统一的有系统的记述，是罗马时代每个自由公民所受的日常技艺的培养和知识的教育，也意指通过提高文化素养来培养塑造人性的综合实践，叫作"人文学习与课程"。在当时，人文主义是刚摆脱野蛮的新帝国的口号，显示与野性决绝后对古希腊文明的历史继承的合法地位，意味着一种教化的理性。

更准确地说，studia humanitatis（"人文学习与课程"）确是更古老的希腊思想的继承和拉丁化阐释。伟大的古希腊人创造了"教育"（paideia）这种文化创造与传播的形式，而 humanitas 就是在文化历史从古希腊过渡到古罗马时用来翻译"教育"这一人性塑造手段的拉丁词汇。paideia 在公元前五世纪和四世纪的雅典逐渐系统化，其内容在当时可谓是十分全面，算术、几何、天文、音乐（和声学）被视作是雅典教育四大学科，这四大学科均是广义的数学学科。对智者派和柏拉图而言，还有更高的学科即辩证法及其导向的求善的科学。希腊人进而把这种全面的教育称作 enkylia paedeia，也就是一种"百科全书"（encyclo-paedia）式的教育，在这种课程体系之中渗透着一种深刻的思想，那就是"使心灵的和谐达到完善的境地"。（柏拉图）到罗马时代，文法和修辞逐渐被作为高等教育的基本学科。罗马人法罗在其《教育九卷》中讨论了文法、修辞、辩证法、几何、算术、天文、音乐、医学、建筑九大学科。从公元 4 世纪起，前七门学科被固定为"七艺"即"自由七艺"（liberal arts，也就是"自由人的学

---

① 克利斯特勒. 意大利文艺复兴时期的八个哲学家 [M]. 姚鹏，等，译. 上海：上海译文出版社，1987：182-183.

科"），成为欧洲高教的标准的学科四艺是数学学科，辩证法也更多地指向逻辑学，所以七艺中倒有五艺是自然科学学科。

潜藏在这一遥远开端的观念一直支配着中世纪的社会伦理思想，而"人文学"在基督教统治的时代，尤其是中世纪后期，studia humanitatis 泛指非基督教的古典学问，相对于崇高神圣的教义教规而言，更多地具有了世俗的意味。

文艺复兴时代就是以复兴古希腊罗马学术为旗帜的，人而不是神，人性而不是神性，尘俗而不是神圣，自由而不是禁锢，理性知识而不是蒙昧信仰成为时代关注的中心。在文艺复兴时代，社会崇尚出类拔萃而且容不得平庸，因此教育的目的就是要训练精英分子，而不是专门人才。这个时代的社会观念几乎完整地保存继承了中世纪和古希腊的思想，尤其是在 humanitas 这一"文化修养"的人类品性训练上，人文主义运动的先驱们也完全接受了那种全面教育，全面发展的古老观念。这直接地表现为学校承继了传统的七门科目，包括语法、修辞、逻辑、算术、几何、天文、音乐，这是一种相对较为全面系统的对有相当社会地位的自由公民进行教育的内容。随着翻译运动的展开，还出现了许多超越出传统七艺之外的学科如神学、罗马法、教会法、医学、天文学、占星术和自然哲学等。

当然，我们也注意到，一些早期的人文主义者一方面强调通才教育，另一方面他们所谓的"人文学习与课程"主要地又是指向语文、修辞、诗歌、历史、道德哲学五科，如彼特拉克甚至还抵制这五科之外的学问。某种意义上说，他们是导致狭隘化理解人文学科即是"文史哲"的观念上的"始作俑者"。但毋庸讳言的是他们并不是文艺复兴人文主义者的全部，总的来说，文艺复兴时代的人文主义者带来了新的知识（通过翻译希腊和拉丁古典）和新的眼光（人文主义），深化了对自古希腊以来而被中世纪忽略的古希腊的传统学术如算术、几何、音乐、天文等自然科学的研究。他们呈现的整体文化形象是努力寻求一种人的理性、意志和情感兼容互致的、向善的宗教（道德），求真的科学、持美的审美情感水乳交融的知识体系、生活态度和人格风范，这种文化气质和理想人格用当时流行的拉丁诗人拜伦斯的诗句说即是："我是人，人的特性我无不具有!"这应当被视同为一种对人性的全面性、丰富性内涵的尊重、占有、发展和实现人的自由本质的呼吁。

从"人文主义"的语义发生和流变可知,人文主义有着深刻的历史根基,而且其基本含义仍然保持着一贯,此中的理路也是皎然可辨的。历史地看,"人文主义"中蕴涵了两个意向：人性和教育,从最古朴的意义上来理解,是向着"人性"展开的"教育",或者说通过教化来达到人性之完满,而自由则是最终的目的。"人文主义者认为教育是把人从自然的状态中脱离出来发现他自己的humanitas（人性）的过程。"[①] 这一点上同中国传统的"人文"观念"观乎人文以化成天下"（《周易·贲卦》）在立意上是相同相通的。后者的基本含义也是指向"以文教化",指以与武力征服相对待之"人文"即人伦仪则、道德秩序去规范和化易人民于"野蛮",使之开化和文明化的活动。孔颖达在《周易正义》中就解释说"观乎人文以化成天下者,言圣人观察人文,则诗书礼乐之谓,当此法教而化成天下也"。

西方历史上的人文学科或者"人文学习和课程"的设置事实上也正是为塑造一种理想人格、完美人性服务的各种主要学科的综括,它不是单单指向通常所谓的狭隘的人文学科即"文史哲"的,而实际上是包括文学、艺术、历史、哲学、道德在内的更兼有算术、几何、天文学、逻辑学、医学、声律学等自然科学学科的。人文主义者要求的是通才教育,是"百科全书式教育"而不是单向度的专门教育,人文主义教育要培养的不仅仅是文学修养、哲学修养、道德修养、艺术修养,它同样也重视（一定意义上甚至更重视）自然科学学科及其孕育的科学精神的修养。这在他们看来正是为满足人性的全面发展,实现自由人格的必要条件。

可以说,把自然学科排除在人文学科之外,把人文学科单纯地指向"文史哲",从而把科学精神排除在人文精神之外甚至相互割裂、对立起来的做法是不符合历史事实的（文艺复兴早期的部分人文知识分子除外）。单向度的"文科"

[①] 阿伦·布洛克. 西方人文主义传统 [M]. 董乐山,译. 北京：生活·读书·新知三联书店,1997：45.

及奠基于此的人文精神无疑是后人的误会和曲解，根本不符合人文学、人文主义的原本旨意，不符合传统的人文主义者们所诉求的"使心灵的和谐达到完善的境地"和"人的一切特性我无不具有"的人格理想与文化气质。真正的人文学及其奠基其上的人文精神应当是通过合理而全面的知识教育去达到对人性的丰富内涵的全面性的发展与实现的精神，它既是人的全面性发展，也体现在学科知识的全面性发展。显然，排除了自然学科和科学精神的狭隘的传统的"人文学科"和"人文精神"是无法担负起这项伟大而艰巨的任务的。

因而，用一种原本意义上的人文学（为区别于狭隘的"文史哲"意义上的"人文学"，这种综括了各类主要学科文化的人文学也可称为"大人文学"或"人类文化"）为学科基础和理论资源，提出并建设以人性的全面发展为目的的新的人文精神，是可能而且必需的。

（二）对人性——文化——人文精神统一结构的描述

既然我们把人文精神解析为由人性和对人性予以教化以满足人全面发展需要的"大人文学"这样两个因素，那么必须回答的问题就是：何谓人性及其全面发展的特性呢？它同满足自身全面发展所需的具体学科或者"大人文学"之间呈现的内在关系结构又是怎样呢？这里就把人文精神论题的立论基础转移到"人"和"文"的相互关系的诠释上来了。

"人"是什么的问题是一个很不好回答的"斯芬克斯之谜"，人性则是这一难题的核心。

我国理论界有一种代表性的意见，它将人的本质性划分为三个层次：第一层次是人有生命的感性需要，如马克思在《德意志意识形态》手稿中这样写道："任何人类历史的第一个前提无疑是有生命的个人的存在，这些个人使自己和动物区别开来的第一个历史行动并不是在于他有思想，而是在于他们开始生产自己所必需的生活资料。"[①] 第二个层次是人有自由自觉的活动，这一点马克思在《1844年经济学哲学手稿》中做了突出强调，他指出："一个种的全部特性、种

---

① 马克思，恩格斯. 马克思恩格斯选集：第1卷［M］. 北京：人民出版社，1972：24.

的类特性就在于生命活动的性质，而人的类特性恰恰就是自由的有意识的活动。"① 第三个层次被归结为"人是社会关系的总和"，理论依据是马克思在《关于费尔巴哈提纲》中的相关论述。② 这三个层次基本上按"性理—心理—社会"的顺序排列，体现了对人自身做全方位把握的努力。然而持此论者却有一个疏忽：马克思的这几段话中，"人"的概念并不是同一的。有关的前两个层次的阐述是从人类学观点出发，着眼于人与动物界的区别，所谓"人"其实是指人的族类；后一段话是从社会学、伦理学角度论述，着眼于人与人之间的区别，所讲的"人"是指现实的（"在其现实性上"）、具体的（"不是单个人的抽象物"）的人。例如，巴金小说《雷雨》中的老爷"周朴园"是一定社会关系的总和，"鲁大海"也是一定社会关系的总和，但却是另外一些社会关系的总和，二者虽为血缘上的父子，却有着完全不同的社会本质。三个层次中唯有在第二个层次的意义上才有"异化"与"复归"的问题，所以它才是人的类本质之所在。

人文学或者人文精神论题的研究必须以人的类本质为基础，否则就会因为人的现实社会本质各不相同而认为人文精神只具有相对性。不能发现普遍性的尺度，意味着一个学科缺少存在的理由。近代德国一些思想家的论述告诉我们，人的类本质其实表现于人的类趋向，即人所要实现和可能实现的基本目标，它具体体现为人的类能力，即人所具有的潜能，人类的历史行程与社会实践正在于孜孜以求使自己的潜能转化为现实。

我们知道，康德的批判哲学实际上就是"人的哲学"，康德陈述自己的宗旨说"我之理性所有之一切关心事项（思辨的及实践的）皆总括在以下之三问题中：（一）我所能知者为何？（二）我所应为者为何？（三）我所可期望者为何？"③ 这三个问题是古老的知、情、意三分法的变体，康德在《三大批判》中把它们转化为感性、知性、理性三种心灵能力。它们又是人的类趋向，"我所能

---

① 马克思. 1844年经济学哲学手稿 [M]. 北京：人民出版社, 1985：53
② 马克思, 恩格斯. 马克思恩格斯选集：第1卷 [M]. 北京：人民出版社, 1972：24.
③ 康德. 纯粹理性批判 [M]. 蓝公武, 译. 北京：商务印书馆, 1960：549-550.

知者"为寻真,"我所应为者"为持善,"我所可期望者"为求美。黑格尔一方面承认人是一种具体的感性存在,同时又认为人是一种"能思考的意识"①,并且还特别强调"人的本质是自由"②。如果撇开康德着眼于心灵剖析与黑格尔注重于精神演化的歧义,不难看出这两位大哲人对"人是什么"的理解是颇为相似的。其后,费尔巴哈站在唯物主义立场也明确指出:"……人自己意识到人的本质究竟是什么呢?或者,在人里面形成类,即形成本来的人性的东西究竟是什么呢?就是理性、意志、心……理性、爱、意志力,这就是完整性,这就是最高的力,这就是作为人的人的绝对本质,就是人生存的目的。"③ 费尔巴哈这里所讲的"理性"指理智,与康德之所谓不同,他所谓"心"主要指一种博爱的情感,因此所列三点依然是知、情、意。其实,马克思关于人的类特性的规定也隐含有相似的思想:"自由"与意志因素密切相关,"有意识"即指理智,"活动"则具有感性的品格。意志因素与理智因素共同体现于感性活动中,构成了人区别于动物的"类特性"。诚然,马克思与过去的思想家的不同点在于突出强调人类改造世界的实践活动,但是也应该看到他在全面考察"人"时对人的精神能力一点也不忽视。在《政治经济学批判·导言》中,马克思还指出了人类掌握世界的基本方式:思维的、艺术的、宗教的以及作为这几种方式之综合来看的实践—精神的方式,无疑,这是对人性知、情、意内涵的另一种形式的肯定④。我国学界受苏联教条主义思维模式的影响,长期疏忽对自我的丰富的精神潜质和主体的积极的能动特性的研究,一谈主体类特性、一谈心灵和精神潜质则视为唯心主义,这事实上是一个失误,必须予以校正。

---

① 黑格尔. 美学:第1卷[M]. 北京:商务印书馆,1979:38.
② 黑格尔. 历史哲学[M]. 北京:生活·读书·新知三联书店,1984:56.
③ 费尔巴哈. 费尔巴哈哲学著作选集:下卷[M]. 北京:商务印书馆,1984:27-28.
④ 1858年版《新亚美利加百科全书》中"美学"条目出自马克思之手应该是可信的(李泽厚、蒋孔阳等先生也曾有此种看法),该条目开首写道:"最可靠的心理学家们都承认,人类的天性可以分为认识、行动和情感,或者理智、意志和感受三种功能,与这三种功能相对应的是真善美的观念。……逻辑学(在它最通常的意义下)确定思想的法则;伦理学确定意志的法则;美学确定感受的法则。"(见于《美学》杂志第2期,上海文艺出版社,1980年)

>>> 第四章　中西人文精神的历时性比较与现代新建构

人类具有知、情、意三种独特的类的精神能力，寻真、持美、向善作为人类特有的生命活动，是人类区别于其他动物的基本特性，因而可以说是人的本质。人的本质并不是不可捉摸的神秘之物，它具有能在对象化、外化、物化的过程中确证并发展、丰富自身的特征。马克思在《1844年经济学哲学手稿》中区分了"劳动"的对象化和"意识"的对象化，他认为"人不仅通过思维，而且以全部感觉在对象世界中肯定自己"①，即是说人是通过在客体对象中看到并实现自己的本性。马克思把资本主义工业史及其已经"产生的对象性的存在"喻作"是一本打开了的人的本质力量的书，是感性地摆在我们面前的人的心理学"②。其实不仅工业，人类一切活动领域的任何创造，无论是政治、经济、法律制度，还是艺术、宗教、科学，整个的文化都是"人化"即人对象化自我的类本性类能力的创造结晶。正如王国炎教授定义的那样："所谓文化，就是人类主体在存在的历史上和社会实践的活动中，持续外化、对象化自我的本质力量，去适应、利用、改造客体即自然、社会及人自身，同时又确证、丰富、发展自我本质的过程和成果。它是人与物、主体与客体、内化与外化的辩证统一。"③我们今天考察文化及人文精神问题，实际上不外乎是在考察人及其本质的具体的外化与对象化、现实化的状况与水平。

那么，知、情、意的类本性是如何向文化外化而确证自身的呢？那就是：以"能知"为特征的理（智）性的类能力外化为寻真的科学文化，以"应为"为特征的意志的类能力外化为持善的宗教（广义上的道德）文化，以"期望"为特征的感受的类能力外化为求美的审美文化。寻真而有科学文化，科学以"为自然立法"为原则，注重反映客观，力图按照"本来的样子"认识世界的各个侧面，以概念、判断、推理等逻辑形式对事物进行分析和综合，抽象出事物的本质特性，追求纯粹的客观性、确定性、严密性和精确性。通常的自然科学如数学、物理学、化学、天文学、地理学、生物学、生理学等学科正是科学

---

① 马克思.1844年经济学哲学手稿［M］.北京：人民出版社，1985：82.
② 马克思，恩格斯.马克思恩格斯全集：第42卷［M］.北京：人民出版社，1979：127.
③ 王国炎，汤忠钢."文化"概念界说新论［J］.南昌大学学报.2003（2）：74。

文化的载体，是人类的生命活动向合规律性方向的展开手段与表现：向善而有道德文化，道德（广义上的宗教）指向"为人生立法"，力图把握绝对之物，力图按照"应该有的样子"建立人伦世界的秩序，特别体现为对人类生存的终极关怀，甚至将人类的意志对象化为超自然的力量（道、理念、神、上帝），为人世提供精神支持，宗教、道德心性学、伦理学等是都是道德文化的载体，反映着人类向合目的性的展开；持美而有艺术文化，艺术立足现实而趋向于理想，以形象和情感为基本元素，再现和表达了丰富多彩的人世间的悲欢离合，对现实人生既反映又超越，指向"美"，包括绘画、诗歌、文学、音乐、舞蹈、雕刻等艺术学科都是人类在合规律性与合目的性两方面的交融与统一。

人类正是靠着自己在漫长的历史上发展起来的寻真、持美、向善的本质力量，形成了自己独特的思维方式、审美情趣、价值观念，并以之为掌握（认识和改造）世界的方式，从而在外化中在对象化活动中创造了以科学、艺术、道德为三大支柱的整个文化大厦，使人得以由"茫然于人道"的"植立之兽"成长为今天的"万物之灵长"和"宇宙的精华"，人的类本质也在建设此文化世界中得到确证并逐步地丰富起来。

以体现集中人文精神的文艺复兴的新文化为例，它的伟大之处，不像有些论者理解的那样，单单只是要求确立人本位的哲学视界，更重要的是它还进一步从全方位上对人的理性、情感、意志交融统一的本质做了完整而非割裂的确认与发掘，描述了人作为理性与非理性、灵与肉、神圣与世俗、科学与人性的统一体的特质，表达了人应对自己的"一切特性"予以尊重、恢复、占有、发展与实现的豪迈的精神气概。

具体说，一是肯定人在与上帝、自然的关系中的本位意义，热情地颂扬了人不低于甚至高于神的尊严与伟大，人们用诗意的语言赞叹人说："人是多么了不起的一件作品，理性多么高贵！论行动多么像天使……宇宙的精华！万物的灵长！"（莎士比亚）；二是破天荒地宣布"我自己是凡人，我只要求凡人的幸福"（佩脱拉克），主张人的情感欲望与世俗生活的现实合理性，反对超自然的禁欲主义，坚持灵肉一致的现世的幸福；三是提出"科学是统帅，实践是士兵"

（达·芬奇）的口号，确认人的理性的至上性，反对盲目信仰与蒙昧主义，鼓励自然科学研究，重视科学文化教育，认为理性与科学是引导人类前进的伟大力量；四是认为自由是人的本性，抨击神学教条与宗教仪轨扼杀人的自由的罪恶，相信人可以凭自己的自由意志而创造生活，掌握命运，实现人生价值：人应当自由地生活，"想做什么，便做什么"（拉伯雷）；五是认同"我是人，人的一切特性我无所不有"（拜伦斯），人应该是全面地发展自己，多才多艺，学识渊博，提倡健全人格，反对中世纪知识偏狭、循规蹈矩的生活。

可以看出，这种对人性的理解与发现是全面的，是体现了对作为理性、意志、情感的完整统一的理想人格与生活的向往和追觅的精神。正是这种对人性的丰富本性与内涵的完整揭示，全面发展以及完全占有、完美统一的追求，氤氲成了文艺复兴时代文化的特殊的精神气质，它可以被看成是人类发展史上对自身进行总体性反思与自觉的所达到的一座丰碑。正是在这个意义上，西方著名文化史学家雅各布·布克哈特把文艺复兴时代称为"人的发现"的伟大的时代。

因此，"人文精神"正是在这个意义上来使用的：它是对一种体现了融合、反映并发展着人性的知、情、意的丰富内涵的人类文化精神的指称，是人类本质的反映。它介于人性与文化之间，人性是人文世界的本体或者说原结构即人文现象的内在根据和本质，而包括科学、道德、艺术之内的整个文化世界则是人类生存方式的系统化。人文精神贯穿和生成在文化发展的进程中，是人类精神的自觉，是人类精神的本质的外显，也是对人性发展的一种积极的建设性的促动、批判性的反思和考察。

（三）人文精神——在动态中发展的共性与个性相统一的形态

当我们把目光投向中西传统文化的所谓"人文精神"问题时，直接地就必然要求紧扣人性这一基地，考察它们是否如同文艺复兴的新文化所体现的那样，不仅仅看"人"是否被作为文化的根本出发点和立足点而得到称颂，而且更要看这种文化是否在试图完整而非狭隘地、全面而非片面地反映并努力发展、实现着人的知情意的统一而丰富的本性，在科学文化、道德文化、艺术文化的多维度、全方位上对人性做出在真善美统一上的肯定性承诺与促进，这是某种绝对的标准，我们依据其符合这一标准与否，而为该种文化有或没有"人文精神"下出断语。

同时，我们既要看到"人文精神"在本义理解上的严格性，也把"人文精神"看成文化考察的一个具有适度融通活性的相对标准去使用，也是极有必要的。根本的原因就在于：人性本身是一个历史的概念和在实践中的动态发展与成长的过程，相应的反映在人类物质文化和精神文化的生产和发展上，在学理与事实上都呈现出了由自发、自在到自觉、自为的历史地进步的特点。

作为伟大的人道主义哲学家和无产阶级革命家，马克思不同于过去的唯心主义思想家们把人性先验化、抽象化、神秘化的就是，他始终把对人的解释的立足点放到社会实践史之中，既能发现、承认人的本质，又能不抽象地就人性谈人性，而是把人作为完整的个体的人，作为自然因素、社会因素和精神因素的统一体，现实地去把握人性生成、演化、发展的社会根源、制约因素和一般过程，他指出："……首先要研究人的一般本性，然后要研究每个时代历史地发生变化的人的本性。"① 回顾中西方民族的文化史，我们不难发现，由于这种社会关系中的实践的发展阶段与水平的制约（包括生产力、认识程度、社会制度、阶级结构、伦理关系等因素），人类对自我本质的总体的理性的把握，在长期的历史中，几乎无例外地是自发的、自为的因而是不甚完整和准确的，人的本质从而外化出的人的文化形态往往从文化学理和现实生活层面即物质和精神特性上都被单面地肯定、畸形地发展着。一般人性在整体上体现了一种在单面化发展的历史中为自身的全面实现开辟道路的特性，

诚然，任何时代任何民族的任何文化，无论是原始社会、封建农耕社会抑或资本主义时代的文化无一例外地融合着人类知、情、意的创造本性，都有着反映人性本质力量外化的寻真、持美、向善的生命活动的展开线索及其向科学、道德和审美文化的构造历程和相应成就。但人性知、情、意的本质力量，寻真、

---

① 马克思，恩格斯. 马克思恩格斯全集：第23卷［M］. 北京：人民出版社，1972：669.

持美、向善的掌握世界的类的基本手段在开发、运用和发展上却又不是统一的、同步的，不是均衡的，而是有着方向上、程度上的差别。也就是说，人性及其外化的文化在历史的进程中又有着时代、地域和民族的差别，这种差别有时甚至相当的明显和巨大。

这种社会实践中形成的人与文化本质的异化（在德语中，"异化"义指疏远、冷淡化），也会随着社会实践的展开，因其日益显见的流弊而引起人自身的反思与挑战，从而又被人们从学理上与社会生活中所调整与校正。从而标志着人与文化的全面自觉与发展的"人文精神"往往是通过单面化、畸形发展着的文化的精神形态去体现自身的。理想化的人性、文化与"人文精神"在历史上是不存在的，人性和人文精神是在丰富的历史形态中体现出来的。

因此，人文精神形态应是绝对与相对的统一，它首先体现的是一种自觉反思与全面发展着人性的文化的理想状态，作为某种绝对的标准，内潜在任何文化的深层，作为文化发展的理想，引导着现实文化的不断校正其偏失和向完善性的超越，它是指向也是存在于未来时的，同时它又具有一个在非均衡、非理想化中展开和进步的特点。面对传统文化，苛求它表现出人性的绝对完满的发展，则我们就是非历史主义者，甚至会得出历史上没有过体现了人文精神的文化的结论。但若现实地相对地运用"人文精神"概念，去考察传统文化是如何在非均衡、单面化甚至畸形化发展中，在何种可能的方向和形态上，在如何的意义上体现了"人文精神"所肯定所要求发展的人性内涵，又在如何的意义（或方面）上缺失并违背了"人文精神"的要求。这样我们才不至于以偏概全，把一种事实上片面化发展了"人文精神"内涵，同时又因片面性而缺失了人文内涵的文化说成纯粹的有或完全没有的"人文精神"，并对其做出建构于人性完满性尺度上的合理的批判与超越，这应是我们分析人文精神问题的一个基本的思想前提。

二、中西方传统人文精神特质的考订及其现代重塑两条路向的反思①

"一切历史都是当代史",立足于我们上面的分析,审慎地考察梳理中西方文化历史地呈现的人文精神形态,反思其内在的特质、冲突与转折发展的概貌,目的只有一个,即是批判地继承传统人文精神形态中的精华,汲取其在学理和实践层面的历史的教训,为徘徊于现代化门槛边的中国社会发展整体超越性的新型的人文精神形态提供思想资源,为解构与重新建构寻找合理性的理论根基。

(一)中国传统文化中意志主义和道德主义的"人文精神"特质的考订

一般来说,中国文化确实一直有一个着重讲人的传统,冯友兰认为:"无论古今中外,无论哪宗哲学,归根到底要讲到人,不过中国的哲学特别地要突出人。"②

确实是这样,"人学"在中国似乎颇有些早熟性。中国没有一个以神为中心覆盖整个文化及社会生活的西方式的中世纪。在中国历史上,作为世俗社会伦理支撑的超自然的"真宰"的功能是由非人格的自然神意义上的"天命"及作为"天之元子"的人间的"君"来承担和表现的。

中国文化是重人的。在先秦元典中早有"惟人万物之灵"(《尚书·泰誓》)、"天地之性人为贵"(《礼记·礼运》)及"人者,天地之德,阴阳之交,鬼神之会,五行之秀也"等许多文字,对人独有的尊贵地位做了早期表达。后来汇合成中国文化主流的儒法诸家,皆以人间伦常、现实政治为务。主张"观乎人文,以化成天下"(《易传·贲卦》)、"务民之义,敬鬼神而远之"(《论语·雍也》"舍之天运,征乎人文"(《后汉书·公孙瑜传》),这成为中国文化的主要价值取向。从"远神近人",以人为本这一点上,中国的传统文化与文艺复兴的"人文精神"颇有相类之处,但也不尽神合。

之所以这样说,在于两者对"人"的理会大有出入。文艺复兴视界中的人是理性、意志、情感得到同等尊重和全面维护发展,求真、向善、持美兼容并

---

① 这里我们把西方文化的"传统人文精神"的考察区间大致划定在从古希腊罗马时代到黑格尔时代的终结。
② 冯友兰. 论中国传统文化 [M]. 北京:生活·读书·新知三联书店,1987:140.

蓄并行不悖的具有统一本质的人。虽然从表面上观照，中国历代先哲也从人的生命活动的心性要素的角度对"人之所以为人"做了许多精细的分析，如孔子经常宣扬"知、仁、勇"的"三达德"。墨家明确指出，"为，穷知而悬于欲也"（《墨子·经上》），简洁地道出了完整的实践过程须是知、情、意并行。在《庄子·知北游》中，庄子分析了"形—心—真"（"耳—心—气"）这样一种由外而内、由浅入深的心性活动特点，荀子将"血气""知虑""志意"（《荀子·修身》）并提，朱熹总兼前人指出了"见闻—情—意"和"思虑—性—志"这样两个心性系列，清代的戴震更自觉地用"欲、情、知"（《原善》）去表述心性之结构，这都说明，在一定程度上，中国古人注意到了从人的知、情、意的生命活动的角度去探讨人的内在本质的理路。

但必须要指出的是，尽管如此中国古哲分析人的心性要素在"人之为人"的地位与价值上是不平等的，他们往往侧力于从人的深层的意志维度（气心""仁""志意"）去规定人的本质，着重阐发人作为追求自我人生价值与践履道德自觉性的道德主体的地位，用康德的术语即是重在研究"实践理性"。道家与佛家亦是从意志方向发明人之本质，但道佛两家讲的"道性"及"佛性"，即人之本体性的概念却不含具"道德质"的内涵，这与儒家的"仁"根本不同。从意志方向衍发的道德文化或者说人伦义理之学在中国传统文化中占据了无疑的压倒性的优势地位。而作为"知""真""知虑"人的理智与人的"形""血气"则在很大程度上被消解融摄到了道德意志之中，失去了自身的独立发展的空间：善的才是真的，善即是真，同时又要求以理摄情、以道制欲。

中国传统文化的主体是儒家文化，而儒学就是纯粹的道德哲学，它不单从理论上首先提出了"三纲"（明明德、新民、止于至善）及"八目"（格物、致知、正心、诚意、修身、齐家、治国、平天下）的以个人德性为核心、家庭为本位、以国家政治为宏阔指向的修养程式与方法；它也有一整套家族政治化、政治家族化的相应各个阶层的具体道德规约和行为标准，《孝经·礼运》篇中"父慈，子孝；兄良，弟悌；夫义，妇听；长惠，幼顺；君仁，臣忠"的设计乃是堪为经典的表述，而最核心也最为人们所熟知的则是"三纲"（君为臣纲、父为子纲、夫为妻纲)"五常"(仁、义、礼、智、信)了。儒家的道德规约也被统治阶级奉为了国家和社会的普遍标准。儒者还运用"天人合一"思维模式,将人的价值追求的意志能力溯根于天,形而上学地变易为一种与先验的宇宙原则(道、太极、天、天理等)相同一的无限实体。孟子认为人的"仁义礼智"之道德本性是"非由外铄我也,我固有之也"(《孟子·尽心下》),还讲"人皆可以为尧舜",荀子讲"涂之人可以为禹",朱熹讲"人人有一太极",王阳明也讲"满街都是圣人",人们只要"循礼而趋",躬行道德,去"求放心",就能做到"仁者浑然与物同体",就能成就理想人格。这都是从天人合一的高度对人的道德主体性的肯定,这种以人类天、天人合一的道德致思,无疑正如张岱年先生批评的那样是一种"拟人的错误",实质是人性上的意志因素在道德维度上的绝对化、先验化和神秘化处理的一种表现。但这在一定意义上又能极大增强人们对学道、悟道、行道的深刻认同感与自觉性。儒学的官方哲学化,使它作为伦理——政治文化得以更广泛地发挥对整个社会的影响力。这种道德主义的人性论在事实上成为整合各种文化资源、塑造中华民族人文精神的主要力量。可见,中国传统道德文化的发达是无与伦比的。

中国的宗法专制的社会结构决定了它的文化主体必然是一种人的内在道德修养论与外在的客观政治论互与渗透、互为应援的伦理政治型文化,这种道德主义的伦理政治文化塑造下的中国传统文化的"人文精神",张岱年先生认为可用"天行健,君子以自强不息""地势坤,君子以厚德载物"去概括。"自强不息"与"厚德载物"是内在呼应的一体。"自强"以"厚德"为内在支持,"厚德"以实现自强为终极鹄的。王国炎教授从更宏阔的背景上对中国传统文化所内蕴的人文主义质的基本精神做了阐发,他认为这种精神可以从以下八个方面予以勾勒:一是"民胞物与"的天人合一精神;二是"执两用中"的辩证法与"和而不同"的中庸之道;三是"苟日新,日日新,又日新"的日新奋斗精神;四是"未能事人,焉能事鬼"的重人轻神、民为邦本的人本主义态度;五是"正其义不谋其利,明其道不计其功"的重义轻利、贵人贱物的道德情怀;六是不崇玄虚、求是务实的重实学、重践履的实用理性;七是"克峻明德、协和万

<<< 第四章 中西人文精神的历时性比较与现代新建构

邦"的和平主义态度与"苟利国家生死以"的爱国主义精神；八是海纳百川、有容乃大的文化开放与创新精神。①

从王教授的这种归纳中，我们不难看出，中国传统文化的整体气质是在恰当处理同自然，尤其是同国家社会即人际群体的关系的角度着力的，是为着"成人"而指向践履德行、人格修养的。中国文化传统中对人之所以为人倾注了很大的关怀，而这种关怀与重视较大程度上又是在意志方向上展开的，从而形成了中国浓厚的道德主义质的人文精神，使中国成为礼仪之邦，使中华文化洋溢着浓厚的人情味，使中华民族尤其关注德性修养，凝聚力强劲。也可以说，作为中国道德主义质的传统人文精神，滋养了数千年中华儿女的精神世界，塑造了无数伟岸的人格，凝聚了民族人心，巩固了国家统一，维护了社会秩序，敦厚了人际关系，推动着中华民族去书写"郁郁乎文哉"的大国文化气象。

但我们不同意新儒家论者那种把中国道德主义质的传统文化精神视作所谓"完全地道的人文精神"的观点，因为中国传统的道德主义文化的反面便是人文精神的巨大阴影和深刻缺失。道德文化的单面发达，是以人的理性和情感世俗生活的被强烈忽视与弱化为背景和代价的。

首先，中国传统文化道德主义的价值取向，使中国人在历史上比较不关注"自然之所以然"，而是追求"人之所以为人"的"德性之知"，追求圣贤人生是为学的最高宗旨，认识与改造自然的"见闻之知"和科技的发展研究被长期疏忽，科技发明被嘲弄为"奇技淫巧"。中国人受农业的简单再生产过程的影响，养成了重视实践、注意经验观察和直觉体会的思维定式与运思习惯。比较而言，中国人从一开始就对考究经验背后的根本原因的问题不甚有兴趣，缺少西方式关注、解释自然的兴趣，没有"亚里士多德传统"，而且，中国的求是务实精神主要也还是在伦理政治领域的运用，是求善的方法论原则。"见闻之知"和科学（尤其是基础科学）技术往往被看成是无关宏旨的。朱熹就指出："如今为此学而不穷天理，明人伦，讲圣言，通世故，乃兀然存心于一草一木、器用

---

① 王国炎，汤忠钢．论中国传统文化的基本精神[J]．江西师大学报，2003（2）：60.

之间，此是何学问！如此而望有所得，是炊沙而欲其成饭也。"（朱熹《答陈齐仲》《朱文公文集》卷三十九）可以说除了身兼工程师的墨翟创立的学派外，中国鲜有先哲重视方法论，细研逻辑学，中国人习惯以善摄真，善即是真，用一种道德主义的直觉体验的模糊思维，辩证而笼统地观照自然物理世界。虽然自古以来，中国就有了研究自然规律的天文、历法、医学、算术与农学，也有四大发明等具有世界性影响的发明成就，但中国文化中从未建立过西方式的严密的、成系统的、完整专门的科学理论与学科体系，因而也使科技发展得不到深刻而持久的动力支持。李约瑟的《中国科学技术史》就专门从此角度省视了中国文化有技术但却无科学的现象。这也阻滞了中国的生产力与经济的发展，无法有力地促进工厂手工业及以之为基础的资本主义生产关系的产生与发展，无法引发工业革命，从而在近代拉开了与西方的时代差距。

其次，道德理想主义把人看成纯粹的"道德人"，认为人生意义在于"希贤希圣"，成就道德完人。而这种纯粹化、绝对化的"道德人"就与世俗社会中有血肉情欲的现实人产生严重的冲突与对立，中国文化中的道德，作为形上化的实体，扮演了中世纪上帝的角色。与基督教神学要求人们蔑视肉体、熄灭世俗欲望、追求灵魂的生活一样，后期中国儒家的道德主义哲学也是一种禁欲主义，一样的以人的自然性的欲求为死敌与魔鬼。它制定了一整套的道德仪轨与行为规范，并纳入社会生活的各个层面，为强力打杀人的世俗情感与欲望提供现实保障。孔子讲"君子谋道不谋食"（《论语·卫灵公》），赞扬颜子克己修德的清教徒式的生活；要求人们凡事"约之以礼"即适应封建主义统治要求所规定的人伦义理，"非礼"则勿听勿视勿言勿动。（"四勿"）《礼记》中提出的"存天理，灭人欲"的观点更得到了宋明理学家们近乎一致的重申与赞叹，程颐反对寡妇再嫁说"饿死事极小，失节事极大"。（《遗书》卷二十二）这种"存理灭欲"本义上是为了在人伦日用中躬行道德，纯化人格，但将其绝对化，否认道德的相对性，在现实生活中就形成了一种严酷的道德高压，成为人们追求有情有欲的世俗生活的强固羁绊与人性自由的沉重桎梏，导致产生戴震所说的"人死于法，犹有怜之者，死于理，其谁怜之"的惨剧（《孟子字义疏证》卷上）

和鲁迅先生指斥的"以礼吃人"的局面。

最后，中国传统文化不止一般地扼制了理性与自然情感的人性内涵，即使其道德上的理想人格在中国这个封建宗法与君主制社会落实起来也是极其为难的。儒家文化在学理上与佛道的出世、避世从而在根性上不免有的反政府、反社会的消极气质不同，它是一种入世的伦理政治文化，它的官方意识形态化更使其能在现实中展开自己的社会整合功能。但这种道统向社会政治上的落实就使得他原本就有的理想化、抽象化的理论气质又添增了御用性、工具性的特点，在事实上成为宗法社会为君主专制做理论论证、讳饰和维护的仆佣。

马克思一针见血地指出："专制主义的唯一原则就是轻视人类，使人不称其为人……哪里的君主制是天经地义的，哪里就根本没有人了！"①儒家的道德主义在很大程度上也是在为君主制的天经地义性做合理性、神圣性论证说明的。一方面是"唯天为大"，另一面是"惟尧则之"，人间的君主是"天之元子"，是事实上的"天"，他"奉天承运"，是贯通天地人的一切方面的纲和体，"百姓日用而不知（道）"，必须由"坐而论道"（《易·系辞上》）的君主去教化制宰。本来人只要依己至诚之性就可以尽人之性而"与天地参""赞天地之化育"（《中庸》），董仲舒改造为"人主之大，天地之参也"（《春秋繁露·天地阴阳》），他还指出："《春秋》之义，以人随君，以君随天……故屈民以伸君，屈君以伸天。"（《春秋繁露·玉杯》）天只是虚设，而君却是实在的，人的道德主体性及其形上根基的"天"都在事实上被君所取代。人必须尊君、忠君，一切以君及其在各地的代表（父母官、族长、家长）为核心，社会生活的一切方面被纳入了神圣化了的王权系统和等级位格中去做出泛权力化的评判。这就养成了中国人的一种王权崇拜、圣君信仰的文化情结和对官本位、家长制权威的盲从与迷信，这种状态下是不可能有个人的自由、平等与权利可言的。更何况君主与官吏道德完善性的理论要求并没有现实有效的监督与制约力。事实上，儒家论证强化起来的君主制和无限君权所制造的野蛮、专横、残暴和人文惨剧，

---

① 马克思，恩格斯. 马克思恩格斯全集：第27卷［M］. 北京：人民出版社，1972：65.

在世界各国中也是罕见的。

因而，我们必须指出中国传统文化作为伦理——政治文化，它关注人，并在学理上对人的道德意志做出了极高的颂扬，但又将它形而上学地夸大成"人之所以为人"的唯一根基，它注重道德践履与道德理想人格的塑造，但又漠视、压抑了人的理智与情感的健全：既主张人作为一道德主体有自主与独立价值，又为维护和强化君主制的绝对性，而在事实上取消了人的任何地位；它既滋养了人，又异化了人；既"成人"，又"杀人""吃人"；既以道德理想主义为核心的道德礼乐文化系统体现了人文精神，又因之单面化、绝对化发展，从而在总体上压抑了人文精神。

（二）西方传统文化中理性主义的"人文精神"特质的考察

在两千多年前，作为西方文化基质培植者的古希腊人就在得尔斐神庙中铭刻上了这样的文字："人，认识你自己。"苏格拉底视之为自己整个哲学探索的根本任务。人们当时已经有了诸如"人是万物的尺度""在人看来，人是最美的"的论语。这些都可以看作西方文化重人的早期箴言。在柏拉图与亚里士多德的哲学中，人的理性、情感、欲望、伦理道德及人生意义等问题都已成为反复论及的话题。文艺复兴之所以标明以古希腊文化之复兴为己任，重要之点恰恰在于古希腊文化同样体现了人类自我内涵丰富而自由地发展的特性。中世纪的圣·奥古斯丁认为记忆、理智、意志合成"一个生命，一个心"。康德从"我所能认识者、我所应为者、我所可期望者"即理性、自由意志、情感的角度去考察人性；黑格尔分析了人的"旧常意识""知解力的思维""玄学思维"的心灵能力结构，认为人即是具体的感性的存在，又是一种"能思考的意识"，还特别强调"人的本质是自由"。西方文化在传统中对人的高度关注和对人性的全面性内涵的体认其实也是相当深刻而独到的。

但西方传统文化同样有一个人性片面性发展的历史，其特征与中国传统文化偏重于人的意志性方向（即意向性）的发展相反，它是以"吹胀"（即无限夸大）人的理智性为特征。

"哲学"语词的古希腊原意为"爱智"，它希图从整体上把握宇宙人生之所以然的宇宙本原、理性、"逻格斯"。但这种把握从一开始就同中国道德意志主义哲学直觉冥会的笼统思维不同，它表现出了试图运用概念、范畴这类普遍性符号去具体分析，从而获得稳定有效的确切知识的特点。对追求普遍知识和原理系统的热忱和兴趣构造了西方传统上的理性主义线索。

苏格拉底的"美德即知识"的命题，鲜明提出了人生意义的圆满乃是系之于"道德"的一般概念的明晰，也就是说，人的道德进而人生意义和价值等问题都首先是一个知识论的问题而存在的，而不是存在论的、实践的问题。柏拉图在他创立的学院门口赫然写上"不通晓几何者勿进"。他的"理念论"是一个概念的体系，是对具体事物或属性的概括与抽象，他主张将诗人逐出"理想国"，因为诗和艺术是对感性原则的执着，只有抽象的理念本身才是美的。怀特海认为西方整部哲学的发展都是为柏拉图的哲学做注脚。亚里士多德以"吾爱吾师，吾更爱真理"的求知精神，推重经验共相，认为"人是理性的动物"，其天职是把握共相，成为近两千年西方哲学理性主义者的精神导师。中世纪是古希腊重理智传统的歧出与断裂，它以上帝为一切的主宰，抬高道德意志和神秘信仰，压抑理性与情感欲求，在某种意义上与中国传统的道德主义文化相类似，但即便如此经院哲学尤其是到了托马斯·阿奎那的时代，对柏拉图和亚里士多德哲学的理念论和形式逻辑的理性方法做了不少引进，以求得从理性上同样给出上帝存在的证明。

文艺复兴从反神学与反封建的角度，重新"发现了人"，揭启了人的本质是知、情、意的完整的统一，提出对人的"一切特性"做全面占有的吁求，为资本主义工业文明的发展提供了基本的思维框架。但文艺复兴的人文成果与人性模式，在西方理性主义文化传统的深层影响下，尤其是当其与各国的政治经济文化相结合的实践发展中，受到当时整个资本主义工业文明兴起的直接制约，其贴近工业经济实践需要的理性方面又被人们突出地发展起来，"知识就是力量"成为时代的最强音。笛卡尔通过普遍怀疑确定了"思"的独立的实体地位，作为人的本质，它是无限的。这也使局限于自然客体视界的古希腊人没有明确和独立化的理性成了人的本质，并具有绝对价值，从而最终确定了主客对立、

传统文化与人文精神 >>>

心物二元的思维模式。黑格尔更是把人的本质看成与绝对精神同一的自我意识，能否实现理性自身决定着自由的本质能否实现，因而理性问题同时也就成了一个意志与价值的实现的根基。西方传统中对人的理性的内涵做了着重开发，并夸大其为绝对的实体，人的理性与人自身的关系被颠倒了过来，使具有生命活性的人成了抽象的理性的人，这种理性主义人文精神也具有两重性的意义。

一方面，西方传统文化，随着近代认识论研究的兴起而明确地对人的理性的主体地位做了确认与弘扬，这直接地是与对科学的大力研究相关联的。科学不屈从任何宗教或世俗的权威，不畏任何集团的私利，唯一服务于实证的结果和逻辑的推演。理性思维方式超越了东方式的笼统的辩证思维方式，（黑格尔的辩证逻辑与思辨方法是以形式逻辑方法为基础的使用，不同于东方与中国式的），这也大力提高了人类认知的准确性和对自然界本质与规律的掌握程度，它使西方人养成了科学精神的人文品格。科学知识就是力量。它能以其所转化的具体的技术，成为反对神学愚昧的武器，又是资本主义工业文明的智力支持和开路先锋，使资本主义得以创立了发达的生产力和比任何时代加起来的总和还要多、还要大的社会财富，从而拉开了"世界历史"的序幕。正如恩格斯所说的那样，这是一个"用理性审判一切的时代"，这种理性主义传统大大促进了西方社会的发展与进步。

另一方面，诚如著名科学社会学家默顿在其名著《科学社会学》中概括指出的那样，科学活动有五项规范——普遍性、竞争性、公有性、诚实性、合理的怀疑。这实际上正体现了人类对于无私、民主、公正、诚实及真实等美好理想的追求。这种精神不仅通过科学活动内化为科学家和更多人的品格，而且以其成功和成功之路影响着历史。理性、思维、科学对西方人而言，本身就是一种人生价值与意义的内在维系，就是最高的道德与最真实的情感。萨顿指出："一部科学史就是客观真理发现的历史，人的心智逐步征服自然的历史；它描述了漫长而无止境的为思想自由，为思想免于暴力、专横、错误和迷信的历史。"[1]

---

[1] 萨顿. 科学史和新人文主义 [M]. 北京：华夏出版社，1989：2.

第四章 中西人文精神的历时性比较与现代新建构

科学理性精神渗透到社会与人的生活的各个层面，塑造了西方人的个体本位与反权威的自主精神，形成了西方人注重科学观察与求实务效的实证作风，培养了西方人的法制纪律意识与民主的社会主体观念。歌德笔下的那个孜孜奋斗、永不止歇的浮士德形象，正是西方人整体文化人格与人文精神的生动写照。

所谓"物极必反"，"到了17、18世纪，自然科学取代宗教成了思想活动的中心"[1]。西方人发扬自我理性的力量，依靠科学技术创造了巨大的生产力与社会财富，推动了社会巨大进步，从而引发了人们对科学技术的坚定信仰。西方人不断念诵科技的优点，认为宇宙万物包括社会的所有方面的问题都可以由科学方法来认识。只要掌握了科学与技术，人就能创造一切，解决社会的全部问题，就意味着人的价值的最终圆满，科技成为引导人类步入人间天堂的神，这种科技理性至上的科技主义浪潮几乎吞没了一切。自然科学和技术的学科分化越来越剧烈，而传统的"文史哲"等狭隘意义上的"人文学科"越来越被科学化和功利化挤压而失却地位，人才也越来越被专门化培养而不是进行全面的教育，科学家们也在所谓的"道德中立""科学的价值无涉"的自然科学研究观（今天我们常用的"技术理性""工具理性"，就是指科学理性中的这样一个层面）的指导下进一步深化了对科学精神的这种绝对化并使得它开始体现失控的破坏力。

马克思在《1844年经济学哲学手稿》中，通过分析工人在资本主义私有制下，被迫从事服从资本家个人利益的、同时又被迫服从机器的生产活动，而使原本反映人的本质的"劳动"违背了自身的本义的现象即"劳动异化"，就已经提出了作为劳动工具的机器统治劳动者、物统治人的危害问题。

法兰克福学派则沿着马克思的思路进一步从技术异化的视界批判了科技理性主义的人文危害，也颇见启发性，他们的主要的批评性观点如下。第一，科技在机器大工业中的应用，使劳动实践变成了人—机系统，人由技术的创造主体与生产主体，沦为服从技术的奴隶和机器的一个零部件，成了卓别林在电影

---

[1] 理查·罗蒂. 哲学与自然之境[M]. 北京：生活·读书·新知三联书店，1987：47.

《摩登时代》中塑造的那种"机械人"。第二，科技主义广泛地侵入了人们的日常生活世界，制造了普遍的焦虑、孤独、不安的精神病症，产生如马尔库塞在《单面的人》中描写的女技工在劳动时不住地想到情人，而在梦中拥抱的又是手中的机器的可悲情形。第三，科技的意识形态化与政治经济统治相配合，加剧了资本主义对人的全面控制。国家利用人们的科技崇拜与依赖情结，把政治问题变为人所接受的技术问题。资产阶级的"文化工业"不断对科技产品推陈出新，制造所谓的"大众文化"，不断迎合、强化人们的世俗化甚至低俗化的生活，使人们陷入习惯性的对感官上求新猎奇的刺激式的陶醉，用内质上千篇一律的文化产品同化人们的思考、工作与生活程式，消解人们的悲剧感、崇高感，以及对人与社会的合理的反思精神与批判意识。第四，科技为资产阶级无限制地开发利用自然资源的唯利主义的生产活动提供了力量支持，使生态环境持续恶化，同时也成为资产阶级的军事扩张与战争的帮凶。两次世界大战、军备竞赛、高科技武器使人类命运蒙上了不祥的阴影。这让我们想起罗素发出过的警告："让公众事务的领导权落入某个未来的阿基米德手里，他的战争机器是原子而不是枪炮，我们自己就很快会粉身碎骨的。"[①]

西方的传统文化同样以"人，认识你自己"为中心任务，但又偏重地发展了人的理性本质进而在其外化实践中形成了理性主义文化传统。它在事实上既相对地符合"人文精神"又绝对地违背了人文精神：即自觉了理性主体化的独立地位，发展了民主政治，又创造了科技力量，推动了对自然的认识与改造，增进了生产力和社会财富；而理性主义的夸大与"吹胀"，又导致了科技主义的神话，导致了对非理性情感与意志的遮蔽；对科技的盲目崇拜与滥用，又导致了人的机器化，生态环境的持续恶化，从总体上引发了人类存在性危机。

三、东西方的互相走近
—— "人文精神"现代重塑的两条路向、质疑与超越

文化与"人文精神"的核心是人。对人有着深深误读，在现实上引起了人

---

① 罗素. 西方的智慧 [M]. 马加驹，贺霖，译. 北京：世界知识出版社，1992：137.

的异化的中西传统文化，也必然引起人的强烈的压抑感与危机感。人的内在本性始终有一种对自我的自由发展、全面实现的潜在要求和真实的渴望，越是面对异化自我的文化及其即成传统的顽固惰性与强大压力，它就越是"反动"，不断推动人们去反思自身、批判传统，去再造文化，重塑人文。

中国传统的道德主义文化和西方传统的理性主义文化各自形而上学地无限夸大了人性的意志性与理性内涵，遮蔽并潜越了人性其他内涵的合理的独立价值。正如我们上文分析的那样，它既在它所夸大的方面相对地体现了对人性和人文精神的发展，又以它所夸大的方面体现了人文精神绝对的缺失和对人性的深层的割裂。钱穆先生指出：一切问题由文化问题产生，一切问题由文化问题解决。中西传统文化为摆脱其存在性危机，解决"一切问题"，开出文化新生面而努力去寻找解脱之道，试图重新"发现人"，体现出了努力在人的现代化诠释中达到自身的现代化转换的鲜明线索。

（一）"西化即现代化"：近代以来中国文化的理性主义转向

中国人对道德主义文化传统的反思与批判，较早地可以追溯到明末清初之际。许多思想家已经开始偏离传统文化主脉，反对天人合一、反对天理压人欲、反对偏重人伦道德之研究，而转向重视人的个性和人欲、转向重视发明人的理智能力和对自然的认识与研究。如李贽、戴震反对把人看成纯粹的"道德人"和以"天理"压"人欲"，主张"穿衣吃饭即人伦物理，除却穿衣吃饭，无伦物矣"（《焚书》），反对以"孔子之是非为是非"，倡言"达情遂欲"。王夫之非常注意研究人的理性认识能力，区分"能指"和"所指"，主张重视对自然科学的"实学"的探究，主张"即事以穷理"，反对"立理以限事"（《续春秋左氏博议》），尤其反对宋明儒的"静坐"说，反映出了西方传统的主客二分式的理性主体思想。黄宗羲则对君主专制的残暴予以激烈的抨击，这种反传统思潮揭启了中国传统文化"西化"即转向西方式的理性主义文化的序幕。

近代（自1840年）以来，中国人"天朝上国"的神话被西方列强的坚船利炮轰得粉碎，战败、割地、赔款、订约、国破家亡的民族耻辱与危机意识，促使人们从救亡图存的高度进一步反思与批判传统。较之明末反传统思潮自发地生成西方式思维模式，这种反思有了更为宏阔的大文化视野，体现出了把中西文化相关联地进行比较分析，由浅入深、由不自觉到自觉地学习引入西方理性主义人性论和文化观以改造传统的新气息。魏源是中国近代睁眼看世界的第一人，他反对把"道"或"太极"看成万物主宰，认为"我"或"心"为一切的动力，攻击传统的天人合一，万物一体之说是"上不足制国用，外不足靖疆困，下不足苏民困"。（《默觚》）区别"我"与"事""事"与"心"，具有模糊的理性主体的思想，他主张"经世致用""师夷长技以制夷"，强调"实验""实效"，以求富国强兵之目的。洋务运动可以看成是他的理论主张的社会实践运动。严复系统译介大量西方文化著作，强调"与天争胜"，即是发挥人的主体性，推崇洛克的经验论，重视认识论与逻辑方法的研究，提出"自由为体，民主为用"，是中国文化西化转向之滥觞。他通过比较还得出中国传统文化不如西方文化的结论。康有为吸取西方近代自然科学知识建立自己"以元为体"的宇宙观，抨击宋明理学的"天理"是"绝欲反人"的理论，他还"托古改制"，借孔子的权威宣扬资产阶级民主思想，并领导了戊戌变法运动，以在中国施行西方式的民主制度。此外，梁启超赞成达尔文的进化论，赞赏笛卡尔与康德的理性主体的思想，孙中山则提出心物二元论。

"五四"时期，新文化运动的思想家们总兼前贤，使对传统文化的反思和批判、对西式思维的引介与传播达到了一个更高的层次。新文化运动一方面对中国传统文化做了猛烈的抨击，认为传统文化是过时的、封建的、旧的东西，它"罪孽深重"，认为儒家道德是吃人的礼教，提出打倒"孔家店"；另一方面更积极地要求向西方学习，陈序经、胡适甚至提出"全盘西化"，打出"德先生""赛先生"即民主与科学的旗帜，以彻底改造"国民性"与旧文化。"德先生"就是要打倒压在中国人头上的外在权威即"天理""天子"之类的中国式的上帝，实现人的社会自由；"赛先生"则是"研究自然之所以然"，反对道德主义自然观的蒙昧。

我们知道，"民主"和"科学"是对西方理性主义文化特质的集中表述，它们都是根源自西方人对自我理智的本质着重发掘的产物。作为理性主体的人不承认，也不需要任何权威，只相信与依靠"思维""理性""自我意识"这个无限的法官去评断一切：既直接地外化为认识自然界的普遍性、一般性原理、规律的科学，又能由科学而转化为技术去改造自然，增进生产力与经济财富；理性法官还细致地设计与论证社会民主政治与法律制度，去落实社会对个人独立地位与权利的承诺。新文化运动以"矫枉必须过正，不过正则不能矫枉"（胡适语）的反传统的极端心态，厉声疾呼"民主"与"科学"，实际上是在引入一种新的人性论及文化观，一种为传统中国人所没有发展的理性主义的人文精神，去替换自己道德主义的传统。认为只有"西化"，以理性主体代替道德主体，以人权代替君权，以法治代替人治，以实学代替玄学，才能真正救治中国的积弊，实现工业化和建立现代化国家。但他们不免有些民族虚无主义的味道，搁置了对中国人自己传统中同样蕴藉着的"人文精神"的优秀价值的清醒与科学的评价，同时又不免有点盲目崇拜西方文化，对理性主义文化既相对符合又绝对异化人的两面性也缺少足够的警惕与研究。

　　只见道德主义的短而不见其长，对理性主义又是只知其长而不知其短，事实上是用一种片面代替另一种片面，用一种异化代替另一种异化；其根源仍在于当时的一些学者还不能达到对人性与文化的科学理解，为解决"中国向何处去"的问题，非常实用主义地和情绪化地对待了自己的传统和西方的传统。这种观点与站在自己反面和自己相对抗的东方文化本位派一样，是一种中西二元的文化单面论。但自此以后，理性主义与科学文化在整个中国社会中的地位扶摇直上，进入了一个全新的发展阶段。华裔美国学者郭颖颐指出："中国在激荡的20世纪头50年里引进并推行过形形色色的主义，经历了各种各样的思想文化运动，但存在一个基本的旋律，一个根本的深层的信仰，一个几乎人人共享的价值准则，那就是对科学理性主义及其社会功能的极端诚信与极力推崇，现代中国的科学主义展现了对科学力量的一种特有的理解，对传统的批判以及一种准宗教的形式。"[1] 这个评语用来描述20世纪下半期，

---

[1] 郭颖颐. 中国现代思想中的唯科学主义[M]. 北京：人民出版社，1987：17.

尤其是80年代以后中国社会对待科学的基本立场，无疑也是相当适宜的。对科学理性与道德主义两种传统的肤浅理解与处置的方法，即使中国传统文化的优秀价值被冷置，也使科学主义迷信的危害在中国大行其道。伴随着生产力的提高，民主与自立意识的增强，物质生活的日益富足，封建道德与愚昧渐趋消除，也必然产生技术异化、人的机械化和异化、文化工业的媚俗、生态环境破坏等问题。今天，这些问题在中国或者也不是没有的、完全个别的不需要警惕的问题了。

（二）"重新发现东方"：现当代以来西方传统文化的意志主义转向

相对中国传统人文精神"西化"的特点，西方传统人文精神也体现出了某种"中化"即走出理性主义与主客二分的思维模式，转向确立类似中国式意向性人性论，及天人合一思维方式。康德应当被认作是对西方理性主义传统做出方向性改造的哲人，他的批判哲学就是要重新审视和发现人。康德通过对人的理性认识能力的深入考察，对传统理性主义夸大人的理智本性并潜越自由意志本身的迷误做了校正，理智本性的范围被他严格限制在经验界，它不能达到"自在体"（上帝、灵魂、自由意志），并在其道德形而上学中把人的实践理性的独特价值与地位做了崇高的评价。它限制理性，抬高道德意志，限制逻辑思维的效力，为非逻辑的信仰与道德情感留下地盘，事实上为探讨人的既有理智、意志、情感的全面发展提供了某种可能的思路。这导致了被人们称为西方哲学史的"哥白尼式"革命，成为整个现当代西方哲学反传统的渊薮。但康德以后的德国古典哲学家并没有全面继承康德，只是发挥了他的主体能动性的思想，又回到了人的真正本质是理性的旧路。黑格尔又扩大了逻辑思维方式的效力（辩证逻辑对形式逻辑的超越与综合运用），使理性主义传统达到了最终的完备体系。

但黑格尔以后，西方现当代哲学（广义上的"后现代哲学"）几乎一律驳斥黑格尔，回到康德，而且变本加厉，着重主张非逻辑、非理性的思维方式，突显人的意志、情感等生命的非理性特性。在这方面，大有走向中国之势。美国超验主义哲学家爱默生和他的高徒梭罗对儒家的道德主义学说非常感兴趣。

在1843年即在他们共同编辑的《日晷》期刊上分期摘录马什曼翻译的《四书》和科利翻译的《四书》的部分语录，宣扬儒家思想。梭罗在其《瓦尔登湖》等作品中也大量引用《四书》语录，根据自身思想文化的需要，借鉴、引用了《四书》，将儒家思想有关个体修养、道德伦理等理念有机地补充到超验主义思想中，接受了完全不同于美国基督教文化的中国儒家思想。叔本华崇尚佛学，认为人的本性是"生存意志"（颇类佛教的"无明"），是一种盲目的求生的冲动，认为人生即苦，解脱之道在于寂灭，而不是执着理性；尼采提出以个体的内在的创造与自我实现为核心的"强力意志"的人性观，提出"重估一切价值"，驳斥了理性主义的因果律与同一律，主张要用艺术的直观（诗意和醉境）去反对抽象概念；胡塞尔的现象学认为传统理性主义"遗忘"了人本身，要求哲学用直观体验的方法研究内在于个体意识中的纯粹意识现象，而放弃追求人之外的普遍实体。存在主义的代表人物海德格尔十分欣赏中国道家的思想，其艰涩的文本中透出的是道家式的空灵，他主张人去领味"死"境的无助与无待，用超隐的栖息，去顿悟"无"的诗意，从而达到个体的自由和此在的澄明。后现代（当代）西方哲学沿袭现代哲学家反理性主义传统的轨辙，又批评他们仍在试图寻求作为基础与本质的意志实体的不足，激越地提出"破碎化""多元化""边缘化"，反对传统的"中心化""绝对化""一元化"，宣扬一种极端的解构意识，以突显绝对的非理性在于人的本真价值。

西方现当代思想家们对"人"的重新发现，把人的被理性传统潜夺的人的意志、情感的非理性的生命属性抢救出来，是对理性统治一切的批判与反动，曲折地反映了人的本质自由全面地发展的要求，体现了一种新颖的人文精神的形式，对消解绝对化的理性主义和科学文化对人造成的异化，实现自由人格是有巨大价值的。

但也必须指出来，意志的绝对化、游离化、非道德化以及对理性与技术应有价值的绝对贬弃，使得西方意志主义打下了深深的反知识、轻科学，消解道德规范烙印，陷入随性而为的文化虚无主义和反社会的无政府紊乱的状态。这种对西方理性主义破有余而立不足，有力解构而又无心的建构，无疑对于完整的人格的形成与健全的社会秩序的确定是不利的。海德格尔自己就意识到：生命要有创造的冲动，但社会与文化又必须稳定到能够使追求创造的冒险得到滋养，只有这样，这种冒险才能开花结果，而不至于变成没有导向的混乱。后现代西方哲人的批判、怀疑、否定、解构，并未能从根本上解决人类的困境，它以彻底反传统的姿态，否认科学与理性精神的人文价值，而又扩大意志并使之实体化或游离化，事实上正在重新的方向开始了又一种异化，是在正当要寻觅到一种人文精神时又扼杀了另一种人文精神的资源。丹尼尔·贝尔在《资本主义文化矛盾》中就呼吁"人"要在解构后"走向大修复"。

另外，也有不少思想家为补西方理性主义的缺憾及现当代哲学家破有余而立不足的困境，从意志道德化方向提出见解，并大力倡言向中国的道德主义文化学习。英国著名学者汤因比在《展望21世纪》中指出中国的传统文化，尤其是儒家的"仁爱"思想与墨家"兼爱"思想，是医治现代社会文明病的良药，说儒家的"仁爱"是"今天所必需的，墨子主张的兼爱，过去是指中国，而现在应作为世界性理论去理解。"① 西方一批著名的自然科学家，包括诺贝尔奖获得者在1989年的一次集会后宣言说：人类要在21世纪继续生存下去，避免世界性的混乱，就必须回到2500年前的孔子的道德智慧。

作为西方传统文化"中化"转向的社会思潮，这也是一个阵营和声音。这里有必要明白的是：如果说现当代西方哲学有类似于道家的非道德化的自然意志与类似儒家的道德意志这样两种意向性转换的趋势的话，则更多的还不是中国儒家的道德意志，而更多地倾向于与佛道的意志观相类。这种意志的主要目的不是要在伦理政治即人伦社会中去体现，这无疑与西方自己有过意志道德化的中世纪的道德压迫史有关，道德意志是面对人的，因而总是受到制约的，自然意志则是超脱人伦之外的，因而更趋向于自由。"中化论"的意志观中的道德意志主义一翼似乎忘记了这样一点，也更没有看到中国儒家伦理—政治文化反

---

① 池田大作，阿·汤因比.展望21世纪：汤因比与池田大作对话录［M］.荀春生，朱继征，陈国梁，译.北京：国际文化出版公司，1985：425，426.

人文精神的一面，而且也没有考虑具体的社会制度与时代的差异等影响落实的因素。

四、对当代中国人文精神新形态建构的思考

通过对中西方人文精神的传统形态及其向现代转型的两条路向的简单回顾与梳理，我们应该从中引出怎样的思想资源和理论教训呢？当代中国要建构的人文精神新形态又应该如何在反思中找到自己的合理地基呢？

（一）呼吁一种奠基于人的全面发展基础上的"大人文精神"

中西方传统文化都在被人们反思、批判、重塑着，各自所体现的文化转向（"西化"与"中化"）仍是偏于人性的理性或意志的一隅之见，还没有真正从整体上契合"人文精神"应该是"对人的'一切特性'的占有与实现的特点"的要求，但又在整体上日益强烈地反映出哲学文化间彼此的对话交流、互译互释、互补互摄的过程的可能与趋势。这是极有价值的线索。理性主义与道德主义文化精神各有优长与短缺，各有精华与糟粕。单独地看都在一定方面（意向性或认知性）积极促进人类本质的成长进化，但其偏执性又在总体上阻碍了人性的整体健全与发达。中西文化交流中的只见己短不见己长，只见人长不见人短，要不就是西化，要不就是中化，非此即彼，非彼即此，这种把文化传统绝对化二元对立的方法，是一种形而上学的方法论，用这种方法论去指导考察文化现代转换与人文精神现代重塑，无疑是没有出路的。

笔者以为，站在人文发展史的高度，用一种历史的眼光去回溯和前瞻，我们可以得出一个体会，那就是：要再造人文，重塑人文精神，实现人的全面发展以至于自由之境遇，还不得不回到人本身，回到人类文化从传统向现代化转换的正确机制的探讨，回到人文精神在自己的特殊形态的扬弃中辩证地达到其普遍形态的一般规律的明察上来。首要或最关键的则是在处理好古今中西文明即民族性与世界性、传统性与现代性的关系，未来的文化及其人文精神将是民族性与世界性、传统性与现代性二者和谐统一的文化及其精神，而现实的真正科学的建设方针与道路,则应该是:古为今用,洋为中用,批判继承,综合创新。①

首先"古为今用,洋为中用"讲的是古今中外的关系,它超越了中西、体用二元对立的简单思维模式,其立意在于既不像全盘西化论那样,只要西方的不要中国的,也不像国粹派、儒学复兴派那样,只要中国古代的不要西方的,固守儒学和华夏中心主义;其次"批判继承,综合创新"讲的是对古今中外的文化进行整合创造的方法,它是一种"扬弃"、辩证的发展观,而不是机械拼凑的形而上学的抽象继承法;再次,这一方针高扬了民族主体性原则和现实主义精神,它要求立足国情、扎根当下,坚持民族特色,提倡民族风格、民族气派,指出了承继传统和学习西方都必须以我为主,满足主体需要,体现了"择优汰劣"、中西互补和为现实服务的精神;最后,这一方针还明确以新文化的创造为目标,这是一个在比较、分析、互诊中综合而辩证发展的过程,它在充分吸收、消化"古今中外"一切优秀文化的基础上,创造性地综合出一种新文化机体,如成中英明确提出的:"当代哲学的趋势是中西互诊和互释。这是一种比较的方法。它先求其异,后求其同,再彼此互相解释,最后趋向一个整体哲学的观念和系统。"② 所以综合本身就是创造,就是创新。中外文化的融合共生意味着,在不失中国传统文化特色的同时,又在现代化过程中赢得现代性和原创力。

中国近几百年的历史证明,新的文化思潮和新的文化人,无不是走中西会通之路,既非全盘西化,也不是中国传统文化的陈陈相因。这既是当代中国人发掘、整理、创新古老文明的庞大遗产使之发扬光大的要津,也是符合一条人类文化进化的必由之路。确如熊十力先生所说:"将来世界大同,犹赖各种文化系统,各自发挥其长处,以便互相比较,互相观摩,互相取舍,互相融合。"③

可以说,在一个可预见的历史阶段,人类的总体性进步,依赖于各民族的进步,而不各民族的衰落;世界文化的多样性,要靠各民族文化特色的发扬去

---

① 此是方克立先生融通了毛泽东的"古今中外法"和"批判继承",以及张岱年发明的"辩证的综合创新"这两者的观点概括形成的。又名"十六字方针"。
② 成中英.世纪之交的抉择:论中西哲学的会通与融合[M].北京:知识出版社,1991:10-11.
③ 熊十力.论六经[M].北京:大众书店,1951:43.

丰富它；中国传统文化要走向未来，就必须走向世界，与包括西方文明在内的人类所有优秀的文明相融合、相会通，从而在交流中、在取长补短中寻找自身进一步现代化的丰富内涵与强劲动力。

这就要求我们深刻总结"人文精神"在中西传统文化发展中的历史经验和向现代转型重塑过程中的理论教训，回到人性自身，回到人性生成、发展、实现的现实社会实践过程，去突破狭隘的人文精神观，努力实现人文精神对人的"一切特性"予以肯定、恢复、占有和发展的本来意义。把科技理性的精神、道德理性的精神和审美的艺术精神在一种总体性的人文精神范畴中真正完美地结合起来，建构一种"大人文精神"。从根本上讲，它包含着当代文化的哲学立足点。从这个立场出发，我们将自己逼到一条从未有人走过的绝路上，走到了两边都是悬崖的山脊上。当代中国，能建立这样一套文化哲学的理想吗？当然，我们也可以反着问：为什么在审视道德主义文化的时候，非要走到反道德精神一边去呢？为什么在评述理性至上的科学主义的偏误的时候，非要走到反科学精神的一边去呢？为什么在提升人的主体性的时候，非要否定人的客体性呢？为什么在承认个人价值的时候，非要走到否认集体主义一边去呢？我们要放弃机械论的二分法，提倡有道德、艺术精神的科学精神与有科学精神的道德、艺术精神；我们必须大力提倡真正的人文关怀乃是对寻真的科学文化、求善的道德与持美的艺术和谐与融合的基础上的人的全面发展的一种关怀的理解。这种相互的结合，发展着充满道德与审美关怀的科学技术，同时发展着有科学精神的人类道德与审美情怀。这也是马克思所憧憬的"自然科学往后将包括关于人的科学，正像人的科学包括自然科学一样"[①]理想。只有实现了这种"大人文精神"，才能建设起现代化的文化系统，才能正确处理和对待人与自然、人与社会、人与科技、人与人的关系问题，才能真正实现人的现代化精神，形式全面发展的自由人格。

笔者相信，马克思主义乃是我们对古今中外人文文化史的精华与缺失进行

[①] 马克思，恩格斯．马克思恩格斯全集：第42卷［M］．北京：人民出版社，1979：128.

传统文化与人文精神　>>>

学理和事实层面的合理的批判继承、科学的扬弃超越从而建设当代新形态的人文精神的唯一正确的方法论原则和行动指南，是解决人文精神之厄的科学纲领。

（二）马克思主义关于人的全面发展思想与人文精神困境之厄的解决

马克思主义是一种对人的生存命运寄予了深切关怀的、贯穿着强烈奔突的人文精神的伟大学说。马克思主义的创立者马克思、恩格斯从青年时代起就受到欧洲人文主义思潮和法国启蒙思想的深刻影响，具有一种对人类命运充满真挚关切的仁爱胸怀。弗·梅林在《马克思传》中这样写道：

> 卡尔·马克思对最高认识的不倦追求，是发源于他内心的最深厚的情感的。正像他有一次率直地说过的，他的"皮肤不够厚"，不能把背向着"苦难的人间"；或者像胡登所说的，上帝曾经赋予过他的灵魂，使他对每一种痛苦比别人感受的更强烈，对每一种忧患比别人感受的更深切。①

这也可以说看成是马克思主义的人文气质，人文关怀的一种表白。

作为最伟大的人道主义哲学家和无产阶级革命家，马克思首先继承了以往哲学人学关于人性的可取思路，认为"人的类特性恰恰就是自由的有意识的活动"。我们已经分析了，这正是对人区别于动物的知、情、意的"类特性"、类本质、类能力的简洁概括，马克思指出，"人以一种全面的方式，也就是说，作为一个完整的人，占有自己的全面的本质"②，并且认为作为目的的本身的人类能力的发展，才能开始真正的自由王国。

与传统哲学把人作为抽象的一般生命物、视人性为先验的"自在之物"、把人的问题完全归结为形而上学、又反过来用形而上学来遮蔽人的真实性不同，马克思始终不脱离人的现实社会性本质去空谈人性、玄谈什么人的解放与全面发展。他不是把人性当作神秘的先验的存在而作为自己理论的出发点，他是把

---

① 弗·梅林. 马克思传[M]. 北京：人民出版社，1985：23.
② 马克思，恩格斯. 马克思恩格斯全集：第42卷[M]. 北京：人民出版社，1979：123.

第四章 中西人文精神的历时性比较与现代新建构

人"作为历史行动的人去考察"。他指出，任何把理论带到神秘的方面去的东西都可以在实践中得到解答，"每个个人和每一代当作现成的东西承受下来的生产力、资金和社会交往形式的总和，是哲学家们想象为'实体'和'人的本质'的东西的现实基础"①。人有自己的类的共同本质，但这又是在社会实践中变化、发展、形成的过程与产物。而一切唯心主义者（包括文艺复兴时期的）和旧唯物主义者都不懂得劳动实践是人性生成的动力源泉；不懂得人是劳动的产物；也没有看到不懂得人是社会的人，人性是在具体的社会关系的制约下的渐进发展着的、具有复杂的表现形式的历史概念；没有看到是"社会关系实际上决定着一个人能够发展到什么程度"②。

马克思反思与批判了历史上的错误的人性论，是同对支持和强化了这种错误的具体的社会实践关系模式（首要的又是社会制度与生产关系）的反思与批判相联系起来进行的。马克思把人的发展过程描述为这样三个阶段："人的依赖关系（起初完全是自然发生的），是最初的社会形态，在这种形态下，人的生产只是在狭窄的范围内和孤立的地点上发展着。以物的依赖性为基础的人的独立性，是第二大形态，在这种形态下，才形成普遍的社会物质变换，全面的关系，多方面的需求以及全面的能力的体系。建立在个人全面发展和他们共同的社会生产能力成为他们的社会财富这一基础上的自由个性，是第三阶段。"③

"人的依赖关系"阶段即前资本主义阶段，在这个阶段，个人依附于特定的共同体，这个共同体是人们世代延续的生命活动的全部基础，人们不得不服从和束缚于这共同体价值规范，被迫交出独立思考、行动和生活的自主权。奠基于小农生产的自然经济和宗法社会的社会实践模式之中的中国传统官方哲学——儒学，就必然要作为伦理——政治文化的面貌出现，以道德和政治双重高压全面强化对人的统驭以维护这一"人的依赖关系"的整体社会建构。而人也就被定

---

① 马克思，恩格斯. 马克思恩格斯选集：第1卷［M］. 北京：人民出版社，1972：43.
② 马克思，恩格斯. 马克思恩格斯全集：第3卷［M］. 北京：人民出版社，1979：330.
③ 马克思，恩格斯. 马克思恩格斯全集：第46卷（上）［M］. 北京：人民出版社，1979：104.

向地朝着意志性方向发展自己的本性,道德文化的兴盛,科学文化的消弭也就不言而喻了。

"物的依赖性"阶段即资本主义阶段,在这一阶段,由于资产阶级商品经济的发展,个人有了更为广泛的社会交往,同无数其他个人从而也就同整个世界的物质生产和精神生产进行普遍的交往,进而使个人摆脱个体的、地域的和民族的狭隘性。在日益丰富的社会关系的发展中,在等价交换中的价值关系中,人的自主性(如个体本位、科技理性、生产力、法制精神)得到广泛的表现和确认。相应地,资本主义私有制压迫下的人的异化也进入了一个更加恶劣的新阶段——一个劳动和技术异化、金钱拜物教、经济危机、文化堕落、生态恶化、犯罪猖獗、战争频仍的丑陋的新纪元。

在"个人全面发展化"和"自由个性"的"依赖于个人"的阶段即共产主义阶段,由于私有制的消除,社会真正变成了"自由人的联合体"。只是到了这个阶段,人的本质才得到了完全的表现和彻底的发展:(1)人在社会关系中真正获得了自由,个人的全面发展达到了"外部世界对个人才能的实际发展所起的推动作用为个人本身所驾驭"的境界;① (2)彻底根除了人的自主性与社会关系的对抗性,每个人的自主性同时也是其他所有人自主性的体现与保证,即"每个人的自由发展是一切人自由发展的条件";② (3)个人成为真正的个人,因为"共产主义所建立的制度,正是这样一种现实基础,它排除一切不依赖于个人而存在的东西"③。个人作为群体的依附、阶级的符号、生产的工具、科技的奴隶、被买卖的劳动力的历史彻底终结。马克思指出:"这种共产主义,作为完成了的自然主义等于人道主义,而作为完成了的人道主义,等于自然主义,它是人和自然之间,人和人之间矛盾的真正解决,是存在和本质、对象化和自我确证、自由和必然、个体和类之间的斗争的真正解决。它是历史之谜的解答,

---

① 马克思,恩格斯.马克思恩格斯全集:第3卷[M].北京:人民出版社,1979:330.
② 马克思,恩格斯.马克思恩格斯选集:第1卷[M].北京:人民出版社,1960:273.
③ 马克思,恩格斯.马克思恩格斯全集:第1卷[M].北京:人民出版社,1979:78.

而且知道自己就是这种解答。"①

人性就这样在整体上体现出了一种在单面化发展的历史中,不断地反思与扬弃自身的"异化",艰难而又坚定地为自身的全面实现开辟道路的特性。"一般人性"寓于"每个时代历史地发生变化的人的本性"之中,后者则为前者的演进与实现提供着历史的前提和基础。与之相应,文化和它所展现的"人文精神"也是一个由相对地发展,而终能全面地实现了其意义的历史的过程。我们承认但也仅仅承认在社会实践史上才有人性的产生和异化,也相信只有在社会实践史上才能最终去除异化而达到自我的全面复归,而只有建立在私有制的消除基础上的共产主义的建立才能真正使人文精神由历史的相对形态历史地变为理想的或者说绝对的形态。

正是在这种以实践观为核心的主体性人学的维度上,马克思实现了对传统人学的解构,对人的世界的真正解释与向现代哲学的超越。而同样超越了传统哲学的西方现当代人学对解决当代人文精神困境一筹莫展的根源也就恰恰在于他们对人的社会性的"遗忘"。海德格尔就在这个意义上说:"马克思在体会到异化的时候深入到历史的本质性的一度去了,所以,马克思主义关于历史的观点比其余的历史优越。但因为胡塞尔没有,据我看来萨特尔也没有在'在'中认识到历史事物的本质性,所以现象学没有、存在主义也没有达到这样的一度中,在此一度中才有可能有资格和马克思主义交谈。"②

社会主义是共产主义的第一个阶段,是对以"人的依赖关系"与"物的依赖性"为实质的人性异化史的历史性超越,是人的自主性彻底解放的开始:既以经济的公有制和政治上的人民民主开始了人类对社会关系的全面占有与共同的控制;又使每个个人的自由发展组成了社会的全面协调发展,开启了人与社会关系的真正良性互动;同时,又在最普遍范围里自觉确证了人的本质,使人类第一次真正开始了人性的全面发展,从而开始了真正具有"人文精神"的人

---

① 马克思,恩格斯.马克思恩格斯全集:第42卷[M].北京:人民出版社,1979:120.
② 海德格尔.论人道主义[M]//熊伟.存在主义哲学资料选辑:上卷.北京:商务印书馆,1997:380.

类新文化的历史。

（三）中国特色社会主义条件下建构当代新形态的人文精神

但我们要知道，社会主义毕竟不是一座自天而降的乐园，不是哲人虚构的乌托邦，它是从旧社会脱胎出来的，充满生机而又存在着种种矛盾的新社会。社会主义文化必然要走过崎岖坎坷的道路。而且现实的社会主义大都是在一系列政治经济文化条件相对落后的国家中率先建立的，它们没有经过资本主义的充分发展，远未实现过工业化和经济的市场化、社会化和现代化，生产力和物质技术基础普遍薄弱，小农经济盛行。以中国为例，两千多年的封建文化虽然留下丰富而深厚的遗产，却也带来因袭的重负；资本主义文化的积极因素，今日的中国还吸收得很不充分，其消极因素的影响已经值得人们警惕。因而要摆脱束缚，谋求新的创造，此中的艰难是不言而喻的。就国家而言，既缺乏必要经济、技术和物质的雄厚基础，一般群众也缺乏必要的科学理性与民主法制精神，这既制约了我国社会主义的改革实践的深入发展，在事实上也制约了人进一步的全面自由的发展。

世界社会主义运动史的实践证明，资本主义的"卡夫丁峡谷"固然是可以越过的，但商品经济阶段却不能越过，试图直接从自然经济跃向商品经济，径直实行纯粹的公有制和计划经济，事实上是无法做到的。一方面，中国作为一个长期滞留在自然经济阶段的国度，发展商品经济有一个艰苦而漫长的过程。这一过程当然不能关起国门完成，而必须广为汲取外域的、其中主要又是资本主义发达国家反映了社会化大生产规律的先进生产技术、管理经验和经营方法，以及其他一切人类创造的优秀文化。另一方面，资本主义社会及其文化的种种弊端，又是社会主义社会所应当加以防范的，在科学社会主义指导下的今日中国人，应当更自觉地采取有力措施预防资本主义社会在经济、政治和观念领域的种种病灶。社会主义中国的未来文化能否健康发展，很大程度上取决于能否科学地对待与之并存的资本主义文化和仍然发生着现实影响的民族传统的封建文化，既吸取两者提供的有益的精华，又排除两者的遗毒，以谋求新机体的壮大。诚如列宁曾经指出的："应当明确认识到，只有确切了解人类全部发展过程所创造的文化，只有对这种文化加以改造，才能建设无产阶级的文化……无产阶级文化应当是人类在资本主义社会、地主社会和官僚社会压迫下创造出来的全部知识合乎规律的发展。"① 只要我们真正发挥社会主义制度的优越性，发挥中国化的马克思主义的科学体系的指导作用，在建设有中国特色社会主义的伟大改革实践中，正确处理世界性与民族性，以及现代与传统的对立统一关系，科学地整治文化生态，焕发整个中华民族的创造精神，社会主义文化的繁荣昌盛是可以预期的。

建立物质财富极大丰富、人民精神境界极大提高、每个人自由而全面发展，这是马克思主义关于建设社会主义新社会的本质要求。推进人的全面的发展的共产主义是我们的最高纲领，而现阶段我们进行的一切工作，既要着眼于人民的现实的物质文化生活需要，同时又要着眼于促进人民素质的提高，也就是要促进人的全面发展。要在建设中国特色社会主义物质文明和精神文明的基础上不断推进人的全面发展，这是马克思主义关于建设社会主义新社会的本质要求。正如习近平同志在十九大报告中指出的：必须持续地贯彻落实党的富民政策，增强人民改善自身物质生活的能力，发展社会主义民主政治，健全社会主义法制，增强人民行使基本民主权利的能力、努力提高人民的思想素质和科学文化素质，增强人民改造客观世界和主观世界的能力、坚持人与自然的和谐共生等。这些重要的论述既是重要的理论创新，又都可以看成是对马克思主义人学的继承，无疑会在21世纪新的历史条件下和社会实践中对全面提高我国人民的素质、促进人的全面自由的发展起到巨大的现实意义。

今天中国社会主义改革开放的实践，就是要在马克思主义的指导下，一方面大力吸收理性主义人文精神中重科学技术与自然研究、重民主法制的精神及人的独立意识，以由后发性国家实现工业化和现代化，这一点上，不能因西方当代哲学反传统理性主义、反"现代性"，也就跟着起哄，去反理性、反科技。"后现代文化转向"只不过是西方某些大师的中国翻版，差强人意地认为中国也

---

① 列宁. 列宁选集：第4卷［M］. 北京：人民出版社，1974：348.

进入"后"时代，不过是一些一厢情愿的言论。但也应注意必须克服被西方现当代哲学家大力批判过的理性主义迷信与"现代性"问题，避免人的机器异化与物化的情形，要认真地吸取20世纪初以来的对科技主义理性批判运动的历史性成果。另一方面，我们自己承继的传统道德主义文化要进一步做清理、批判的工作，剔除其漠视科技与个人权利的、推崇官本位、家长制的流弊，这一点上，西方现当代哲学可以引为我们盟友；但其内在优秀的人文精神营养如重人伦、重和合、重集体、重自律，也要注意继承和发扬。今天我们站在世纪初的立场上看待历史的这种进程时，不得不说，这恰恰是在寻找一种介于二者之间的中介。就像普里高津在20世纪70年代提出"新决定论"那样，在根本的哲学立场上，在极端的科学主义和极端的道德主义影响下的文化背景下，我们要求一种适合历史发展的过渡。

人类只有在实践中消除实践模式的不健全与不合理，创造有利于人按其本性所要求的自由全面发展的理想的生存空间，从而自由而充分地增强自己的能力与个性，使自己的潜能丰富地涌流出来，这样才能摆脱人对人、人对物的依赖状态的反人文精神的异化状态，从而进入人对自己内在本质力量的依赖状态。而社会主义和共产主义则是"人类彻底扬弃异化"，获取独立人格和全面发展的时代，也是"人文精神"最终得以落实和实现的唯一出路。科学精神与道德和审美精神的融合的关键不是机械决定论所表现的，而是在人性的统一本质的基础上的辩证法的相互作用论所要求的，是人类必须也可以统一起来，这应该成为我们这个时代所要努力去实现的最高的价值目标。

最后，在此谨以马克思在《资本论》中的这句名言作为本章讨论的结束：作为目的本身的人类能力的发展，真正的自由王国就开始了。

第五章

传统到现代的转换
——刍议"现代化"三题

"现代化",把它称为当代最响亮的语词,一个我们时代的最强音,想必是没有人会去质疑和反对的。各国学界都在研究现代化问题,经济学、政治学、社会学、心理学、历史学乃至哲学文化学也在研究现代化问题。它傲居社会科学研究最前沿十数年,已然成为世界性"显学"之一。本文拟对这一席卷全球的学术热潮的凸现及其展开态势予以回顾,在缕析各类关于"现代化"的理解的基础上,试图给出自己对"现代化"的看法。

一、"现代化"问题的凸现及其研究的一般态势

名之曰"现代化问题"的研究究竟何时诞生,以何种学派或哪本著作为标志,似乎并未成为人们过分去考究的问题。据罗荣渠的分析,若论"现代化"一词的使用而言,中国人还可谓领时代风气之先了。早在"五四"前后的东西文化观的争论中,已偶尔出现有如所谓"近代化的孔家思想"的提法。胡适在1929年为英文《基督教年鉴》写的《文化的冲突》一文中,就正式使用了"一心一意的现代化"的提法。到了20世纪30年代,"现代化"作为一个新词在报刊上已较常被使用了。1933年7月《申报月刊》为纪念创刊周年发行特大号,专门组织了名为"中国现代化问题号"的征文特辑,并提出有关中国现代化的难点、当取何途径等问题付诸讨论,也得到当时国内学界知名学者的热情支持和参与。虽然现代化词汇的提出和使用在当时在很大程度上是作为折中文化讨论中的"中国化"和"西化"提法上的极端性特点而出现的,但它毕竟作为问

题已经提出了,并且学者们对之已有了一定的研究和见解。罗氏据此认为"实际上中国从自己的实践中提出现代化的概念和观点,早于西方的现代化理论约20年",只是由于历史的原因而中断,未能继续深化。[①] 作为落后国家,在当时的世界性经济危机尤其是严峻的民族危机的背景下,沿着救国救民和"中国向何处去"的线索探索社会和文化的转向问题,积极而敏锐地率先思考和提出现代化的历史性课题,并不是不可能的。

但在人们的理解中,一般还是把西方尤其是美国视为现代化问题研究的滥觞之地。20世纪以后,伴随西方工业化的基本完成,人们提出了用工业化范式与发展理论去解释社会转型现象,认为工业化,即由农业社会向工业社会的经济增长与结构转换是社会转型与进步发展的核心和根本问题,甚至也个别地产生了现代化即工业化或经济增长的观念。人们也逐渐注意到社会进步是一个全面的多层次变化,"工业化"范式事实上仍是偏于一隅的概念,这最终促使了"现代化"作为新范式地位的确定。1951年6月,由美国著名经济学家西蒙·库兹涅茨创办的学术刊物《文化变迁》杂志的编辑部在芝加哥大学举行学术会议,讨论美国国家政策、世界经济发展不平衡和贫困问题。在这次会议上,学者们认为提出"现代化"一词用来说明从农业社会向工业社会的转变是比较适合的。"现代化"这个术语自此以后就为西方学者们所广泛使用了。这一般也被认为是现代化问题研究的正式肇启。而现代化理论研究在美国的诞生也是有其独特的历史背景的,其最初的动因又是为着政治和意识形态的考虑,这就是在第二次世界大战结束以后的亚非拉的民族解放运动和民主革命运动的高涨、新兴的独立国家纷纷成立并在国际事务中发挥日渐重要影响力的背景下兴起的,这在事实上对美国的对外政策提出了严峻挑战。这就促使美国政府不得不去认真研究新兴国家的发展背景、发展现状和走向问题,以为其对内外政策和"全球战略"的制定提供理论和实践的依据。正是在这种"时代需要"下,现代化问题的理论研究应运而生了。

---

① 罗荣渠. 从"西化"到现代化[N]. 人民日报, 1989-02-21.

第五章 传统到现代的转换

由于现代化理论研究的社会文化转型问题（包括其性质、动力、机制及意义等）是一个现实感很强、应用价值极大、具有明确的规范性和操作性特点的课题，同时又是一个跨学科的综合性课题，它既要求也方便各学科的交流与结合，因此也成为社会科学之间合作的焦点。在各个领域的社会科学家特别是美国的社会科学家的大力推动下，现代化理论研究形成了一股相当有影响的学术思潮。他们创立现代化问题研究的专门的学术机构和刊物，定期举行学术研讨和交流，出版系列研究丛书，使现代化理论研究在20世纪60年代末达到高潮。进入80年代中期以后，现代化理论的体系建设任务基本结束，现代化理论家开始致力于现代化理论模式的检验和完善，同时也把工作重心转移到运用其理论去展开对不同国别和地区的个案的分析，出版了一大批研究专著。这可以看成现代化问题研究在新的更高阶段的继续发展与推进。从整体上看，现代化理论研究体现了在思维视界上逐步突破和向深广度拓展的这样两个大阶段。

第一，现代化即是"西方化"和传统——现代两极对立模式的早期研究阶段。

丹尼尔·勒纳在1958年出版了《传统社会的消逝》一书，他提出了现代化即是传统社会—现代社会的对立与转化的模式，认为传统社会与现代社会是相互极端对立、非此即彼的两种社会系统，现代化就是从传统社会向现代社会的转变过程。他说："现代化是社会的变化，欠发达国家通过这样的社会变化获得了比较发达的现代工业社会的共同特征。"[①]而这必然得出现代化即是"西方化"的结论。应该说现代化理论的早期研究更多的是作为一个政治和意识形态问题而展开的，并且从一开始就打上了浓厚的"西方中心主义"和"帝国意识"的色彩。

"西方中心主义"可谓是自黑格尔以来西方学者惯有的思维方式了，资本主义文明的"无可置疑"的比较强势和优势使西方人对自己将主导未来充满了信心，认为按照社会达尔文主义，整个非西方社会都将以西方世界为模式而被

[①] 勒纳.国际社会科学百科全书：第6卷［M］.纽约：美国自由出版社，1965：386.

"西方化"。虽然第一次世界大战曾经使西方人的乐观主义烟消云散,一度陷入斯宾格勒式"西方的没落"的悲叹,但二战结束后的新科技革命即"第三次工业革命"给西方世界重新注入了强劲的动力,也复活了西方的社会进化论的痼疾;独享二战胜利果实的美国一跃而居资本主义世界经济和政治发展的顶峰,更是成了向世界炫耀的现代资本主义的"样板"和"橱窗"。这种自我中心情结和"帝国意识"在现代化问题研究中得到了鲜明的反映。库马在谈到战后的社会新思潮的特点时就说:"而最重要的一点是,未来基本上是根据西方工业发展模型拟想的;西方文明乃是它的终点。'发展',加布雷思宣称,'乃是对已发展的史实模仿'。"① 最初的现代化理论家都接受这样的现代化的定义:即现代化是"西欧和北美产生的制度和价值观念从17世纪以后向欧洲其他地区的传播过程,18世纪至20世纪向世界其他地区的传播过程"②。这也即是把现代化进程大而化之地简单看作西方文明向全世界传播的过程,资本主义尤其是美国式的资本主义是新兴发展中国家们不能回避的抉择与当然的归宿。美国社会学大师帕森斯认为现代社会只有一个体系,那就是以美国为领导的西方社会体系,而且他还把美国置于人类社会进步的最高层,吹嘘为现代社会发展的典范,在帕森斯看来现代化的进程不仅是"西方化",实质上更是"美国化"③。在现代化理论研究的初期,"现代化概念主要是一个美国式的概念"④。

第二,从"西化"论的突破到传统——现代二元互动模式的确立的理性研究阶段。

当现代化理论家在实践中越来越认识到自我中心主义和意识形态化给现代化问题的研究造成了狭隘化和非科学化的严重制约,并使其走入了死胡同时,他们又开始试图批判和突破西化论和传统——现代两极模式,寻找更开阔和更

---

① 库马. 社会的剧变:从工业社会迈向后工业社会[M]. 蔡伸章,译. 台北:志文出版社,1984:217.
② 勒纳. 国际社会科学百科全书:第6卷[M]. 纽约:美国自由出版社,1965:386,324.
③ 蔡文辉. "美国第一":一派深思的社会进化论. 比较社会学[M]. 1982:24.
④ 布莱克. 比较现代化[M]. 杨豫,陈祖洲,译. 上海:上海译文出版社,1996:71.

科学的研究视角。

美国知名学者布莱克教授提出用比较和历史的、跨学科的方法突破现代化问题。他认为早期的现代化研究过于强调西方社会外部刺激的影响作用，而又明显忽视了对各类正在现代化过程中的社会的内部传统文化的研究，也在事实上把传统性和现代性误解为某种互相排斥和对立的系统。他认为传统性和现代性在任何社会都不会是纯粹的东西，任何社会都有发展出现代性的可能，现代化恰恰就是一个传统性在科学和技术进步的条件下不断被削弱而现代性不断增强的过程，也是传统的制度和价值观念在功能上对现代性的不断适应的过程。现代化研究必须突破把现代化简单看成传统社会一律西方化的过程，而要去具体分析一个社会的传统性适应现代性的过程。这种见解突破了西化论的藩篱，对现代化的内因和既有基础的传统文化做具体的发展的考察，打破了在传统性的理解上的静止论和简单的替换论，视其为一与现代化兼容互动的过程，显然是很见深度的。集中反映他的观点的《现代化的动力》及其主编的《比较现代化》出版后使整个西方现代化理论研究气象为之一新，西方中心论的现代化模式逐渐淡出，标志着现代化理论研究的重大转向。现代化理论开始转向对欠发达国家本身的现代性和传统性、传统文化与现代化的互动关系的研究，在此基础上使理论研究步入了全新的宽阔的领域，获得了新的活力和研究态势，形成了各种新的现代化定义、新的现代化类型划分方法及其他新的观点。布莱克就说"现代化理论的研究到目前为止仍然处在提出问题的阶段"，意即刚刚拉开帷幕，有无限光明的前景。

二、关于"现代化"的界定

（一）从"现代""现代性"切入

"现代化"（modernization）一词在英语中是一个动态名词，按字面意思，即"向现代的转化"或"成为现代的"的过程（to make modern）。要理解西方的"现代化"定义，"现代"和"现代性"的概念是我们首先必须有所了解的。

（1）"现代"即 modern 这个词作为表示时间意义的形容词，在英文中解释

传统文化与人文精神 >>>

为：of the present or recent times，指"现世（代）的"或"近世（代）的"。而当我们以时间名词去理解"现代"亦即英文的 modern times 一词时，它一般是指从公元 1500 年左右一直延续到现今的历史时期，它是时限已长达三四百年之久的一个"长时程"（"年鉴学派"术语）。西方史学以三段论的方法对人类文明史予以分期：即历史分为古代的（ancient）、中世纪的（medieval）、现代的（modern）这样三个相承接、相并列的历史时代。

（2）"现代"不仅是时间尺度，也是包含具体的社会内涵和规定的价值性尺度。现代性（modernity）通常就是被视为说明、反映"现代"的价值内涵或现代社会的特质及基本规定性而被使用的一个概念。与"现代性"相对应的是"传统性"（tradition）概念即传统社会的价值内涵与基本规定性。而到底应以哪些指标去规定"现代"和现代社会，"现代性"概念当做怎样的界定，西方各家论者虽是言诠不一，但概括地讲，它的基本指向无非就是与前资本主义的传统社会（一般指农业社会）相区别的发达资本主义社会在经济运行机制、政治权利配置模式、社会组织的结构和功能、人的精神、行为及生活方式等方面所具有的一系列基本的特征和规定性。

（3）按西方基本的思路，现代化就是一个从传统性走出，实现现代性指标，从而走向现代社会的过程。一个社会若不走出传统性并实现现代性，就仍是与现代性社会同时即当代①的传统社会，人也依然是当代的传统人。雷格斯就说："今天，凡是在这个世纪，这个年代的人，在年代学上，没有人能避免是'现代

---

① 与此不同，按苏联史学的分期标准，则是把十月社会主义革命之前的资本主义时代称为近代（在西方，现代与近代是同一指谓），十月革命以后才称为现代。西方国家使用的 modern times 一词实际上是以资本主义时代开其端绪并针对前资本主义时代而言的时间概念；苏联的"现代"则是以社会主义时代为开端并针对前社会主义时代而言的时间概念。但现代化理论研究较少从纯意识形态或政治功能的意义上展开探讨。我国学界基本沿用苏联的"社会主义"的分期标准，但一般又有两种意见：一是以十月革命以后即进入现代历史阶段，二是以 1949 年新中国成立为现代历史的开始。在谈历史分期时，本书采用第二种意见，以 1949 年以前为近代历史，1949 年以后为现代历史。英语中使用的"当代"（contemporary，present time），虽然在划线上也有分歧，但它并非一个确切的历史分期，只是现代时期中离我们最近的、仍在发展的一个阶段，即同时代之谓。

88

的'人，但是在这个同一时刻里，他们的生活的实质却可以完全异趣。所以，当每个人在年代学上是现代人时，在实质上却未必一定就是现代。"[1]

因此，研究如何实现传统性向现代性的转化，似乎就成了通向现代化的要津。在这点上，西方的现代化研究学者基本没有分歧。

（二）几种流行的现代化定义

分歧的造成，是对"现代性"的诠解的视角和侧重点的不同，经济学家、政治家、社会学家、心理学家从各自的学科特性去判明"现代性"，从而形成了多种多样的现代化观，归纳起来讲，主要有以下四类。

第一，现代化即是工业化或经济现代化。经济学家一般认为，现代性是指工业和服务业在社会中占有绝对的优势并起着主导的作用，我们可用人均国民收入或三个产业在国民收入总量中分别所占有的比重去衡量一个社会是否是现代化社会。据格尔伸克隆和库马的分析，这一思路上，马克思的思想或多或少给了西方人以启示。[2] 马克思说"工业较发达的国家向工业较不发达的国家所显示的，只是后者未来的景象"[3]，他的这句话被美国出版的《国际社会科学百科全书》刊载的"现代化"条目引作为其释义的第一根据。有的论家还提出另外的经济指标，如马里昂·列维就认为更科学的做法是用非生命能源的运用在整个能源中的比例去衡量，比例比较高的即是比较现代的社会，反之则是传统社会。[4] 又如沃尔特·罗托斯提出的起飞理论就以一个社会是否具备经济上的持续增长能力作为判断其是否是现代社会的标志。他把经济增长分为五个阶段：传统社会阶段、起飞前提聚集阶段、起飞阶段、趋向成熟阶段和高频消费阶段。起飞阶段才具备经济的持续增长的特征即生产投资率由 5% 以下上升到 10% 以上，形成呈高速增长的先导部门，存在或出现有利于推进现代化进程的社会观

---

[1] 金耀基.从传统到现代[M].北京：中国人民大学出版社，1999：106.
[2] 格尔伸克隆.经济落后的历史透视[M]//库马.社会的剧变：从工业社会迈向后工业社会.蔡伸章，译.台北：志文出版社，1984：6，175.
[3] 马克思，恩格斯.马克思恩格斯全集：第23卷[M].北京：人民出版社，1979：8.
[4] 列维.现代化和社会结构[M]//谢立中，孙立平.二十世纪西方现代化理论文选.上海：上海三联书店，2002：104.

念和政治制度。①

第二，现代化即是政治的现代化。这种见解主要是政治家的视角，他们一般地从政治结构的分化和政治参与的扩大来解释现代化。亨廷顿的政治现代化理论是较为人们所熟悉的，他把政治现代化分为两个关键领域：政治系统内部权力向有利于增强国家促进社会经济改革的政策革新能力的方向予以配置，政治系统还必须具有成功地吸收现代化所产生的社会力量即扩大社会群体的政治参与的能力。以此为基础，所谓现代化就是政治系统内部权力的再分配，即摧毁地方的、宗族的、种族的或其他的权力中心，把权力集中在国家的政治机构中，但又不是集权式的。这样一个急剧的变化需要把新的社会力量充分吸收到政治活动中来，而这种新的政治系统的被接受的程度和新的社会群体的适应能力又会对现代化的进程和实现产生重要的影响力。②

第三，现代化即是社会的结构和功能的现代化。社会学家们认为现代社会同传统社会的根本差别在于两者在社会结构方式及其体现的功能上，把现代化社会实现过程看成是结构的进步性分化和功能的专门化的过程。斯梅尔塞区别传统社会和现代社会的尺度就是结构分化的程度和功能的成熟性。他认为，现代性是指社会系统的五种功能：维持系统的潜在功能、处理紧张关系的功能、选择目标的功能、适应和整合的功能。它们在社会生活上表现为消解村社权威系统和建立政治民主制度、普及教育并增强经济生产技能、宗教是世俗化、家庭为基础的扩张型人际关系失去控制力、社会阶层的流动性与等级制度的瓦解这样五个方面的根本变化；布莱克领导的研究小组用比较历史的方法分析现代化，也是就宏观视角从社会着眼，认为现代化即"在科学和技术革命影响下，社会已经发生和正在发生的转变过程"，如国际相互依赖的加强、非农生产（尤其是工业和服务业）的比重的提高，经济的持续增长、科层化、群众性的政治

---

① W. 罗托斯. 由起飞进入持续增长 [M] //谢立中，孙立平. 二十世纪西方现代化理论文选. 上海：上海三联书店，2002：427-434.
② 布莱克. 比较现代化 [M]. 杨豫，陈祖洲，译. 上海：上海译文出版社，1996.

参与、各级教育水平的提高、收入分配趋向拉平等。①

第四，现代化即是人的现代化，研究现代化的心理学家认为考察现代化问题（而非经济或社会政治结构）人是关键的因素，提出社会成员精神或性格上的现代化塑造与形成是现代化的实质。例如，麦克勒兰德提出"成就动力论"，认为人的进取和获得成就的期望值必须自儿童时期就着意培养，亦即要促成"企业家精神"，这能为整代人的创业和领导能力提供动力，是"成就动力值"的高低决定了一个社会的经济发展和能否实现现代化；另一位著名心理学家阿历克斯·英克尔斯根据对六个发展中国家的社会调查所收集的资料分析并归纳了九个现代人最重要的心理特征或"现代性精神"，核心的四条是：有丰富的知识和参与性；不受传统性影响以高度的自主性和独立性处理个人事务；对个人的效能有充分的信心；头脑开放愿意接受新的经验和思想。② 行为主义心理学还侧重对社会文化系统和价值观念体系进行研究，认为全选—贤选型的社会文化价值观的主导地位的确立是形成现代人格和行为方式及实现现代化的的关键因素。③

现代化理论并不是一种单一的理论，西方学者对何谓"现代性"各抒己见，使现代化的界定呈现了学派性的差殊。但或许他们这些一家之见恰恰是现代性的不同侧面的发光，对这些差殊做一统合的观照往往可以反映西方对"现代化"见识之"全豹"。我国学者杨豫在研究了西方的现代化定义后就做出了一个可谓集西方诸说为一炉、基本能为人认同的概定："现代化是传统社会向现代社会的转变过程。它是多层面同步转变的过程，是涉及人类生活所有方面的深刻变化。概括起来，现代化可以看成是经济领域的工业化，政治领域的民主化，社会领域的城市化，以及价值观念领域的理性化的互动过程。这种转变的动力从根本上来说是生于人类在科学革命的推动下所获得的空前增长的知识，从而不断增强对环境的控制能力。而所谓的现代化理论就是对这一变化过程的系统认识。

---

① 布莱克. 比较现代化 [M]. 杨豫，陈祖洲，译. 上海：上海译文出版社，1996.
② 布莱克. 比较现代化 [M]. 杨豫，陈祖洲，译. 上海：上海译文出版社，1996.
③ 布莱克. 比较现代化 [M]. 杨豫，陈祖洲，译. 上海：上海译文出版社，1996.

从比较的角度对这类转变过程进行研究是现代化理论的基本特征。"①

三、"大现代化观"——深化现代化研究的一种可能的思路

现代化理论研究历经半个多世纪的发展，到今天确已取得了蔚然大观的多方面的丰硕成果，但现代化理论的探研却不像有的人认为的"开始式微了"，而是恰如布莱克敏锐地洞察到的那样，"现代化理论的研究到目前为止仍然处在提出问题的阶段"。我们有必要总兼前人，超越时贤，提出新问题，这也是为着推动现代化理论研究步入新的发展阶段的需要。沿着这条思路，我们试图在此提出一种"大现代化观"的视角，并认为它是深化现代化研究的可能和必要的线索。

所谓的"大现代化观"，简洁地说，即是认为现代化实质是社会和文化在整体结构上的积极更新和转型发展，从而使人类生活在多层面上同步发生深刻转变的过程。它包括这样三个要点：（1）认为传统和现代乃是一个相对而非绝对的变迁的概念，今天的传统是历史上的现代，今天的现代亦将成为明日之传统；（2）认为现代化并不只是今天才有的问题，在人类文明发展的长期历史上有过多次现代化的现象，不同的时代有不同性质和特色的现代化的历程，也正是这些现代化历程推动着社会和文明的演进；（3）认为现代化理论不仅要具体研究发生在特定历史时代中的社会和文化之间的现代化问题，而且必须把对各个历史时代中发生过或将要发生的现代化问题都纳入自己的研究范畴。"大现代化观"的核心是把现代化看成是历时性的普遍而永恒的历史进步过程。

我们知道，"现代化"问题是作为考察新兴国家的社会和文化形态的转型或转换态势和前景的问题而被人们思考和提出来的，传统与现代、传统性与现代性、传统社会和现代社会的概念又对研究有着相当重要的意义。人们在理解现代化的时候往往把传统向现代、传统性向现代性、传统社会向现代社会的转型视为现代化的要义。笼统地讲其思路并没有错。现代化问题确实只是在"传统"

---

① 布莱尔. 比较现代化 [M]. 杨豫, 陈祖洲, 译. 上海：上海译文出版社, 1996：7.

和"现代"的时间衔接带上才会产生和形成,"传统性"与"现代性"的互动转化也只是在此衔接带中才会做凸现为具体的问题,而在此衔接带之外它们则是处在现代化的酝酿和潜伏状态,还不是时代发展问题的焦点和核心。

但正如我们所看到的,今天的现代化理论研究把传统和现代、传统性与现代性、传统社会和现代社会做了狭隘的划定,它首先只是在自己划定的一个特殊历史时段中的"传统"和"现代"的时间衔接带来考察现代化问题。即是以现代以前的所谓传统社会(封建主义社会或资本主义社会)向现代社会(资本主义社会或社会主义社会)的转型作为考察的既定坐标去展开研究的,应该说这是现代化研究但也仅仅是在一个特定的历史时段和特定社会形态中的现代化研究。而在此之前与之后的则因为其只是传统社会或已是现代社会,故而它们是不存在现代化问题的,从而就把传统社会和现代社会都拒之现代化理论研究的大门之外。这里无疑隐含了某种显然地把传统和现代、传统社会和现代社会两极对立并把其对传统与现代、传统社会与现代社会的界定绝对化和唯一化的倾向。

从历史分期的角度划定一个相对确定的现代社会及相应的古代或近代的传统社会是有必要的,但却不能绝对化,必须看到它们的演进和变迁的发展性。春秋战国时代相对殷商西周是现代社会而又是与秦汉唐宋相对的传统社会,资本主义时代是从中世纪的传统社会走来的现代社会但又是社会主义时代的传统社会,同样,社会主义社会是迄今为止最新的现代社会,但在未来共产主义社会的人们看来也不过是传统社会而已。认为古代社会不是故去的现代,否认其也有相应的传统与现代的变迁和推进过程,也有其社会转型和文明转向的现代化的问题,否认现代社会也将成为传统社会,否认现代社会与时偕进必将产生继续的现代化任务,这都是形而上学的观点。

在分析"传统"概念时,我们已经强调指出了,传统实质是从过去至现在到未来的永恒创造和超越的无极限的过程。传统和现代乃是一个相对而非绝对的变迁的概念,今天的传统是历史上的现代,今天的现代亦将成明日之传统。"一切历史都是现代史"——克罗齐如是说,我们也可以说:一切传统社会都曾是现代社会，一切现代社会都将会是传统社会。不同的时代有不同性质和特色的现代化的历程，也正是这些现代化历程推动着社会和文明的演进，传统社会中发生过的现代化历程和现代社会中要发生的现代化历程和传统社会向现代社会的现代化历程是完整的现代化理论研究所不能遗忘和回避三大重要组成部分。

更准确地说，现代化理论研究还是一个研究具体的历史阶段社会和文化的质变式发展的基本规律和线索问题的社会历史观的范畴。"一切皆流，无物常住"，哲学包括社会历史观以把握"道"即规律为自己的灵魂，但它是大而化之式的说明，带有笼统性。今天人们做的"现代化"研究与一般社会历史观毕竟不同，它是社会历史观的大范畴中具体化了从而深入化了的学术部门的研究问题，是同自己时代的具体内容、新的任务紧密结合为特点的，体现在研究中不仅仅提出和采用了与前人的神意论、理性论、进化论或历史唯物论范式不同的"现代化"的观照范式，也不仅仅体现在研究的学科化和专门化，更重要的是它达到了有必要深广度的新方法、新见解和新理论。

但这也恰恰说明，我们对传统社会的文明转型的历程的研究也不能停留在一般历史观的大而化之的笼统状态，同样必须深入地做具体的分析和研究。我们必须把古代社会的现代化问题研究与现代社会的现代化问题研究与传统社会向现代社会转变的现代化研究有机地结合起来，像今天细致地考察研究传统社会向现代社会的现代化转化规律那样去考察传统社会和现代社会中的现代化历程及其规律，视其为一动态的过程，把它们统一和结合起来。只有在对各个历史时代包括传统社会和现代社会的现代化规律的一视同仁、一道贯之的认真而细致的研究中，我们才能真正科学地从整体和细部上揭示历史的演进规律，从而推进社会历史观研究进入既有哲学抽象的精致，又有生活内涵的生动与充实的新境地。

其实，从前面对现代化理论发展的一般态势的分析中，我们不难发现，现代化问题的研究根本上也就是一个在深度上逐步推进和广度上持续拓宽的历程：从最初的现代化即是"西方化"或"美国化"到淡化政治意识形态色彩和理性化研究的形成，从传统—现代两极对立模式的突破到传统—现代二元互动模式的新创，从现代化即工业化到包括政治、经济、社会及人在内的全面的现代化，从纯理论研究到结合不同国别和地区的具体的个案研究与比较研究，等等。也正是在这种突破与创新中现代化理论研究的生命力才得到不断充实和发展，结合不同历史时代的现代化问题研究才会进一步充实和发展这种生命力。①

而系统具体地对传统社会与现代社会中的现代化问题的理论研究到今天仍还是一片空白，突破今人狭隘的现代和传统界定，这就为现代化研究开出了理论探研的新生面、提供了继续发展的新的广阔空间。传统社会和现代社会中的社会与文化演进发展的现代化问题也有其独特而复杂的背景、线索和一般机制，不仅要说明现代化发展的诸种表象，也要说明它包括性质、动力、机制、意义等的一系列问题。在这方面，我们今天现代化理论研究中的各种研究方法、模式、观视的角度及研究成果也为展开这种研究提供了许多有价值的新启示和新尺度。

鉴于传统和现代、传统性与现代性、传统社会和现代社会界定上的变迁和不确定性，用宽泛的"社会和文化在整体结构上的积极更新和转型发展，从而使人类生活在多层面上同步发生深刻转变的过程"的方式去界定"现代化"是有必要的。它有利于我们避免对传统与现代的概念纠结的无穷麻烦，又能把现代化研究引入更深广的层面而更准确地接近现代化的本义。我们也注意到不少论者也有了这样的见识，如查尔斯·蒂利就明确反对把现代化简单地归纳为传统社会向现代社会的转变过程；雷格斯干脆就不要"现代"这个概念而新创了"绕射"一词以取代之，他认为的现代化"并不是指一种特殊的变迁，如工业化、西化或希腊化，而是指一种'历史的相对性'的现象，指一个社会或国家，

---

① 我国学者周振华也提出过不同历史时代有不同的现代化的观点，但与我们所不同的是他只更多地强调了现代化是资本主义以来的各个时代都有的现象的意义，如从第一次工业革命以来，有蒸汽时代的现代化、电气时代的现代化和原子能时代的现代化。指出现代社会中也存在现代化的不同历程比简单地局限在从传统社会向现代社会的转变过程去谈现代化是一个突破，但没有进一步指向传统社会中的现代化历程的存在和研究的必要意义，则是一个遗憾的缺失。（参见周振华：《现代化是一个历史的世界性概念》，《经济研究》1979年第8期。）

传统文化与人文精神　>>>

自愿或不自愿地所发生的一种'形变之链'的过程,而这种形变乃在减少他自己与其他认为更进步、更强大或更有声威的社会之间的文化的、宗教的、军事的或技术的差距者";① 华德与洛斯陶也这样给现代化下定义:"在逻辑与语源学上说,现代化指涉一长期的文化与社会的变迁,而这种变迁为该转变中的社会成员所接受,而视之为有益的,不可避免的或可欲的。"②

　　因此,把现代化研究做哲学高度的通观,看成是历时性的普遍而永恒的历史进步过程,既结合具体时代又深入各个时代的社会与文化转型和发展的层面去考察,提出和确立"大现代化观"是完全可能和必要的,也可以作为现代化问题研究的基本视角和展开的理路。

---

① 金耀基. 从传统到现代 [M]. 北京:中国人民大学出版社,1999:105.
② 金耀基. 从传统到现代 [M]. 北京:中国人民大学出版社,1999:106.

第六章

论"共同态度性"范式在传统文化现代化理论研究中的运用问题
——对日本汉学家加加美光行先生《现代中国学新范式》的解读

现代化理论研究作为"地域研究"的一个部门自 20 世纪中期兴起于欧美学界而逐步成为国际学术群体共同关注和热烈讨论的重要问题，它大致走过了现代化即"西方化"从而将传统—现代两极对立起来的早期研究阶段，以及试图突破"西化"论并走向传统—现代二元互动模式的当代研究阶段。其间表现了明显的去意识形态化的多元转向轨迹。加加美光行先生在《现代中国学新范式》①中提出的"共同态度性"与其说是对现代中国学新范式的提倡，毋宁说是

---

① 《现代中国学新范式》系知名汉学家、日本爱知大学教授加加美光行在"2007 年现代国际中国学研讨会"上的主题报告（中文稿参见《中国研究》第五期）。加加美先生在该文的结语部分提出了一个扭转西方中心论下的"地域研究"为中西方多元主体之间平等对谈的"国别研究"之所以可能的新范式即"共同态度性"。他说道：确立这种国别学有下述三个前提。第一，必须承认，作为研究对象的各个国家的各种主体，如国家、企业、个人、集团（地区居民、NGO、学术团体）等，具有依据自身的目的性价值判断来从事本国变革的主体性，而且这种主体性与作为外国人的"国别学"研究者的主体性处于同等位置。而针对各种主体构成的这种状况，作为外国人的研究者也具有自己的目的性态度（价值判断与行为）。第二，研究对象各主体与研究者自身这一主体之间，各自的目的性态度相互联动和影响，任何一个主体的态度都难以单方面地操纵其他诸多主体的态度。这里将各个主体之间的相互联动性称之为"共同主观性"或者"共同主观的存在结构"（inter‐subjectivity on being）。外国研究者这一主体当然也受控于这种相互联动性。第三，上述诸多主体的目的性态度（行为）之间的相互联动性不仅表现为相互协调、相互结合，也可能相互对立。在这种相互联动的"共同主观性"中，东方主义的弊端就会因为西方中心主义性质的价值判断这样一面互相映照的镜子的存在而原形毕露。外国研究者进入这种辐辏而成的"共同主观性"的相互联动性之中，必须探明东方主义的认识结构和存在结构，从中发现研究课题和解决方法。（转下页）

对整体的东西方学术理念与方法在彼此间对话关系上的一种建设性态度。它表现了对西方中心主义——无论在观念世界还是现实世界中——的怀疑和批判意识，它强调了在"共同态度性"这样一个基础上达成多主体间的"互动关联性"关系共识并追寻彼此间的平等对话、多元互动的可能性。

　　这一观点不仅对实现现代中国学对"地域研究"的突破具有新范式与新方法的重要价值，也可以看成为当代的现代化研究突破现代与传统的"中心"扭结提供了新视野和方法论支持。值得注意的是，与西方学界长久以来的自我中心主义倾向相似，中国近代以降的以现代新儒家为代表的文化保守主义思潮在现代化问题上明确坚守着民族主义立场，主张通过传统的"返本开新"去统摄西学以开出真正"健旺"的"现代化"，这里表现了与萨伊德意义上的"东方主义"恰异其趣的另一种"东方主义"即中国文化传统的中心主义情结。以"共同态度性"观之则同样是偏狭而不可取的文化傲慢态度。走出中西方各自的"中心主义"崇拜情结不仅仅是观念的任务也是现实的任务，但首先肯定是观念的、学理的任务。

（接上页）只有形成以上述三点为核心的方法论框架，"国别研究"（nation-studies）才能成立。在此将这一方法论称为"共同态度性"（co-behaviorism）。日本过去的中国研究也带有地域研究中存在的同样问题，也即作为研究主体（在中国看来是外国人）的日本研究者与作为研究对象的中国之间存在着主客分离，而且主体被置于优越于客体的位置。作为研究对象的中国人和中国社会是与研究者一样带有目的意志的主体这一点受到忽视，中日之间存在的作为"映照彼此的镜子"而带有相互联动作用的"共同主观性"这一事实也就因此未能在方法论上加以注意。更关键的问题在于，作为镜子的"共同主观性＝共同主观的存在结构"在历史进程中并非静止不变的（static）存在，而是同时代一道变动不居的动态的（dynamic）存在。正因如此，共同主观性这面"镜子"才会随着时代的演进而产生一定的"歪曲"。就目前而言，最典型的歪曲莫过于"东方主义"。从本质上说，由于共同主观性本身的不断变化，这种歪曲也不可能被完全而且永远地消除。因此，从方法上来看，在由于这种变化而镜子出现"歪曲"的时候，就需要针对具体情况而进行适时调整和修正的新的方法。这种方法就是以上述三点为前提的"国别学"的方法，也即"共同态度性"。

<<< 第六章 论"共同态度性"范式在传统文化现代化理论研究中的运用问题

本章回溯现代化理论研究在西方的发展轨迹并对中国现代新儒家的保守主义性质的现代化立场进行批评,提出必须放弃对"永远正确"的思想体系的迷恋,走出发现并代言"绝对真理"的"奇里斯马"情结,化狂傲为谦虚,建立一种对彼此的充分理解和尊重的"共同态度性"和宽容的世界观,以真正走出东西方各色中心主义的阴影,并以之为基础构建当代国际学术的良性生态。

一、"现代化"问题:缘起及转向的轨迹

谈到现代化(modernization)研究之发生,已故中国知名现代化问题研究专家罗荣渠先生曾有个观点,他认为"实际上中国从自己的实践中提出现代化的概念和观点,早于西方的现代化理论约20年",他还对"现代化"一词的首倡以及20世纪初中国学者对现代化问题的讨论情况详加稽考。① 但在学界的一般理解中,西方尤其是美国才是现代化问题研究的滥觞之地。20世纪以降,伴随西方工业化的基本完成,人们提出了以工业化范式与发展理论去解释社会转型现象,这最终促使了"现代化"作为新范式地位的确定。1951年6月,由美国著名经济学家西蒙·库兹涅茨创办的学术刊物《文化变迁》杂志的编辑部在芝加哥大学举行学术会议,讨论美国国家政策、世界经济发展平衡和贫困问题。在这次会议上,学者们认为提出"现代化"一词用来说明从农业社会向工业社会的转变是比较适合的,自此,"现代化"这个术语方始为西方学者们所广泛使用。这一般也被认为是现代化问题研究的正式肇始。而作为现实感很强、应用价值极大的跨学科的综合性课题,现代化理论研究在各个领域的研究者那里都得到了普遍重视,特别是在美国的社会科学家的大力推动下,此一论题的研究

---

① 罗荣渠. 从"西化"到现代化[N]. 人民日报,1989-02-21."现代化"(或者"近代化")这个词,20世纪20年代就在汉语里出现,中国思想界在30年代就"中国现代化"问题为题展开的讨论已经较为全面地论及中国现代化的内外部条件、中国现代化应该走什么道路、现代化与政治统一的关系、现代化的资金与人才问题、现代化中的"工化"与"农化"的关系、现代化中的文化建设等。但是在学术上建立"现代化"的研究框架,从现代化的研究视角来研究现代化过程,则是20世纪60年代才起步的。可参见章开沅,罗福惠. 比较中的审视:中国早期现代化研究[M]. 杭州:浙江人民出版社,1993.

在20世纪60年代末达到高潮。进入20世纪80年代中期以后，现代化理论的体系建设任务基本结束，现代化理论家开始致力于现代化理论模式的检验和完善。

从整体上看，现代化理论研究体现了在思维视界上逐步突破和向深广度拓展的这样两个阶段。

第一，"现代化"即是"西方化"和传统——现代两极对立模式的早期研究阶段。

应该指出，现代化理论的早期研究更多的是作为一个政治和意识形态问题而展开的，并且从一开始就打上了浓厚的"西方中心主义"的色彩。丹尼尔·勒纳在1958年出版的《传统社会的消逝》一书中提出了现代化即是传统社会—现代社会的对立与转化的模式，认为传统社会与现代社会是相互极端对立、非此即彼的两种社会系统，现代化就是从传统社会向现代社会的转变过程。他说："现代化是社会的变化，欠发达国家通过这样的社会变化获得比较发达的现代工业社会的共同特征。"① 而这必然得出现代化即是"西方化"的结论。美国社会学大师库马在谈到战后的社会新思潮的特点时就说："而最重要的一点是，未来基本上是根据西方工业发展模型拟想的；西方文明乃是它的终点。'发展'，加布雷思宣称，'乃是已发展的史实模仿'。"② 帕森斯更进而认为现代社会只有一个体系，那就是以美国为领导的西方社会体系，而且他还把美国置于人类社会进步的最高层，吹嘘为现代社会发展的典范，在帕森斯看来现代化的进程不仅是"西方化"，实质上更是"美国化"③。这也即是把现代化进程大而化之地简单看作西方文明向全世界传播的过程，认为资本主义尤其是美国式的资本主义是一些新兴发展中国家不能回避的抉择与当然的归宿。

与社会学家就宏观社会的西方化转型的学理切入点不同，经济学家一般更具体地采用现代西方经济指标来衡断现代化问题。比如，现代化即是工业化或

---

① 勒纳. 国际社会科学百科全书：第6卷 [M]. 纽约：美国自由出版社，1965：386.
② 克利尚·库马. 社会的剧变：从农业社会迈向后工业社会 [M]. 蔡伸章，译. 纽约：美国自由出版社，1984：217.
③ 蔡文辉. "美国第一"：深思的社会进化论. 比较社会学 [M]. 1982：24.

<<< 第六章 论"共同态度性"范式在传统文化现代化理论研究中的运用问题

经济现代化,现代性则是指工业和服务业在社会中占有绝对的优势并起着主导的作用。马里昂·列维的"非生命能源的运用在整个能源中的比例",沃尔特·罗托斯提出的"起飞理论"即"一个社会是否具备经济上的持续增长能力"①同样也是确定现代化与否的一些经济指标。政治思想家视野中的现代化则集中在政治领域,他们一般地从西方政治实践中表现的政治结构的分化和政治参与的扩大的案例来解释现代化。较为人们所熟悉的亨廷顿的权力集中与社会参与为核心的政治现代化理论是这个方面的理论代表。②

可见,进入上述西方学者视野的"现代化问题"在这里表现了共同的"西方化"思路因而具有同样的局限性,即把现代化当作"西欧现代世界"(西方近现代资本主义)在与"非西欧世界"(东方社会)相遇时通过自身的扩张而使其异化或同质化后的必然结果。由此确立的世界认识的"理论和体系"则以陷入西欧中心主义泥沼和对"非西欧世界"主体合法性的贬抑为归结。这一研究范式的实质,正如加加美先生评论西方的"地域研究"时候指出的那样,"更严重的问题是,研究者本国的价值判断与研究对象国家人们的价值判断经常处于不相容的状况。在其中的任何一种与研究者本国的价值判断一致时,研究者就有可能对其进行单方面的支持……而在地域研究将研究对象国家人们的存在加以客体化的同时,也常常会使自身的主体作用过分膨胀。……也就是说,明显存在着承认自己的主体性却不承认研究对象的主体性的态度(behavior)"。

可以说,在现代化理论研究的初期,表现着"承认自己的主体性却不承认研究对象的主体性的态度"的"现代化概念主要是一个美国式的概念"③。

第二,从"西化"论的突破到传统—现代二元互动模式的确立的理性研究阶段。

当现代化理论家在实践中越来越认识到自我中心主义和意识形态化使现代

---

① 亨廷顿.社会变迁理论的演变:现代化、发展与政治[M]//布莱克.比较现代化论文集.(A Comparative Modemization).罗荣渠.现代化新论.北京:北京大学出版社,1993:29-30.
② 布莱克.比较现代化[M].杨豫,陈祖洲,译.上海:上海译文出版社,1996.
③ 布莱克.比较现代化[M].杨豫,陈祖洲,译.上海:上海译文出版社,1996:71.

101

化问题的研究走入了死胡同，加之西方国家的"现代化"本身引发的诸多的社会问题包括人的精神生态的普遍紧张而遭到"德里达式解构"的压力（即现代性反思与批判）时，现代化理论家不得不开始寻求研究方法论的转向。

美国知名学者布莱克教授在20世纪70年代提出用比较和历史的、跨学科的方法研究现代化问题。他认为早期的现代化研究过于强调西方社会外部刺激的影响作用，在事实上把传统性和现代化误解为某种互相排斥和对立的系统。在他看来，传统性和现代性在任何社会都不会是纯粹的东西，任何社会都有发展出现代化的可能，现代化恰恰就是一个传统性在科学和技术进步的条件下不断削弱而现代性不断增强的过程，也是传统的制度和价值观念在功能上对现代性的不断适应的过程，因而"一个社会不能轻易丢弃被以往经验证明是可靠的信念习俗和体制，社会全体成员的福利和安全有赖于它的作用"[1]。现代化研究必须突破把现代化简单看成传统社会一律西方化的过程，而要去具体分析一个社会的传统性适应现代性的过程。

这种见解无疑具有重要的价值，它突破了西化论的藩篱，表现出某种"整体的综合把握"的意图，对作为现代化的内因和既有土壤的传统文化的价值做了具体的发展的考察，打破了在传统性的理解上的静止论和简单的替换论，视其为与现代化兼容互动的过程。集中反映他的观点的《现代化的动力》及其主编的《比较现代化》出版后整个西方现代化理论研究气象为之一新，西方中心论的现代化模式逐渐淡出，标志着现代化理论研究的重大转向。后意识形态化的现代化理论开始注重对欠发达国家本身的现代性和传统性、传统文化与现代化的互动关系的研究，从而获得了新的理论活力，形成了各种新的现代化定义、

---

[1] 布莱克. 现代化的动力 [M]. 景跃进，等，译. 杭州：浙江人民出版社，1989：18.

<<< 第六章 论"共同态度性"范式在传统文化现代化理论研究中的运用问题

新的现代化类型划分方法。①

比较布莱克教授对东方传统社会的"自发性现代化"可能性的理解及其传递的对传统性的主体地位的认可和尊重，我们似乎可以说，加加美先生在《现代中国学的新范式：共同态度性的提倡》长文中提出的"共同态度性"的意见与之具有同一方向上的深刻命意。

加加美先生对他的"共同态度性"（co-behaviorism）做了三点说明，而归纳起来无非是主张作为研究对象的各个国家的各个主体与外国研究主体共处并受控于一个具有相互联动性的"共同主观性"或者"共同主观的存在结构"（inter-subjectivity on being）之中，这些主体都具有各自的目的性态度（价值判断与行为），他们的主体性处于同等位置。这一多元主体性或平等主体性观点无疑是对西方中心论，或西方单元主体论的否定与突破。

虽然我们还不能说西方中心论的情结已经完全被消解——因为文化情结有着巨大的惰性，而且从来不缺少认识结构和存在结构的支持——但可以肯定的是，当代西方学界的现代化研究确实越来越少地表现为自我中心主义，意识形态的色彩也大大地淡化，这里已经明显表现出了对现代化做一种开放性阐释，表现出了和研究对象（非西欧世界）之间平等对话的意愿，表现出了对前工业化社会的传统性因素价值地位的尊重，并且把现代化当作包括西方社会在内的一个需要持续追求的有关社会进步的理想型目标，这些无疑都应该被充分注意和积极肯定。

---

① 如研究现代化的心理学家就进一步把"人"看成是考察现代化问题的关键因素，提出社会成员精神或性格上的现代化塑造与形成是现代化的实质。阿历克斯·英克尔斯根据对六个发展中国家的社会调查所收集的资料的分析所归纳的九个现代人最重要的心理特征或"现代性精神"，表现了侧重对社会文化系统和价值观念体系进行研究的趋势，认为社会文化价值观的主导地位确立是形成现代人格和行为方式及实现现代化的关键因素。相关内容可参见阿历克斯·英克尔斯. 人的现代化 [M]. 成都：四川人民出版社，1985.

二、东方保守主义也需要"共同态度性"的洗礼
——传统性：尊重不等于独尊

在现代化问题上西方学界确实表现了一个去中心主义的多元化转向，东方世界被给予必要的敬意，这对东方国家的研究者而言确乎是一种鼓舞。但我们需要提醒注意的是，与西方重新"发现东方"相应，东方或者传统性社会也同样要"重新发现自我"，即恰当地阐释自我的传统性，恰当地理解这种传统性在现代化过程中的价值与作用（及其限度）。尤其是对某些文化民族主义或文化保守主义者而言，同样有一个接受"共同态度性"洗礼，走出自我中心主义，给予传统性以开放性阐释的必要性。这里笔者试图以对中国现代新儒家的一些批评来给予说明。

现代化问题在近代中国的提出，主要是在西方强大的政治和经济压力冲击下的诱发反应，"欧风美雨""西学东渐"，指的就是中国的现代化过程。近代以来为探求中国社会政治与文化的出路兴起的各种政治文化运动，也大多与现代化有关。而中国的自由主义和马克思主义这两支思潮在宽泛意义上都可以被看成是"西方中心论"在中国的延展与再现，[①] 大致都是取法西方而自觉放弃中国传统文化的主体地位的路数——且不论原因为何。

相形之下，明确地对西方中心论说"不"而能独自坚守民族文化主体性的，是现代新儒家一系。应该说，现代新儒家不仅不否定现代化，而且重视与现代化的接榫，这就是一方面承认中国缺少民主和科学的传统，主张现代化，但在另一方面又强调现代化并不是西方化，声称对西方文化要做有条件的吸纳与涵化。牟宗三是现代新儒家中比较明确地提出对现代化（准确地说是"西方化"的现代化）进行批评的一位。他在《道德的理想主义·序》中提出，整个时代

[①] 自由主义自然是典型的西方思潮，在此点上，马克思似乎同样不讳言工业化的西方乃是东方落后国家的未来模式与发展方向，他说："工业较发达的国家向工业较不发达的国家所显示的，只是后者未来的景象。"马克思，恩格斯. 马克思恩格斯全集：第23卷[M]. 北京：人民出版社，1979：8.

第六章 论"共同态度性"范式在传统文化现代化理论研究中的运用问题

的症结在于文化理想的失调与冲突,他认为西方文化在近代以后主要在三个方面发展:一是民族国家的建立,二是科学的发展,三是自由主义的实现。但是同样引起了三个方面的问题:民族国家演变为帝国主义,科学的发展使人心转而对价值的忽视,自由民主易使人思想趋于世俗化和庸俗化。① 这三个方面的批评,作为对西方模式现代化的流弊的正面批判确有尖锐之合理性,某种意义上还可以看成是对当代西方学界现代化理论研究自我反思与多元转向的一种东方响应和理论支持。

对于现代化,既接受又不安是现代新儒家的一个基本的态度,接受的态度来自现实的和功利的考虑,而不安和批评则来源于基本的价值信念,或者说,来源于以心性论为核心的思想体系。因此,他们主张在保存与发扬中国文化传统特别是儒家文化基本价值的前提下实现现代化,主张将标志着现代化重要内容的民主与科学重新"由中国内圣之教的源头根本开出"。不能不指出,正是在这一点上,表现了现代新儒家的文化的民族主义或保守主义的性格,而这事实上是对现代化做了隐晦的否定,是某种与萨伊德所批评的"东方主义"迥异其趣的中国文化中心论的"东方主义"。

这种儒家价值中心论延续着"中学为体西学为用"的虚骄态度或者东方对西方的傲慢心理,它在梁漱溟之"'意欲'三路向"说,钱穆之"人生三路向和文化三阶层"说,冯友兰之"人生四境界"说,方东美之"人生两界六层六种人"说中都有明确的反映,尤其在熊十力一系的新儒家中表现得更为突出。

熊十力曾面告萧公权说:"西洋哲学和科学都缺乏妙义,没有研讨的价值。"② 牟宗三的道德形而上学和唐君毅的"生命三向与心灵九境"的宗教人文学则更典型地表现了中国文化的中心主义傲慢,他们在《为中国文化告世界人士宣言》中明确宣布了东方保守主义现代化的独特模型:即以儒家的"内在超越性"开显西方的"现代性",以传统的"天人合一"智慧容纳西方的"主客

---

① 牟宗三.道德的理想主义[M].台北:台湾学生书局,1985:3.
② 萧公权.问学鉴往录[M].台北:传记文学出版社,1972:111.

传统文化与人文精神 >>>

二分"思维,以儒家的"良知"曲折(坎陷)并统摄西方的科学民主,这即是所谓"返本开新""内圣开出新外王"的现代化模型,并认为如是才能实现中国文化的现代化并把中国文化推向世界与引向未来。牟宗三甚至乐观地预言中国哲学要走的这条道路,也完全可以成为代表世界哲学未来发展方向而为全人类所遵奉,他说:"儒学第三期之发扬,岂徒创造自己而已哉?亦所以救西方之自毁也。故吾人之融摄,其作用与价值,必将为世界性,而为人类提示一新方向。"①

这样一来,以倡扬民族文化为使命的现代新儒家,一方面坚持心性之学、道德理性这些传统的价值论范畴(道统),挺立民族文化主体性,果断地对西方中心论说"不",表现了独立理解和自由追求东方式现代化的可贵性格,但在另一方面,我们在他们那里也看不到一种对西方文化的宽容平和的理解,而是一种不屑甚至是贬低的理解。可以说,新儒家们没有意识到,现代化在西方的开始恰恰就是从取消"道统"——基督教的绝对主宰地位即宗教的世俗化开始,方才有了现代的政教分离与现代科学。另外新儒家也没有意识到这种圣贤型或"金字塔尖"式精英主义人格根本不适合多元化时代的需要(反"精英文化"或反"精英主义"的声浪在西方一天天高涨便是这一趋向的明确标志)。

现代新儒家们于是从尊崇儒学、尊重传统性,发展成为实质独尊儒学和独尊传统性,视儒家思想为现代化的决定因素,并且上升到试图领导西方乃至拯救人类的永恒而普遍的核心价值的地步,这同加加美先生批评的西方中心论者的"地域研究"中"承认自己的主体性却不承认研究对象的主体性的态度"岂不是同一性质的错误吗?

这种奠基于心性之学基础上的"良知的傲慢"②,无疑限制了现代新儒家们

---

① 牟宗三. 道德的理想主义 [M]. 台北:台湾学生书局,1985:3.
② "良知的傲慢"一词系余英时先生在《现代儒学论》中首创,他分析了新儒家们固守传统"道统论"而以现代教主自居的心理结构和文化做派,指出"新儒家的'良知的傲慢'是受现代'知性的傲慢'的刺激而产生的反应。"余英时. 现代儒学论 [M]. 上海:上海人民出版社,1998:218-217.

<<< 第六章 论"共同态度性"范式在传统文化现代化理论研究中的运用问题

对于中国文化精神和西方文化精神的客观理解,以这样狭隘的文化民族主义学派态度来提倡现代化,把传统性放大和吹胀到高踞一切民族文化之上,甚至当成是西方乃至人类的根本福音,这显然是不合适的盲目的东方式自信。而没有中西方文化多元主体之间的平等定位,既不利于在各自学术理念与方法的和谐对话,事实上也不利于在对话中发现各自的不足从而开展真正的现代化理论建设。可以说,现代新儒家的保守主义性质的现代化观念与整个现代化理论研究的多元主义转向及其体现的多主体之间的互相尊重的态度背道而驰,因此确是一个巨大的失误,从而彰显出加加美先生所提出的"共同态度性"立场的极端重要性。

三、确立"共同态度性"的关键是走出文化一元中心主义情结

加加美先生提出的"共同态度性"明确表现了对西方中心主义——无论在观念世界还是现实世界中的——怀疑和批判意识,强调达成多主体间的"互动关联性"关系共识的必要性并以此来保证他们展开平等对话、建设性互动的可能性。这一观点不仅对实现现代中国学突破"地域研究"具有新范式的重要价值,也可以看成为当代的现代化理论研究突破现代与传统的"中心"扭结提供了方法论支持。在笔者看来,"共同态度性"与其说是对现代中国学新范式的提倡,毋宁说是对整体的东西方学术理念与方法在彼此间对话关系上的一种建设性态度。

而要建立"共同态度性",实质的、前提性的要求就是:走出一元论和自我中心论,走向多元论或互中心论。没有这种走出和走向,谈共同态度性就没有意义。但走出一元论和自我中心论,走向多元论或互中心论并不是一件容易的事情。加加美先生提到一个所谓"认识结构和存在结构"的"牢固的持久性问题"即道明此点。

应该承认,人类——无论是东方还是西方的——都有一种自我中心化的天性,即认为自己的文化具有主体性而对其他民族给予一个待救赎位置的"奇里

斯马"情结。① 这种情结在不同时代和不同民族各有其形态。在西方中世纪就是基督教的上帝，在中国，就是儒家思想传统的"心性"概念，它们都具有终极性、中心性、一元性和神秘性。而基督教和儒家都自命掌握了通达这一最高存在的文化钥匙而具有了文化救世主和真理代言人的地位。

如果说基督教的"奇里斯马"曾经掌控了西方人的精神和文化世界，那么，心性论哲学则造成了中国文化的精彩和自我的局限性。近代西方经历工业革命和科学革命，科学理性和科学真理取代了上帝的至尊地位而成为新的"奇里斯马"，传统的道统——西方即基督教，东方即儒教——纷纷丧失其神圣光环，掌握了科学理性和科学真理的族群即西方发达国家得以继续其睥睨一切和客体化、附庸化东方世界的骄傲地位。② 而东方传统的文化骄傲则只回光返照般地在现代新儒家们"返本开新""内圣开出新外王"的喃喃自语中得以延续。

东西方的各种"奇里斯马"情结：上帝情结、内圣情结、科学至上情结，其共通的特点是无不表现为真理在握、唯我独尊的骄傲意识，在文化研究和对话中又无不表现为将自我主体化和对象客体化。它们深潜于各个民族的文化心理中，作为观念结构和存在结构而持续地、或隐或显地发挥着作用。这种中心情结在个别时期对增强民族自信或许不无好处，但就整体的文化发展或现代化的持续发展而言却并不是一件幸事。尤其在全球化交流成为常态的今天更显得

---

① "奇里斯马"是早期基督教的概念，指天赋的恩宠。马克斯·韦伯引用这个概念指领袖人物被追随者相信能够与决定宇宙和社会的神秘力量保持联系，因而具有的非凡的个人魅力和感召力。

② 加加美先生在《现代中国学的新范式》第四节中写道"新的范式：'共同态度性'的提倡"中就科学技术的发展对东方主义的强化作用做了很好的分析。他说道："导致这种主体膨胀的原因在于现代科学（无论是自然科学还是人文社会科学）共同存在的方法论弊端，即将研究主体和研究对象进行主客分离，而且将主体置于客体之上。现代科学并不将研究对象看作与研究者本人同等的主体来把握，而是看作经过操作（加工）重新构成的客体。也就是说，明显存在着承认自己的主体性却不承认研究对象的主体性的态度（behavior）。现代科学的认识结构中存在的这种主客分离的状况，同时也表现在存在结构中，也即将AALA诸国客体化，而将欧、美、日列强主体化。也正是这一点成为东方主义结构的源流。20世纪以来，当现代科学与现代技术一体化而被统称为科学技术，这种结构便超越了认识结构而进一步增强其存在结构化的倾向。也即现代科学技术的发展同时强化了东方主义的认识结构和存在结构。"

<<< 第六章　论"共同态度性"范式在传统文化现代化理论研究中的运用问题

不合时宜，并且会导致极大的文化霸权主义、文化民粹主义和"文明冲突"的风险。

某种意义上，人类历史发展过程的现代化，反映着人类社会从传统的农业社会向现代的工业社会过渡的历史过程，现代化还是人类自科学革命以来，由于文明增长所导致的社会各个方面的转变。而这个转变，用马克斯·韦伯的概念说就是"去魅"的、理性化的过程。这里的"去魅"在笔者看来可以引申为对一元论、中心论在一定时期的转移，而终究必将是放弃。就是放弃那种将自我主体化而置于优越于客体的位置的中心主义冲动。

而要真正走出这种真理在握、唯我独尊的"奇里斯马"情结，关键还是我们要在观念结构和存在结构的深层首先共识这样一点，即：人类——无论在东方的或西方的——在过去和现在，甚至未来，并不能提供一种"永远正确"的思想体系，或者说，我们需要谦虚地正视人类自我的天然有限性。从文化人类学的角度来看，每个民族都能做出有价值的贡献与创造，但都无法掌握"绝对真理"，我们只是在以各自的路途，以事实上多元的、多中心的方式，向更合理的生活与目标前进。过去和现在为我们所看到的那种断言发现并准备批判真理的狂傲的自信，或者以为没有"绝对真理"就无法安心的观念，其实只是一种文化幼稚性。

英国哲学家以赛亚·伯林是对一元论表示轻蔑而推崇多元主义的重要论者。他在《两种自由的概念》一文结尾处的一段话值得我们反复回味。他说，在我们这个已趋没落的资本主义文明中，这种"能自由选择"的、但不主张这些目的"永远正确"的理想，以及与此有关的"价值多元主义"，或许只是一种晚出的成果；或许是远古时代及原始社会从未体认到的，而后世子孙也将投之好奇的眼光，但却仍不太了解的一种理想。这或许会是事实，但是在笔者看来，我们却不必因此而推出怀疑主义的结论。"原则"并不会因为我们无法保证其有效持续，就变得比较不够神圣。坦率说来，想要保证我们的价值，在某种客观的境界中，可以取得永恒与稳固，这种欲望，或许根本只是对"童稚的确定性

(certainties of childhood)",或对我们原始时代想象中的"绝对价值"之渴望而已①。

放弃对"永远正确"的思想体系的迷恋,变自我吹胀为自我克制,化狂傲为谦虚,建立一种对彼此的充分理解和尊重的"宽容为本、和而不同"的宽容世界观,这或者可以看成加加美先生的"共同态度性"所力图表达的深刻意思。只有形成西方世界和东方世界,各个国家多元主体之间平等交谈、和谐对话、"相互协调、相互结合"的"共同主观性"的基础,讨论"国别研究"(或者"现代化研究"以及别的国际学术话题)才有意义,我们才能预期其获得真正有价值、有前途的成果。

可以引为欣慰的是,在当代国际学术生态的衍变中,我们也看到这种"共同态度性"(及其体现的宽容的世界观)越来越多地为人们所注意和注重。

以现代新儒家所表现的中国传统的中心论情结方面言之,新儒家的第三代事实上已经开始自我的批评性反思。傅伟勋对现代新儒家的心性论论证进行了批评,他指出,儒家的天命、天道等道德的形而上学观念"只能是无从证立的一种可能看法而已",他认为不经过"多元开放心态"上有效的证立,道德的形而上学很难成为最具有哲理强制性或普遍接受性的形而上主张。② 成中英则指出:"当代哲学的趋势是中西互诠和互释。这是一种比较的方法,它先求其同,再彼此互相解释,最后趋向一个整体的哲学观念和系统。中西哲学的这种互通性,是与科技文化的世界化彼此呼应的。"③

而西方学界固然有着以科技主义强化的东方主义的巨大惰性,但尊崇科学理性以致于将科学宗教化并强行全球化扩张在事实上造成了无数的难题,尤其是科学至上主义所造成了人的物化、量化、单面化以及普遍的焦虑、孤独、不安的现代化精神病症,这已经引起敏锐的西方思想界的警觉。近几十年来,西

---

① 伯林. 两种自由概念. 市场逻辑与国家观念 [M]. 北京:生活·读书·新知三联书店,1995:277.
② 傅伟勋. 从西方哲学到禅佛教 [M]. 北京:生活·读书·新知三联书店,1989:48.
③ 成中英. 世纪之交的抉择:论中西哲学的会通与融合 [M]. 北京:知识出版社,1991:10-11.

<<< 第六章 论"共同态度性"范式在传统文化现代化理论研究中的运用问题

方学术界表现出浓厚的对传统形而上学的怀念情绪,重建现代人文型形而上学(如现象学、存在主义和解构主义等)的理论热忱,并转而"重新发现东方",承认西方现代化并不是现代化的唯一模式,承认东方社会可以依据传统性而发展"自源性现代化"。这都可以视作西方世界开始淡化自我的绝对主体性,开始走向建构多元主体的新范式,或者说已经自觉走向"共同态度性"、自觉发展宽容的世界观。

当然,走出自我崇拜的中心主义情结、发展宽容的世界观对各个文化单元都非一蹴而就的事,正如加加美先生提醒的,多元主体的"共同态度性"这面"镜子""在历史进程中并非静止不变的(static)存在,而是同时代一道变动不居的动态的(dynamic)存在",因而也会随着时代的演进而产生一定的"歪曲",这种歪曲甚至不可能被完全而且永远地消除。但只要具备了这样的"共同主观性"的相互联动性,发展一种宽容的世界观,则多元主体间即使有冲突、误解,有"相互对立",针对具体情况而进行适时调整和修正的新的方法也会被找到,从而不致于构成过去那种文明冲突的不信任和互相抹杀的悲剧。

第七章

唐君毅现代新儒学文化哲学的反思与批评
——兼谈马克思主义的"文化"理解模式问题

一、"文化意识宇宙的巨人"——唐君毅

现代新儒家唐君毅先生（1909—1978）是中国近代以降所谓三大社会思潮之保守主义一系的代表性学者。他出身诗书门第、智慧早发，潜心向学又亲得当世鸿学硕儒的提点教训，中西融贯而独宗儒学，笔耕不辍而诲人不倦，以其为中华儒家学术在"花果飘零"的境遇下保存文脉、培蓄后学、开拓影响、复兴光大所做出的独特贡献而被学界士人美誉为"亚圣""文化意识宇宙之巨人"。其哲学体系大致由谈"生命存在与心灵九境"的形上学、谈"人生之本与人生两面"的人生哲学、谈"道德自我与自反自觉"的道德哲学，及谈"人文化成、中优西劣"的文化哲学构成。其文化哲学思想主要见于《心物与人生》《人文精神之重建》《文化意识与道德理性》以及《中国人文精神之发展》等著作之中。纵观其在规模宏富的新儒家哲学体系中，专谈文化之为文化、文化与心灵、文化与人性，人文主义与中西人文精神比较诸问题的文化哲学占有极其重要的地位。而这一文化哲学体系又完全奠基在他对"文化"的概定与解释的基础之上申说演化而来。

什么是文化？对此问题，中外学者论之甚繁，相关的文化定义据统计已不下二百余种。唐君毅对于文化的界定有自己的根基与特点，他的文化概念大致由"人心之求真善美等精神的表现"和"道德理性的分殊表现"这样两个互相

112

<<< 第七章　唐君毅现代新儒学文化哲学的反思与批评

融合的层次构成,表现了典型的现代新儒家致思风格与解释路数。

(一) 心灵、精神与文化

唐君毅从心灵主体论出发,认为文化同人心有着根本的关系,理解文化之为文化首先得理解文化的心灵造物的本质。他开宗明义地指出:

> 人类文化之起源,必需直接先自人之心灵精神上去求。①
> 人类创造文化之精神,乃人类心灵求真善美之要求,贯注于其实际生活中。②
> 一切人类文化,皆是人心之求真善美等精神的表现,或为人之精神的创造。③

唐君毅解释说,他所讲的"心灵"与"精神"概念虽在一般情况下可交换使用,但又有分别。他把心灵理解为"心的自觉力和心所自觉的一切内容,此中可包含人所自觉之各种求真善美等目的",精神则指心的自觉力或自觉的内容的外在表现,精神"自心灵之依其目的,以主宰支配其自己之自然生命、物质的身体,并与其他自然环境、社会环境,发生感应关系,以实现其目的"。④ 从内体验精神活动就是文化意识,从外看精神活动就是文化活动。

因而,心灵可以说纯为内在的,精神则是"充于内而兼形于此心灵自身之外的""统摄心与心外之物,主观与客观,自由与阻碍等之综合概念"⑤。这事实上就意味着,文化是内外因互动下的产物,它既区别于心灵原态的纯心理现象,也非单纯的自然、社会现象,而是心物、内外互用的综合概念。心灵与精神在文化之所以可能的问题上由是便展示了一个密不可分的结构关系:心灵求

---

① 唐君毅. 心物与人生 [M]. 台北:台湾学生书局,1974:185.
② 唐君毅. 心物与人生 [M]. 台北:台湾学生书局,1974:191.
③ 唐君毅. 心物与人生 [M]. 台北:台湾学生书局,1974:82.
④ 唐君毅. 心物与人生 [M]. 台北:台湾学生书局,1974:182.
⑤ 唐君毅. 心物与人生 [M]. 台北:台湾学生书局,1974:183.

真善美的自觉能力是文化的内在根据，精神连接内外环境的作用是文化的现实条件。没有心灵能力，便没有文化，心灵不表现为精神，也不能创造文化。

> 照我们的意思，人类精神之所以能表现为或创造出人类文化，主要由于人心之有思想想象意志等能力，求真善美之目的。然人若不依此心理能力此目的，以表现为精神，也是不能创造文化的。①

唐君毅所持论的心灵，确有其特殊的规定，它不是思维器官或主观先验意识，而是具有指向真善美目的的生命自觉力。这种心之自觉力，是人生的本体。在《生命存在与心灵境界》一书中，他不厌其详地缕析了心灵活动的三种方向和九种境界，而基本的命意则在指出这样一点，心本体乃是绝待的、超越的、形而上的、恒常真实的生命存在，深刻上看，它其实就是道德理性，而文化亦即是道德理性统属下的分殊的表现。

（二）道德理性与文化

道德理性，在唐君毅的文本叙述中或者叫作道德自我、超越自我、形上自我，或者叫作精神自我。它的内容就是中国儒家固有之以仁义礼智信为人之本性的性理。道德理性和心灵在这里仍然是内在一如的关系，道德理性"本身之所以为人之所在，属于吾人之心之能的，而不属于吾人之心之所的，故非所为所与而呈现的，亦即非通常所谓现实的，而只是现实于吾人之灵明之自身"②。这种"非所为所与的非通常所谓现实的"自在性的道德自我，显然是思孟陆王一系心性儒学"本心""良知"概念的现代延续和翻版。唐君毅的文化概念中，它已经被明确而直接地放到了创造文化活动的心灵精神的主体这样一个位置上。

唐君毅认为人类的一切文化活动，③ 固然不一定是道德活动，但无论是求

---

① 唐君毅．心物与人生［M］．台北：台湾学生书局，1974：183．
② 唐君毅．文化意识与道德理性［M］．北京：中国社会科学出版社，2005：9．
③ 唐君毅将文化活动划分为以家庭、政治、经济生活为核心的社会文化、文史哲等学术领域构成的纯粹文化和保卫文化的、表现在体育、军事、教育等领域的文化三大类。

财富的经济活动,求权力的政治活动,还是求真的科学,求美的文学艺术活动,都有赖于道德理性或道德自我的支持、统领:

> 人类一切文化活动,均统属于一道德自我或精神自我,超越自我,而为其分殊之表现。一切文化活动皆不自觉的,或超自觉的,表现一道德价值。道德自我是一,是本,是涵摄一切文化理想的。文化活动是多,是末,是成就文明之现实的。

之所以要将道德理性作为一切文化创造活动的"一"和"本",原因就在于这是"道德理性成就他自己"的必要途径,而人若不自觉以道德自我统属各种文化活动,必将逐末而忘本,泥多而废一,"人文世界将日趋分裂与离散,人之人格精神将日趋外在化世俗化"①。

道德理性既然是形而上的超越本体,自然具有绝对自由的特质,这就意味着,人类道德理性在表现自我展开文化创造的时候,固然需要经由一定的现实环境为条件,但因"精神或文化活动,乃有一不容否认之自动自发之自由"②所以,所谓的现实环境包括社会的、历史的各种条件并不能影响人在文化创造活动中的自决性和主体性。相对于绝对自由的道德理性对文化创造的第一因地位,现实环境只能退居为辅助因,这被唐君毅认作是他议论文化问题的"中心观念"。在唐君毅看来,中国文化的精神价值、儒家主导下的中国人文主义精神,中国人文主义之所以优越于西方人文主义进而是当代中国人文精神重建的主体的一整套文化比较哲学,恰恰就是奠基于这种道德理性对文化创造的绝对优势的规定基础之上展开的。因此,不理解道德理性在唐君毅文化定义中的意义,不理解他的"中心观念",就无法把握其文化哲学的实质。

追溯唐君毅由"人心之求真善美等精神的表现"和"道德理性的分殊表现"这样两个互相融合的层次所形成的"文化"界定内涵,再将其置入学界定

---

① 唐君毅. 文化意识与道德理性 [M]. 北京:中国广播电视出版社,1998:6.
② 唐君毅. 文化意识与道德理性 [M]. 北京:中国广播电视出版社,1998:32.

义文化的基本范型①中给予观察，我们不难发现，唐君毅的这种"心灵—精神—文化"的解说方式，无疑属于典型的"主体性定义"路数。

　　主体性文化定义方式的一般特点就在于，这种定义尤其注重发明和强调"人"对文化之为文化的特殊意义和本质地位，而对所谓的社会性、历史性、实用性诸因素予以悬置淡化。比较来看，西方哲人弗洛伊德、卡西尔、列维—施特劳斯等人的文化概念大致也可以划入这一类。与唐君毅强调文化乃是作为"人生之本"的心灵精神（实质是道德理性）外化创造物的思路相仿，他们同样把文化理解为人内在的某种本质性力量（或者是"力比多"，或者是"人的符号能力"等）的外在活动表现。② 这种文化与人的本质同一的主体性文化定义路向，在不少中国学者尤其是现代新儒家的文化解释学中有着群体性的共识，比如梁漱溟将文化等同于人的"意欲"的外化的生活体现，徐复观将文化定义为"由生活的自觉而来的生活本身及生活方式这方面的价值的充实与提高"，而徐复观所谓的内在的价值就是"人心之仁"③。虽然唐君毅及其新儒家同道们所讲的心灵主体，作为文化的根源与本质，它不同于弗洛伊德、卡西尔等人的本能性的"力比多"，或者先验的"人的符号能力"，但克就其笃定地固守"人"的主体地位，从人内在的性能出发去解释文化的发生、文化的动态发展及文化的本质这一角度而言，则具有用心上的近似性。

---

① 胡潇在《文化现象学》中将学术界历来的文化定义概分为七类：（1）现象描述性的定义；（2）社会反推性定义；（3）价值认定性定义；（4）结构分析性定义；（5）行为取义性定义；（6）历史探源性定义；（7）主体立意性定义。可参见胡潇著《文化现象学》湖南出版社，1991.

② 马尔库塞就分析说：在弗洛伊德看来，"所谓文化，就是有条不紊地牺牲力比多，并把它强行转移到对社会有用的活动和表现上去"（马尔库塞. 爱欲与文明 [M]. 黄勇，薛民译. 上海译文出版社，1987）。卡西尔认为人不是什么理性或社会性的存在，人的本质乃在于他的"符号活动"，人类包括神话形象、日常言语、科学符号的整个符号体系是人所有的先验而自在的能力，其外化和实现即展现为文化的结晶。而卡西尔也认为这恰是人自身的创造过程，文化的本质是与人的符号本性的同一。（参看卡西尔. 人论 [M]. 甘阳，译. 上海译文出版社，1985.）

③ 徐复观. 徐复观先生谈中国文化 [M] //徐复观杂文：记所思. 台北：时报文化出版公司，1980：85，89.

文化定义方式存在多元的路向并没有什么不好，至少它有助于我们从多个角度和层次去深入研讨发掘这一重要问题复杂而丰富的内涵。以唐君毅所反映的主体性文化定义方式而言，在学界诸多的文化定义范型中无疑具有独特的学理价值。比如，主体性定义一般总是高扬"人学"的旗幡，直指人性，发明本心，深入讨论文化的属人的精神特质和人内在的文化本性，往往能凸显出文化即"人化"的哲学思路；而唐君毅所尤其强调的"道德理性"应该是在人创造文化的活动中具有核心主导位置的观点，也不能不说有其对治时下人文精神凋敝、意义感缺失的针砭振拔的良苦用心。在笔者看来这种主体性定义甚至远比那种泛论"文化即生活"实则落入"文化是个筐，什么都可装"的描述性定义，比那些单从社会性、功能性及实用性角度解读文化而"见物不见人"，造成"人"有"遗忘"和"空场"之虞的定义方法更多一点偏激的深刻。

二、从马克思主义哲学文化观出发的批评

但给出批评同样是重要的。以马克思主义哲学文化观所坚持的"拒斥形而上学"与"立足生活世界"的视野来看，唐君毅的"文化"概念，表现了主体性文化定义方法惯常有的一些毛病。那就是把"人"（人性、心灵、道德理性）从而把"文化"做了先验、静止的形而上学的抽象处理，忽视了外在于人的社会历史实践等具体因素对人及文化的影响力分析，以至深陷于"见人不见物"的泥沼，无疑也是一种既误解了人之为人，也歪曲了文化之为文化的偏弊之见。

马克思主义哲学认为定义文化，应该要处理好以下几个层次的关系。

（一）对人的文化主体性的理解

我们注意到，唐君毅在定义文化时有个提醒，"人类文化之起源，必需直接先自人之心灵精神上去求"①，强调人类创造文化的精神，乃是人类心灵求真善

---

① 唐君毅. 心物与人生 [M]. 台北：台湾学生书局，1974：185.

美之要求，贯注于其实际生活中。这种把人作为探讨文化的发生根源的主体论的定义方法，无疑是有价值的思路因而也为我们所理解。

马克思主义哲学文化观同样认为，理解文化首先要理解人。在文化的创造和发展中，核心的乃是堪为天地精华万物灵长，有着言之不尽的丰富内涵和创造潜能的人。唐君毅提出文化的起源是人类心灵求真善美的要求贯注于实际生活，没有心灵能力就没有文化，这里体现的正是一种文化即"人化"的思路。先搁置分歧点不谈，可予肯定的是，文化实质上即是"人化"，是人类自己的本质力量外化与对象化的创造结晶。马克思曾经把资本主义工业史及其已经"产生的对象性的存在"看作"是一本打开了的人的本质力量的书，是感性地摆在我们面前的人的心理学"①。可以说，不仅工业，人类一切活动领域的任何创造，无论是政治、经济、法律制度，还是科学、艺术、宗教，整个的文化都是"人化"的创造结晶。

深入理解人的本质或者说"认识自我乃是哲学探究的最高目标"②，人类迄今对自我本质的丰富性层次事实上已经有了相当睿智的见察。仅就主体类的内在精神的能动特性而言，我们同意把人视作一有着知、情、意的生命活动特性的存在体。人类身上确实具有明天人之分以掌握自然普遍规律而"为自然立法"的求真的理智性，有求天人合一以实现人生绝对自由的"为人生立法"的求善的意志力，也有兼容并超越真善，愉情悦性的求美的情感能力这样三种独特而

---

① 马克思，恩格斯. 马克思恩格斯全集：第42卷 [M]. 北京：人民出版社，1979：127.
② 卡西尔. 人论 [M]. 甘阳，译，上海：上海译文出版社，1985：3.

<<< 第七章 唐君毅现代新儒学文化哲学的反思与批评

互动统一的本质力量。① 人类正是靠着自己在漫长的历史上发展起的求真、持美、向善的本质力量,形成了自己独特的思维方式、审美情趣、价值观念,并以之为掌握(认识和改造)世界的方式,从而创造了以科学、艺术、道德为三大支柱的整个文化大厦,使人得以由"茫然于人道"的"植立之兽"(王夫之语)成长为今天的"万物之灵长"和"宇宙的精华"。

我国学界长期以来受某些客观主义思维方式的影响,疏忽对自我的丰富的精神潜质和主体的积极能动特性的研究,一谈主体性、一谈心灵和类特质则视为主观唯心主义,这事实上是一个失误,必须予以澄清校正。

(二)对文化的社会性的理解

与唐君毅和某些西方论者的主体性文化定义不同的是,马克思主义哲学重视人性对文化的主体地位,但又始终不脱离人的社会性去空谈、玄谈什么"人是什么"的问题。我们认为,探讨人的文化主体性及其类的生命特性不能撇开人的劳动实践本质和社会关系本质(社会性的两层含义),否则就无法克服将人性形而上学先验化进而导致文化的抽象蹈空化的错误。

马克思主义哲学坚持人性的现实性,认为一方面要注意"这些人使自己和动物区别开来的第一个历史行动并不在于他有思想,而是在于他们开始生产自

---

① 谈论人性问题是中西方哲学中的基本线索,且都展现了一个将人性分成"知、情、意"三个层次来给予研究的基本视野。比如,中国文化中孔子宣讲"知、仁、勇"的"三达德";庄子讲"形、心、真";荀子将"志意""血气""知虑"并提;清代的戴震明确使用"欲、情、知"去表述心性之结构。此外,西方文化中也有这样的划分方法和理解。比如,西方哲人柏拉图讨论了理性、意志和情欲及其位置问题;康德从"我所能认识者、我所应为者、我所可期望者"即理性、自由意志、情感的角度考察"人是什么";黑格尔分析了人的"日常意识""知解力的思维""玄学思维"的"散文的掌握方式";费尔巴哈也意识到了人有"理性""爱""意志力"的"绝对本质";马克思在《1844年经济学—哲学手稿》中就强调指出"人的类特性恰恰就是自由的有意识的活动"。另外哲学史上也有从认识性与价值性两个生命活动方向来探求人性之谜的视野,如嵇康论阴阳二气的"明"与"胆"即从认识与意志立论人性;柳宗元则将"明"与"志"作为阴阳二气贯注人生的自在能力;亚里士多德、沃尔夫也从认识官能和欲求官能、笛卡尔从身心二元角度展开对人性的分析等,"三分与两向"可视为人性分析的两个统一而分别的层次。

119

己所必需的生活资料"①，把劳动实践理解为人性生成的动力源泉和整个文化活动的客观前提；另一方面"人的本质不是单个人所固有的抽象物，在其现实性上，它是一切社会关系的总和"②，人始终是社会实践中生成着的人，是"社会关系实际上决定着一个人能够发展到什么程度"③。人性从来就不是什么"先天地而固存"的神秘的东西，它是从自然界走来、在社会性劳动实践活动之中生成和发展的产物。

唐君毅等中西方形而上学家恰恰在这点上和我们相反，他们一是从来不谈人性的现实来源的自在人性论者；二是从来不谈人性的肉体或生物性存在的纯粹人性论者，从而将人性玄虚化为一个形而上学的独立而傲慢的本体。唐君毅强调他的心灵精神、道德理性乃是自如自由的，属于心之能而非心之所，"故非所为所与而呈现的，亦即非通常所谓现实的，而只是现实于吾人之灵明之自身"④。这种对人性的认识路数源自儒家古已有之的"不由外铄"的先天人性论，正如唐君毅自己所言的那样，是没有通常所谓的现实性的，它靠挂于一个实质上由纯粹主观臆测和玄思假托的准神学的"灵明之自身"。

知、情、意三者作为人的类特性，心灵之追求真善美的能力或"自觉力"应该被看作是生物性与超生物性在现实实践中的动态结合、积淀内化、漫长进化的结晶，人及其所谓的内在求真善美的目的，都是实践（劳动生产）的产物，"全部所谓世界史不过是人通过劳动生成的历史，不过是自然向人生成的历史"⑤，形而上学中的"人"只是一个天真的迷幻而已，形而上学化了的人性之知情意所力图建立的那个真善美融而为一的形而上本体世界（如理念世界、真如法界、真理王国、天人之境、客观世界、宗教天堂），应该被颠倒过来成为"生活世界"即人活动其间的那个属人的世界。形而上学的所有秘密，其实不过是生活世界中作为实践内化积淀物的人之知情意夸大、"吹胀"自我，绝对化、

---

① 马克思，恩格斯．马克思恩格斯选集：第1卷[M]．北京：人民出版社，1979：18.
② 马克思，恩格斯．马克思恩格斯选集：第1卷[M]．北京：人民出版社，1979：56.
③ 马克思，恩格斯．马克思恩格斯选集：第1卷[M]．北京：人民出版社，1979：295.
④ 唐君毅．文化意识与道德理性[M]．北京：中国广播电视出版社，1998：9.
⑤ 马克思．经济学—哲学手稿[M]．何思敬，译．北京：人民出版社，1963：85，94.

<<< 第七章 唐君毅现代新儒学文化哲学的反思与批评

神话化自我的变相反映而已。

因此,我们主张对形而上学的人性观的"去魅"与现实性的还原,既从社会性、从实践的意义去说明人性和文化,但又努力从人的能动方面去理解社会性实践,做到两者的辩证统一,由是方能达到人和文化的科学本质。

(三) 对文化作为"全幅人性"的内容表现的理解

马克思主义哲学认为,人性具有全面而丰富的内容并生动活泼地表现于文化创造活动与对象性形态之中。在这一点上,不能说唐君毅完全就没有意识,他同样提到"心灵之求真善美的自觉力",体现出了对心灵或者说人性的丰富性的肯定。他在讨论人文主义问题时候还提出要对人性、对人的文化"全幅加以肯定尊重"的说法,"所谓人文的思想,即是指对人性、人伦、人道、人格、人之文化及其历史之存在与价值,愿意全幅加以肯定尊重,不有意加以忽略,更决不加以抹杀曲解,以免人同于人之外、人之下之自然物等的思想。"①

但若据此就以为唐君毅是在坚持某种全副人性,是在主张"人的全面发展"的文化观,那就不对了,唐君毅对人性以及文化具有的仍是一种单面化的理解。他认为"道德理性"是"为人之所在",②"文化是道德理性的分殊的表现"。"心灵之求真善美的自觉力""心理能力"之类概念在唐君毅的文化定义中最后都被归约为单一的"道德理性""道德自我",心灵精神成了道德理性精神,文化活动的三大领域不管是经济领域的求富、政治领域的求权力,还是科学领域的求真、艺术领域的求美都不过是在不自觉、超自觉地表现一"道德的价值"因而在地位上是服从或被统属的。这种以道德理性作为"一"和"本"去统属心灵文化创造活动的道德主体论、道德决定论的文化观恰恰是对"全副人性"和文化的全面发展的一种否定与阻碍。

可以说,与西方传统形而上学侧重发明人性之知情意中的"知性"去追求

---

① 唐君毅. 中国人文精神之发展 [M]. 桂林:广西师范大学出版社,2005:18.
② 唐君毅. 文化意识与道德理性 [M]. 北京:中国广播电视出版社,1998:9.

自由从而造成了以理性人性论与文化理性化为主导的文化风貌不同，中国的形而上学传统则侧力于从人的知情意之"道德意志"（本心、良知、仁、志等）的反躬自觉去追求人的本质的实现，用康德的术语即是重在发明"实践理性"。在这个传统下，知情意的全副人性中的"知"与"情"客观上被一概消解融摄到了道德意志之中，失去了自身的独立发展的空间。儒家认为善的才是真的，善即是真，同时又要求以理摄情、以道制欲。从人文主义所呼吁的"我是人，人的一切特性我无所不有"的高度去看，中西方传统形而上学都以各自的方式割裂了完整人性而陷入单面化的文化发展路数。

而中国道德的至上主义的传统文化精神在唐君毅那里得到积极的"保守"并获得了现代版的哲学阐述方式。正如我们要拒斥西方的理性形而上学对人性与文化的割裂与异化一样，唐君毅的文化定义所反映的这种东方式、儒家式的以道德理性统属"人的一切特性"的狭隘人性论与文化的道德中心主义倾向，同在我们的拒斥之列。

马克思主义哲学因对人性之知情意做"生活世界"中生成发展产物的现实理解，故而并不神秘化、先验化、无限化自我的理性、德性或感性，它们不存在所谓的中心和主导，而只是多元互动并统一于人之生命之中的人之自我能力而已。我们要在人性的现实性理解的基础上，让人性的知情意之求真善美的生命特性能充分而独立、全面而自由地表现、发展出来，创造属人的科学文化、属人的艺术文化、属人的伦理文化。

因而可以这样定义人文主义，即是在生活世界基础上对人性（知、情、意）予以全面自由的发展的学说，人文精神则是对人的一切特性予以全面自由发展的文化精神与生命精神。

（四）对文化作为"人化"和"化人"的统一性理解

人改造生活世界的社会性实践过程是人的本质的外化过程，这也是"文化"的本质性内涵之一。同时不能忘记的是，与这种外化相伴随的文化的"对象性存在"对人的反向内化作用，即确证、丰富和发展人的本质的过程，也是一个逐步开发人类知、情、意的或求真、持美、向善的生命特性，丰富人类的思维方式、审美情趣和价值取向，从而推进人类能力与素质、促进人类的全面自由的发展的"化人"的过程。马克思指出："作为目的本身的人类能力的发展，真正的自由王国就开始了。"①

在唐君毅的文化定义中，我们是看不到这样一个维面的，或者说，唐君毅的文化定义是单向度的，从一个心灵的道德理性的泉源"充塞宇宙"，外放于山河大地上的政治经济科学艺术活动，而且是不被现实性、社会历史所影响、丰富和发展的。在这一点上，唐君毅坦言他不接续黑格尔式的在发展中、扬弃中实现自我的"绝对精神"，而是取康德的"无条件定然命令"式的"道德意志"。原因就在于"康德之论道德，注重自觉的道德意志或自觉的道德理想或所谓目的世界之建立"② 正合乎他的儒家式的自给自足、绝对圆满的道德理性的阐释特点，而现实环境不过是一个道德理性借以实现文化创造活动的一个辅助因素而已。

马克思主义哲学认为，"历史不过是追求着自己目的的人的活动而已"③。人在创造了文化的同时也在由自发到自觉地以文化创造着人自己。蓝德曼在《哲学人类学》中说："不仅我们创造了文化，文化也创造了我们。个体永远不能从自身来理解，他只能从支持他并渗透于他的文化的先定性中获得理解。"④看不到人的文化创造主体性和文化的属人的本质固然是不对的，而看不到人的被文化创造的客体性和人的"文化"本质，以为人性是永恒圆满，不需要也不会在"人化"创造文化的同时得到更加生动而复杂的发展，同样是一种浅近的见识。

人是在创造文化的历史中不断为文化所化从而不断更新了自身的自我塑造、自我超越、自我实现的"人文化成"的产物。"人化"是文化的起点和前提，"化人"是文化的根本目的和宗旨。文化是"人化"和"化人"，外化与内化的

---

① 马克思，恩格斯. 马克思恩格斯全集：第25卷 [M]. 北京：人民出版社，1979：927.
② 唐君毅. 文化意识与道德理性 [M]. 北京：中国广播电视出版社，1998：13.
③ 马克思，恩格斯. 马克思恩格斯全集：第2卷 [M]. 北京：人民出版社，1979：118.
④ 蓝德曼. 哲学人类学 [M]. 北京：工人出版社，1988：273.

互动统一，这不像有些人理解的"诡辩的循环决定论"，而是谨依事实的求是的文化辩证法。

（五）对文化的历史性和功能性的理解

把文化看成是"人化"和"化人"的统一，要求我们既必须看到人性与文化是一个历史地展开和发展的动态过程，也必须看到人性与文化的展开和发展的历史事实上有着丰富与多维的可能性。这种人化的丰富与多维的可能性就反映在人创造的文化对象性形态是精华与糟粕、积极与消极、真假善恶美丑交织并进的历史统一体上。也就是说，还必须注意文化的历史展开的动态过程与其对象性形态的正负价值的联系、区别。

与唐君毅的道德主义文化定义观所体现的乐观主义不同，马克思主义哲学显得更为谨慎，是某种有限度的乐观。我们把文化的对象性形态大体区分为积极的成果与消极的后果即文明（"文明"与"文化"是子集与全集的关系，"文明"在词源上具有从人类的物质创造活动尤其是火的运用活动引申到精神的光明照临大地的意思。孔颖达解《尚书·舜典》之"睿智文明"为"经天纬地曰文，照临四方曰明"。英文译介中人们一般也用 civilization 指"从野蛮或愚昧的状态中，向更高一级的状态提升或发展"而显明其与 culture 一词"人类力量的前进发展"的宽泛指意上的细微差别）与野蛮这样两个指向。因而，只有那些积极的文明成果才是符合利人和"化人"的文化精神和本义的。"人化"的功用与目的自然是为着创造文化以"化人"，但文化又不总是能"化人"，也可能疏远、冷淡和异化人之自我（在德语中，"异化"义指疏远、冷淡化）。

由于生活世界中实践的发展阶段与水平总要受到历史的制约（包括生产力、认识程度、社会制度、阶级结构、伦理关系诸因素），文化的历史所反映的人类的自我塑造、自我超越、自我实现的心路只能是一个渐进的艰辛跋涉。人性在总体上一般地体现了一条在单面化或异化发展的历史中为自身的全面进步开辟道路的轨迹，从而文化在古今中西各民族的时空场域中的发展也往往在学理和现实生活层面上都长期被单面地肯定、畸形地发展着。理想化的人性、文化与

"人文精神"在历史上是不存在的。因此,马克思就提醒人们,"……首先要研究人的一般本性,然后要研究每个时代历史地发生变化的人的本性"①,去分析人性生成、演化、发展的现实根源、制约因素和一般过程。从而在把握"文化"时,就应内在地包含其动态而多维的发展过程及其予人的复杂的反作用的历史的具体分析,既承认文化有积极的"化人"的精华,也有消极的异化人的糟粕,但却又内在而积极地指向有利于人的自我塑造、自我超越、自我实现的"化人"的文明成果。这一点无疑是唐君毅和很多只关心"内圣"问题的形而上学家们所不屑的,但无疑又是极为重要的方面。

三、一个概括的表述

展开和表明了我们与唐君毅现代新儒学的"文化"观的分歧,马克思主义哲学恰恰就在反思和批评中同时表明了自己关于文化之为文化的整个理解,笔者把它表述为:

> 文化,乃是人们在生活世界的实践和历史的发展中将自我的知、情、意的本质丰富性外化、对象化而作用于自然、社会及人自身,同时又影响并丰富、发展着人类自我的过程和成果,它反映了人与物、主体与客体、"人化"和"化人"的辩证统一与生动融合。

可以说,马克思主义哲学的"文化"定义的学理优点还在于它能方便说明这样几种关系:诸如文化的根源及本质意蕴——人自我的本质、文化的发展动力——生活世界中的社会性实践即主客体互动过程、文化的结构——人性的知、情、意生命特性在实践中相应开出的科学、艺术、道德(宗教)的文化体,它由内向外呈现了心态—制度—行为—器物的结构层面与线索、文化的动态过程——"人化"和"化人"的统一、文化的意义与目的——"化人":人的自

---

① 马克思,恩格斯. 马克思恩格斯全集:第23卷[M]. 北京:人民出版社,1979:669.

我塑造、自我超越、自我实现亦即人的全面自由的发展、人的现代化。总之，我们认为文化即在生活世界的社会实践史中实现的"人化"与"化人"的过程和成果，这是对"文化"界定问题的马克思主义哲学的基本理解，也是整个马克思主义哲学文化观的理论基石。

第八章

现代新儒家的"民族文化精神之反思"
——以牟宗三的观点为案例的说明

现代新儒家的重要人物牟宗三先生（1909—1995）是我们必须认识并给予敬意的一位当代伟大哲学家。其一生治学、著述等身，通判三教，学兼中西，在逻辑哲学、知识论、哲学史、道德哲学、历史哲学、政治哲学、文化哲学、美学等方面都有相当深入的研究，并在这些领域都提出了一系列富有创见的思想，而这一切又都自然地圆融在他那规模宏富的"道德的形而上学"中。本文聚焦其文化哲学的相关论述，并认为是非常重要的一种对话资源。他说："历史精神，文化意识，乃一民族之生活承续所必然呈现者。"① 依牟宗三所说，心性之体的绝对呈现不是偶然的，向此趋，不向彼趋，是某种必然的、内在的根据的体现。因此，牟宗三反对外在地对政治问题发表意见，而主张深入地对民族文化的内在精神和意识结构做出考察，由此方能达到对文化精神影响和制约下的政治精神、政治形态的准确理解。牟宗三正是在中西文化相互比照从而挖掘出中国文化的底蕴和精神基础上才展开其外王之学的全幅规模的。这一章的讨论可以看成是从文化哲学与政治史交织并进的角度来进行。

一、中国民族文化精神之反省

牟宗三认为今日中国乃至整个世界的总症结是文化理想的冲突，可以说整个是一文化的问题。而今天我们反省文化，就不应只是情感上的拥护与反对这

---

① 牟宗三. 历史哲学[M]. 台北：台湾学生书局，1988：6.

样一种以"列举的方式"说文化,以"外在的东西"之观点看文化的方式,这都是于事无补的。他认为必须深入到文化内部,内在于创造动力与精神表现上看文化。

文化,在牟宗三的思路中,乃是人所创造的,它内在于人的生命,生命人格的精神表现方式也就是文化生命的表现方式。因此,了解文化就是了解一个民族的文化生命的表现方式和表现途径。虽然人同此心,心同此理,但文化并不就是心、理本身,乃是此心此理的表现。心、理虽同,而表现却可以有分殊,在此分殊之表现上,始有文化可言。由于心、理的表现不能不借助气质,故其表现必受气质的限制。气质的差异往往导致表现方式的不同,这便是文化不同的根源。一个民族有其特殊的气质,也就有表现心、理的特殊道路。此特殊道路就是该民族的心眼之倾向,亦是它对于内外环境的反应态度,这种反应态度便构成该民族历史文化的开端。此开端可以向此或向彼,至于何以向此或向彼,却是没有逻辑理由可说的。每一种文化都是真实而有价值的,自毁或被毁一种文化都是对人类的犯罪。① 一种文化依其自身的发展理路而成就自身的文化系统。

牟宗三认为中国文化在核心内容上以儒家为主,所谓"中国文化""乃是以儒家为主流所决定的一个文化方向、文化形态"②。这一文化是一种活的文化、继续生长着的文化,不是具体的东西,更不是过去了的、死的东西,所以不能以"考古"或"数家珍"的态度去研究。从尧舜禹汤文武周公孔子,一代代传下来的,不是考古学家所考证的那些业绩,而是创造那些业绩的文化生命。

中华民族是一个具有原初性的民族,它能独特地根源地运用自己的心灵,所以它有独特的文化生命和文化系统。这个文化生命的最初表现便与希腊不同,它首先把握的是生命。《尚书·大禹谟》说"正德、利用、厚生",这当是中国文化生命里最根源的一个观念形态。这表明中国文化首先是向生命处用心,所以对己要求正德,对人民要求利用厚生。正德修己是对付自己的生命,利用厚

---

① 牟宗三. 道德理想主义的重建 [M]. 北京:中国广播电视出版社,1992:68-71.
② 牟宗三. 政道与治道 [M]. 台北:台湾学生书局,1987:2.

<<< 第八章 现代新儒家的"民族文化精神之反思"

生是对付人民的生命。对付即调护安顿。这种对付不是生物学上的把握和了解，而是道德政治的把握。顺着这一发展道路，中国文化遂开出了属于自己的精神领域：心灵世界或价值世界。正德是道德之事，利用厚生是政治之事；道德属于内圣，政治属于外王。于是便有了后来儒家所谓的"内圣外王"之学。① 从总体上看，中国文化系统是一个道德与政治合一而以道德为笼罩的系统。如果换一种说法，则是"仁""智"合一而以仁为笼罩的系统。智在政治措施、利用厚生中表现，仁则贯穿于整个道德与政治的活动中。由于中国文化关注的重点是在调护和安顿生命，所以仁的一面特别彰著，而智的一面却始终未能独立出来。这是历史留下来的憾事，也是了解中国文化生命的一个大关节。

照牟宗三的说法，宗法社会和文教系统维系了中国社会，同时使各个个体得以取得反省的自觉，表现了主体的道德自由的"综和的尽理之精神"和它的另一方面即"综和的尽气之精神"，它体现为艺术的主体自由。宗法社会和文教系统实际上并不具有近代国家政治法律的意义。具有国家政治法律意味的大帝国只是由所谓宗法社会和文教系统直接"虚映"出。道德的主体自由使人成为"道德的存在"和宗教的存在，艺术的主体自由使人成为"艺术的存在"。中国文化充分发展的是这两者。而思想的主体自由使人成为"理智的存在"，政治的主体自由使人成为"政治的存在"。西方所充分发展的是这两者。也就是说，中国传统不仅没有发展出近代化的民族国家的政治形式，同时也没有发展出相应的政治性格和政治文化。

在牟宗三看来，中国文化的精神在孟子那里有了重大的发展。孟子的功绩在于树立起道德精神的绝对主体性：

　　中国历史精神之发展，首先：将全宇宙以及全人间组织视为一"道德的精神实体"之所涵摄，吾人可说此是一"仁智之全体"。然其初是不自觉的。经过孔子之反省，由其通体是德慧之表现，遂以其天地气象之人格将

---

① 牟宗三．道德理想主义的重建［M］．北京：中国广播电视出版社，1992：32-33．

129

此不自觉地潜存的"仁智之全体"表现而为自觉的彰著的"仁智之全体",此是"仁智之全体"之全体的透露。经过孟子之破裂,复将此全体透露之"仁智全体"之纯精神性,经由其"道德的精神主体"之树立而证实主体精神与绝对精神,在此形成一对反而俱已彰著,而尽心知性知天,虽对反而实通于一,此一义亦由孟子而形成。①

但孟子所树立的道德的精神主体并不自我局限,它必然要外在化而显露自己,牟宗三说:

> 仁且智的"道德的精神主体"亦不能永远是个人的,道德的。若只如此,则破裂所显之精神主体即不能通出去。不能通出去,精神即停滞于孤明而为非精神,而为不明。所以它必须要披露于个人以外之社会及天地万物以充实其自己,彰著其自己。即,必须要客观化其自己,且绝对化其自己。客观化其自己,即须披露于国家政治及法律。依此,国家政治及法律即是精神之客观化,而为客观精神也。精神必须客观化,吾人始有国家政治一面之"主体的自由"。②

因此,以心性论为核心展开的中国政治,也就具有特殊的道德政治的形态:中国文化里之注意生命把握生命不是生物学的把握或了解,乃是一个道德政治的把握。所以正德利用厚生这个观念形态就是属于道德政治的一个观念形态,这个道德政治是仁智合一的形态。然而,"经过后来的发展,仁一面特别彰著,这是很自然的,而智的一面则始终未独立地彰显出来"③。

牟宗三又认为,由"综和的尽理之精神"和"综和的尽气之精神"构成的中国政治有其不同形态的表现。综和的尽理之精神在政治上的理想形态是圣君

---

① 牟宗三. 历史哲学 [M]. 台北:台湾学生书局,1988:126.
② 牟宗三. 历史哲学 [M]. 台北:台湾学生书局,1988:117-118.
③ 牟宗三. 历史哲学 [M]. 台北:台湾学生书局,1988:164-165.

第八章 现代新儒家的"民族文化精神之反思"

贤相，但在现实的政治中又实际表现于"神治之吹拂"和"践踏"之间的交替起伏，这就无法实现儒家的政道理想，牟宗三说：

> 儒家虽讲德化，教之养之，有兴发作用，不似道法之愚民，然这个与兴发只是道德的，伦常的，不是政治的。儒家本是想纯以德化的德治而臻人间于天国。即以君相之无限担负的神治而臻人间于天国。即孟子所说的君子所存者神，所过者化，上下与天地同流，岂小补之哉？此若只限于教化上的圣贤人格之作用（即道德感应），则无自可议；而若用之于政治上成为圣君贤相之政治，其由无限担负的神治而臻人间于天国，便有可议之处，即：人间不能以上帝治理世界的方式来治理。这个境界虽高，却是少了一层环，即：只有治道而无政道的直接神治是不能用之于人间的，在人间是做不到的。若是这样去做，不是把人间嘘拂成催眠状态，即是成任意践踏的地步，因而酿成暴乱，遂成一治一乱停滞不前的境地。①

这样，中国历史上就不可避免出现"打天下"式的"革命"来夺取政权。而这些打天下的"草莽英雄"的背后是中国文化"综和的尽气之精神"的体现。"综和的尽气之精神"同"综和的尽理之精神"一起构成了整个中国文化的生命："尽心尽性尽伦尽制这一串代表中国文化中的理性世界，而尽才尽情尽气，则代表天才世界。诗人，情人，江湖义侠，以至于打天下的草莽英雄，都是天才世界中的人物……这是一种艺术性的人格表现。与综和的尽理之精神相反。这两种基本精神笼罩了中国的整个文化生命。"② 综和的尽理之精神在个人来说是成圣贤人格，在政治来说是圣君贤相，而且所成之圣君贤相是一个理性上的无限体。

而综和的尽气则在成艺术性的天才英雄人格，这也是个人表现，既不

---

① 牟宗三. 历史哲学 [M]. 台北：台湾学生书局，1988：188.
② 牟宗三. 历史哲学 [M]. 台北：台湾学生书局，1988：188.

能相传授，也不能以集团来表现。其人格亦是一个无限体，惟其无限是气质上的，其极即是做皇帝。由打天下而来，故是一个无限制的超越体。综和的尽理与综和的尽气都是无限的。故所成之人格，无论是圣贤或皇帝，亦都是一个"无限体"。在这两种精神下，民主政治永远开不出来……这两种基本精神都是以个人姿态而向上透的。当然以综和的尽理之精神为涵需（为主），而以综合的尽气之精神为隶属（为从）。这种以个人姿态而向上透的精神不是出现民主政治的精神，亦不是产生科学的精神。①

另一方面，牟宗三说，"综和的尽气之精神"在政治上就是"打天下"。只有天才为能尽气，其风姿、气象皆天授，因此在根据上，"综和的尽气之精神"与天接而有天命之感，为天之无限济其有限。"综和的尽气之精神，在政治上用，必至打天下，因而必有天命之感，因而必家天下。从尽气而来者，必以气尽而死。"② 他认为，综和的尽气之精神不是事功精神与制度精神，它表现为尽才尽情尽气的艺术的人格，在政治上则是尽气为主的打天下英雄人格。在此精神下的政治有以下几种形态。

一、在尽气中的健康与堕落，表现为一治一乱的循环。

二、只有革命而无变法，这是由于变法应以事功性为基础，事功性的精神应为分解尽理之精神，在综和尽气之下而分解尽理不能出现，变法也就不能成功。

三、士气。"综和的尽理之精神，如不通过分解的尽理之精神，不能有事功，不能有内在的构造性。"因而顺综和的尽理之精神的士大夫，在堕落的乱世中与"纯物化之气"相遇，便激成"士气"，激成清议、清流和处士横议。

四、暴戾之气。堕落的乱世中暴戾之气激荡引发严刑峻法和杀戮等惨

---

① 牟宗三. 历史哲学 [M]. 台北：台湾学生书局，1988：188.
② 牟宗三. 历史哲学 [M]. 台北：台湾学生书局，1988：195.

>>> 第八章 现代新儒家的"民族文化精神之反思"

酷之事,正是由于"综和的尽气之精神,而不转至分解的尽理之精神,则必泛滥而为整个物化之残暴"。

五、堕落乱世至无气以激荡,就变为软性之物化,士大夫风流清谈,浮华淫靡。

六、儒者虽然以综合尽理之精神用于政治,但是不能驾驭综合尽气者而转化之,只能在综合尽气的帝王之下委曲求全。①

在对中国文化精神进行分析后,牟宗三所得出的结论是中国的文化生命与西方文化比较,缺少了分解的尽理之精神的一环,中国文化生命无论是综和尽理还是综和尽气,都不是西方式的"分解的尽理之精神",因此:

> 在全幅人性的表现上,从知识方面说,它缺少了"知性"这一环,因而也不出现逻辑数学与科学。从客观实践方面说,它缺少了"政道"之建立这一环,因而也不出现民主政治,不出现近代国家政治与法律。它的基本精神是以个人姿态而向上透,无论是理性一面的圣贤人格或是才气一面的英雄人格(艺术性的天才人格)。兹且就理性一面说,它之向上透是真能彻悟真实而通透天人之源的。②

是否能建立妥善之制度以解决打天下中"世袭"问题与"定常"问题,反而消除大天下,根绝天命之感,其根本关键乃在"分解的理性之精神"之有无。综和的尽理之精神,综和的尽气之精神,与分解的尽理之精神,此三者,自整个文化言,缺一不可。而此后一者,正中国文化精神之所缺。③

---

① 牟宗三. 历史哲学 [M]. 台北:台湾学生书局,1988:196-230.
② 牟宗三. 历史哲学 [M]. 台北:台湾学生书局,1988:191.
③ 牟宗三. 历史哲学 [M]. 台北:台湾学生书局,1988:196.

二、理性的运用表现与理性的架构表现

牟宗三将中国理想的文化精神称之为"综和的尽理之精神",以与"分解的尽理之精神"相对。此"综和的尽理之精神"也就是尽心、尽性、尽伦、尽制,"其所尽之理是道德政治的,不是自然外物的,是实践的,不是认识的或观解的。这完全属于价值世界事,不属于'实然世界'事。"牟宗三认为,西方传统可称之为"智的文化系统",其基本精神是所谓"分解的尽理之精神"。

> 至于"分解的尽理"中之"尽理",从内容方面说,自以逻辑数学科学为主。若笼罩言之,则其所尽之理大体是超越而外在之理,或一观解之智所扑着之"是什么",之对象为主而特别彰著"有"之理。即价值观念,亦常以"有"之观念而解之。这与中国尽心进行尽理尽制所尽之"理"完全异其方向。①

可以认为,牟宗三有意识地将中国文化的基本精神确定于"价值"层面,而将西方思想确定在"事实"层面,认定中国文化与西方思想所面对和解决的是不同的问题。因此,在中国的综和的尽理之精神和西方的分解的尽理之精神关系上,牟宗三又认为二者存在高下之分,因此可以是涵摄的关系:"'综和的尽理之精神'实可涵'分解的尽理之精神',惟此涵不是直接地涵,乃须有一曲折始能转出。"②牟宗三明确强调中国文化的综和之尽理精神在价值上的优越性和包容性,同时认为二者之间的结合存在位差。较之"中体西用"的主张,牟宗三是更为精致了。

牟宗三将中国思想与西方思想进一步比较,来谈中国政治与西方政治之不

---

① 牟宗三. 历史哲学 [M]. 台北:台湾学生书局,1988:170-171. 牟宗三还进一步将中国思想的"智"称为"直觉形态""智的直觉"或"圆智";西方的"智"称为"知性形态"或"方智"。前者是非感觉、非逻辑而理智的,后者是感觉的和逻辑的,以此严格区别。见同上书,174页以后。
② 牟宗三. 历史哲学 [M]. 台北:台湾学生书局,1988:196.

第八章 现代新儒家的"民族文化精神之反思"

同特征，他认为：

> 西方以智为领导原则，而中国则以仁为领导原则。见道德实在，透精神实体，必以"仁"为首出。智隶属于仁而为其用。摄智归仁，仁以养智，则智之表现，及其全幅意义，必向"直觉形态"而趋，（即向"神智之用"的形态而趋），乃为理之最顺而必至者。至其转为"理解"（知性），则必经一曲折而甚难。此所以自孔子后，仁一面特别彰显凸出，而智一面，则终隐伏于仁而未能独立发展也。①

在现代中国，民主已经成为政治的核心问题，这也是新儒家开出所谓"新外王"的主要目标。然而牟宗三认为，中国传统政治与西方政治的分别不是有无民主的问题，而是民主的表现形态上有所不同。牟宗三将政治分为政权与治权，并以此讨论中国的传统政治。他认为，中国历史上虽然未能实现政权的民主，但在治权上——

> 自春秋后，经过战国，士级露头角，占社会之大势力，周之贵族政治遂必趋于崩溃，而转为秦汉之君主专制。自此以后，治权上之民主遂得大开放，其形态直维持至今日而不变。是故民主有从治权而言，有自政权而言。从治权言，这中国已甚民主矣。自政权言，则不足也。吾人所谓中国无近代化之民主，无西方之民主，即指无政权上之民主而言也。而民主之本质，及其关键所系，惟在自政权上言。此步转进甚难。自辛亥革命后，以至今日，惟在此为不清耳。故有今日之惨局。②

中国不仅只是"治权的民主"而没有"政权的民主"，而且还没有发展出近代的国家形式。中国的政治实体不是一个国家单位，而是一个"文化单位"，

---

① 牟宗三. 历史哲学［M］. 台北：台湾学生书局，1988：13.
② 牟宗三. 历史哲学［M］. 台北：台湾学生书局，1988：47－48.

其政治组织不是一个民族一个国家，而是一个"天下"。"中国民族自始即无固定阶级之对立，自始即特别实际而具有亲和感。发展至周，由尽王道之王者建立文制，而成为一各国统于一中心之大帝国，在一文教系统下维系此统一。弥漫于整个社会之基层组织是宗法社会，其一切文制（礼）皆生于此""由宗法族系之社会组织至此国家形态，当该有一转折。但是此步转折，中国始终未转化出"①。

中国政治和国家的形态的原因被牟宗三归结为以心性之道德实体为核心的文化精神，他认为：

> 此一文化系统，唯一不足之处，即在国家政治法律之一面。在古代，社会简单，国家政治法律由宗法关系所成立之生命集团直接显示，尚无不足处。演变至近代，则必须有一曲折，而为间接之表现。如是近代化的国家政治法律始能正式成立。而近代化的国家政治法律，亦正是在道德精神（绝对的本心）之一曲折处成立。精神，不但上升表现而为道德的主体，亦须下降表现而为"思想主体"（理解形态）。即此"思想主体"，便是精神表现之一曲折。逻辑，数学，科学，以及近代化的国家，政治，法律，俱在此一曲折层上安立。②

牟宗三在心性论基础上的中国文化精神与西方文化精神的比较，是现代新儒家的中西文化观的又一个具有典型意义的看法，其关于中国政治形态的解释也具有新的内容。唐君毅对此很欣赏。他用牟宗三的概念说，中国文化未能建立知性主体，因而政治是道德的直接延长，因而在政治上，或者是道德政治的圣君贤相，或者是儒者的道德的反抗，始终未能找到一条适宜的道路。唐君毅在《中国历史之哲学的省察——读牟宗三先生〈历史哲学〉书后》中说：

---

① 牟宗三. 历史哲学[M]. 台北：台湾学生书局，1988：72.
② 牟宗三. 历史哲学[M]. 台北：台湾学生书局，1988：38.

<<< 第八章 现代新儒家的"民族文化精神之反思"

唯知性主体不立，故自然只为道德主体所克服之自然，而不成理解所对之自然，而缺科学。唯知性主体不立，而道德用于政治，如只为道德之直接的延长。此直接的延长，在盛世则表现为圣君贤相。在乱世衰世，则表现为对非理性、非道德势力之直接搏斗，成气节之士。或退居于搏斗之外而成隐逸。否则道德堕落而为软性之物化，或硬性之物化。软性之物化，为名士风流之放纵。硬性之物化，为夷狄盗贼之残杀暴乱。于是一治一乱，成中国政治之常轨。①

知性之主体透露，则我与人与物，皆住并立之格局中，分明起来。而政权之民主，其根据正是使一切人民，连君主在内，皆有了一互相限制，互相规定，互相依赖，互相承认，而互得其客观化而并立之局格中。②

这种精神与以心性论为核心的中国文化的精神是完全不同的。

牟宗三的"综和的尽理之精神"和"分解的尽理之精神"又是所谓"理性的运用表现"和"理性的架构表现"。牟宗三认为，民主政治是"理性之架构表现"，而中国文化生命的特色则是"理性之运用表现"。"中国文化，从主流方面说，到最后只是三点：社会是五伦，政治是大皇帝，学问是'灵明'（良知）。"③ 牟宗三用这三点来说明中国文化生命的"理性之运用表现"。牟宗三说，"理性之运用表现"就是"综和的尽理之精神"，所谓"运用表现"之"运用"，就是"功能"；"理性"，就是实践理性，就是人格中的德性，"而其运用表现就是此德性之感召，或德性之智慧妙用。说感召或妙用就表示一种作用，必然牵连着事。所以是运用表现"。因此，理性不是抽象的，理与事、与情是浑融在一起的，"理性之运用表现是生活，是智慧，亦是德性。才情性理都在内"④。

---

① 牟宗三. 历史哲学 [M]. 台北：台湾学生书局，1988：18.
② 牟宗三. 历史哲学 [M]. 台北：台湾学生书局，1988：19.
③ 牟宗三. 政道与治道 [M]. 台北：台湾学生书局，1991：45.
④ 牟宗三. 政道与治道 [M]. 台北：台湾学生书局，1991：47.

理性的运用表现可以从人格、政治和知识三个方面来说。

从人格方面说,是圣贤人格的感召,用孟子的话说就是"君子所存者神,所过者化"。

从政治方面说,就是儒家德化的治道,在以往君主专制的政治形态下,政权在皇帝,打天下的革命成为政权更替的唯一方式,儒家对于政权毫无办法,唯一把握不放的是德化掌握政权的皇帝,德化皇帝就只是落在治道上,对于政道则无能为力,"这是以治道之极来济政道之穷。故治道乃是成单线地一条鞭地发展之最高境界。因此君主专制之形态实即圣君贤相之形态,此为圣贤人格在政治领袖上的应用"①。

从知识方面说,理性之作用的表现是智的直觉形态,"道德心灵之'智',一面收摄于仁而成为道心之观照或寂照,这个直觉形态或非知性形态是非经验的","所谓'足不出户而知天下',即不需通过耳目之官之感触,一即其知不受耳目之官之限制""非逻辑数字的,不是以思想形态出现,故不需通过辨解的推理过程,故亦不需逻辑的程序与数学的量度""此为超知性之智,此可曰'神智'(圆而神之神),或曰'圆智'。凡圆智皆是作用表现,而非架构表现",②因而它不成为科学知识,也不产生近代意义的国家政治法律。逻辑数学与近代意义的国家政治法律是"理性之架构表现的成果。"理性之架构表现"也就是"分解的尽理之精神"。

但在两种文化的关系上,牟宗三又坚持认为,中国文化的"理性的运用表现"在境界上要高于西方的"理性的架构表现"。中国文化精神之不能开出民主与科学,"乃是超过的不能,不是不及的不能"。他表示不同意梁漱溟的中国文化是早熟的文化的说法,而认为中国文化与西方文化从根本上就不同,"中国文化只从运用表现方面发展,而没有开出架构表现。这不是早熟的问题,而是缺了一环"③。他同时也承认,虽然运用表现在境界上是高的,但仅仅这样的运用

---

① 牟宗三. 政道与治道 [M]. 台北:台湾学生书局,1991:49.
② 牟宗三. 政道与治道 [M]. 台北:台湾学生书局,1991:50.
③ 牟宗三. 政道与治道 [M]. 台北:台湾学生书局,1991:52.

<<< 第八章 现代新儒家的"民族文化精神之反思"

表现是不够的,理性的架构表现也同样需要,这就要将理性的运用表现和理性的架构表现结合起来,或者说,将中国文化精神与西方文化结合起来。

在他看来,理性的运用表现是"摄所归能"和"摄物归心",这两者的作用都要求扬弃对立:或者把对象收进自己的主体里面来,或者把自己投射到对象里面去,如此则成为"彻上彻下的绝对",内收则全物在心,外投则全心落实于物。

理性的运用表现是一种隶属关系,圣贤人格的"化",圣君贤相的政体和道心之观照都可以做此解释。而理性的架构表现则是"对待关系",由对待关系开出"对列之局""而架构表现中之'理性也顿时即失去其人格中德性即具体地说的实践理性之意义而转为非道德意义的'观解理性'或'理论理性',因此也是属于知性层上的(运用表现不属于知性层)。民主政治与科学正好是这知性层上的'理性之架构表现,之所成就"。①

理性之架构表现在安排政治上,就是"政道"。

这根本要吾人的心灵逆回来对于权源加以限制与安排,对于打天下以取得政权之"非理性的",使之成为理性的,把寄托在个人身上的政权拖下来使之成为全民族所共有即总持地有(而非个别地有)而以一制度固定之。此即:政权由寄托在具体的个人上转而为寄托在抽象的制度上。这一步构造的底子是靠着人民有其政治上独立的个性,而此独立的个性之出现是靠着人民有其政治上的自觉,自觉其为一政治的存在。如此人民对于皇帝成一个有独立个性之对立体即敌体。只有在此政体关系上才能把政权从个人身上拖下来,使之寄托在抽象的制度上,而为大家所总持地共有之。人民一有其政治上的独立个性,则对待关系与对立之局成。此即政道之所由来。政道出现,这民主政体出现。政道是民主政体所以出现之本质的关键。故政道与民主政体之成立皆是理性之架构表现。②

---

① 牟宗三. 政道与治道 [M]. 台北:台湾学生书局,1991:52-53.
② 牟宗三. 政道与治道 [M]. 台北:台湾学生书局,1991:53.

体现政道的政治也就是民主政治,而不是圣君贤相之下的吏治,"民主政体下的政治运用只是因选举中被选举而取得定期的治权",这也是理性的架构表现。①

牟宗三认为,理性之架构表现还体现在国家、法律和科学层面上。"国家是因人民有政治上的独立性而在一制度下(政权的与治权的)重新组织起来的一个统一体。故亦是理性之架构表现。"而近代意义的法律是随民主政治的政道而来的,"关于政权的,治权的以及权利义务的订定皆是近代意义的法律,即随政道之出现而来的法律。这完全靠人民有政治上独立的个性之自觉而来",近代的法律本质上靠人民政治上的独立个性之自觉,其客观实在性即有赖于此。②

理性的架构表现在主客体间的认识关系即是科学。科学之成立,一则由于经验限于经验,二则遵守逻辑数学,"经验接触对象使知识有特殊的内容,思想遵守逻辑数学而了解对象使知识成一系统(即所谓一组命题)。知识之成非预设主客体间的关系不可"。科学知识同道德宗教的境界的不同也就在于此,"科学知识亦是理性之架构表现。在架构表现中,必然要使用概念而且形成概念。每一概念都是抽象的,都有所当于一面,因而亦是对于整全之破裂,即所谓分解,因此成系统"③。

因此,牟宗三严格地将"理性的运用表现"和"理性的架构表现"区别开来,认为前者是统摄的境界,后者以主客体的分离和个体的独立为基础,以此来比较中国文化精神与西方文化精神的不同和差异,并且以此进一步对政治形态的类型和差异进行分析和解释,这应当说是有其独特之处。但是,牟宗三的说法,只是站在心性论立场上,认定启蒙运动以后科学主义倾向为西方文化做解释,这就带有很大的片面性。牟宗三完全以文化精神为根据解释政治现象,

---

① 牟宗三. 政道与治道 [M]. 台北:台湾学生书局,1991:53.
② 牟宗三. 政道与治道 [M]. 台北:台湾学生书局,1991:53—54.
③ 牟宗三. 政道与治道 [M]. 台北:台湾学生书局,1991:54—55.
  牟宗三. 政道与治道 [M]. 台北:台湾学生书局,199:55—56.

这就从根本上颠倒了社会存在与观念形态的关系，其基本结论也就没有可靠性。如牟宗三将近代国家的产生归结为"理性的架构表现"，民主与科学也是这种以外在的"对待关系"为特性的文化精神的产物。事实上，就国家形态而言，中世纪西欧存在的是以封建领主的割据为基础的统一的基督教世界，而西方民族国家的兴起是近代的事。近代民族国家的兴起，是在西欧新的生产关系发展的背景下，以君王为代表的世俗政治势力同教会势力、封建领主的割据势力斗争的产物。如果考察文化精神的话，最显著的特征当是世俗化而不是"分解的尽理之精神"或"理性之架构表现"。牟宗三只是将其通过心性论的有色眼镜看待所得，视为存在的事实。

我们认为，中西文化的差异是存在的，但是对于中西文化的比较实际上都只是在某种类型化的意义下进行的，而类型化是一种主观思维的建构和分析的框架，体现对文化现象的特定的理解，在这个意义上新儒家在中西文化比较上的新解释具有其价值。但是应当看到任何类型化的分析都是有其意义范围的，中西文化的差异远不是新儒家式的截然两分。我们认为所谓中国思想的综合性和西方思想的分析性等，也只是在一种接近典型的意义上有效，如视之为对所有事实的概括就是错误的了。而牟宗三在文化的比较上坚持僵硬的态度，不惜以其观念抹煞事实，这就走到了错误的境地。另一方面，牟宗三以文化的精神解释政治形态，完全视政治为文化精神的体现，这也是某种一观念代替现实的混淆的错误。

三、良知的自我坎陷

（一）"曲通"和"良知的自我坎陷"

对牟宗三而言，他是以文化精神作为政治形态的根据，并且同样依照这个理路来解决中国这政治传统通于现代政治的结合问题。他不是为比较而进行比较，他考虑的是中国文化精神同以民主和科学为表现形式的西方文化精神的结合问题，这就是要从"理性的运用表现"开出"理性的架构表现"，其途径就是牟宗三所说的"曲通"和"良知的自我坎陷"（self-negation）。

传统文化与人文精神 >>>

内圣外王是儒家的理想，在牟宗三的解释系统中，内圣是德性，它是理性的运用表现，外王是内圣的作用。但是，内圣与外王之间存在着不同的联系方式，这个不同的联系方式依"外王"的内容而定：

> 如果外王只限于治国平天下，则此外王亦是内圣之直接通出去。如是，外王只成了内圣之作用，在内圣之德之"作用表现"中完成或呈现。但如果治国平天下之外王还有其内部之特殊结构，即通着我们现在所讲的科学与民主政治，则即不是内圣之作用所能尽。显然，从内圣之运用表现中直接推不出科学来，亦推不出民主政治来。外王是由内圣通出去，这不错。但通有直通与曲通。直通是以前的讲法，曲通是我们现在关联着科学与民主政治的讲法。我们以为曲通始能尽外王之极致。如只是直通，则只成外王之退缩。①

牟宗三把内圣与外王之间的联系方式分为"直通"与"曲通"两种。"直通"是内圣直接表现于外王，而"曲通"则是内圣曲折地表现。牟宗三认为，内圣外王的联系方式决定于外王的内容，应当说，这是牟宗三的一个很有意思的看法。这个看法的前提是对于科学民主的外王地位的界定，牟宗三认为，所谓科学民主有其独立的特征，这个独立特征来源于"理性之架构表现"或"观解理性"，这与内圣之"理性之运用表现"是处于不同层次的。

在牟宗三看来，从理性的运用表现直接推不出理性的架构表现。德性是民主政治的前提，没有德性，也就没有有民主政治，但是有了德性，亦不能直接转出民主政治。这是一个牟宗三自己设置的悖论，他的"曲通"和"良知的自我坎陷"就是对于这个悖论的解决方案。

牟宗三认为从运用表现转出架构表现不是直转，而是曲转。这曲转乃是表示一种"转折上的突变"②。这个"转折的突变"，具有"逆"的意义。

---

① 牟宗三．政道与治道［M］．台北：台湾学生书局，1991：55．
② 牟宗三．政道与治道［M］．台北：台湾学生书局，1991：56．

<<< 第八章 现代新儒家的"民族文化精神之反思"

德性，在其直接的道德意义中，在其作用表现中，虽不含有架构表现中的科学与民主，但道德理性，依其本性而言之，却不能不要求代表知识的科学与表现正义公道的民主政治。而内在于科学与民主而言，成就这两者的"理性之架构表现"其本性却又与德性之道德意义与作用表现相违反，即观解理性与实践理性相违反。在此违反上遂显出一个"逆"的意义。它要求一个与其本性相违反的东西。这显然是一种矛盾。它所要求的东西必须由其自己之否定转而为逆其自性之反对物（即成为观解理性）始成立。①

这个曲通，在表面上或平列地看是矛盾，但是贯通地看，则正是其内在的要求。牟宗三说，这是一个辩证的表明和实现。

曲通表现在知识上，就是科学。牟宗三一方面承认，道德理性与经验知识是两个世界的问题，但是他又认为，道德理性具有通向经验世界和观解理性的要求和冲动。道德理性所追求的就是真善美，道德理性是实践理性，虽然其直接的作用是成圣成贤，而诚心求知的行为，也是道德理性的要求，因此道德理性——

即要求此行为，而落下来真的去做此行为，则从"主体活动之能"方面说，却必须转为"观解理性"（理论理性），即由动态的成德之道德理性转为静态的成知识之观解理性。这一步转，我们可以说是道德理性之自我坎陷（自我否定）：经此坎陷，从动态转为静态，从无对转为有对，从践履上的直贯转为理解上的横列。在此一转中，观解理性之自性是与道德不相干的，它的架构表现以及其成果（即知识）亦是与道德不相干的。②

从牟宗三的立场上看，观解理性之自性是非道德的，它根源于理性之架构

---

① 牟宗三. 政道与治道 [M]. 台北：台湾学生书局，1991：57.
② 牟宗三. 政道与治道 [M]. 台北：台湾学生书局，1991：58.

143

表现，因而就有"道德中立"之说，有科学之独立性的要求。但是，科学地观解理性是不足的，"但若只停留在这一层上，而不承认其与道德理性有关系，或以为只要有观解理性即可处理一切，而不承认有超观解理性的道德理性之特殊作用，则是错误的。科学家志在科学本身，可以不管其与道德理性方面的关系，但若从人性活动的全部或文化理想方面说，则不能不了解其贯通，若是外在于科学而做反省时，却又这样截断，则便是科学一层论之蔽"①。科学的独立性是就"理性之架构表现"而定的，而它与道德理性的关系则是"以曲通而明"。牟宗三大约要表明，科学与价值之间存在着某种张力。既赞同科学，又反对"科学一层论"，牟宗三反映出现代新儒家对于科学的一般态度，只是其论证更体现出他的基本哲学观。

民主政治是客观的实践，从民主政体是人民在政治生活上的自觉的决定的意义上看，可以说它与道德理性有关，但是，民主政体又不能由道德理性直接推出。牟宗三说：

> 政体是属于客观实践方面的一个客观的架子，则自不是道德理性之作用表现所能尽：内在于此政体本身上说，它是理性之架构表现，而此理性也顿时失去其人格中德性之意义，即具体地说的实践理性之意义，而转为非道德的观解理性。观解理性之架构表现与此政体直接相对应。但此政体本身之全部却为道德理性所要求，或者说，此政体之出现就是一个最高的或最大的道德价值之实现。此即表示欲实现此价值，道德理性不能不自觉其作用表现之形态中自我坎陷，让开一步，而转为观解理性之架构表现：当人们内在于此架构表现中，遂见出政治有其独立的意识自成一独立的境域，而暂对脱离了道德，似与道德不相干。在架构表现中，此政体内之各成分，如权力之安排、权利义务之订定，皆是对等平列的。因此遂有独立的政治科学。

---

① 牟宗三. 政道与治道 [M]. 台北：台湾学生书局，1991：58.

第八章 现代新儒家的"民族文化精神之反思"

我们看到，牟宗三实际上是有限度地承认政治的某种独立性。他认为，政治科学或对政治现象的科学的研究是可能的。在政治科学中，价值和道德理性被划在了架构表现的对等平列的范围之外，因而，政治可以独立和停留在观解理性上，人们可以"纯政治"地或价值中立地讨论政治问题。但是，他又认为，这只是在政治的独立的意义和境域中的立场，或者说是政治学教授的立场，而不是从人性活动的全部或文化理想上来说的。从结果上说，割裂地看，政治有独立意义和境域，但这种确定只是一种"名言上的方便"，而从根本上说，从贯通上说，自由和民主政治，必通着道德理性与人的自觉。因而政治不能不为道德理性所影响和支配。因此，牟宗三对政治独立地位的承认是非常有限的。

为说明政治与道德的这种关系，牟宗三提出了两个概念，即"泛道德主义"和"泛政治主义"。道德理性直贯于政治，就形成"泛道德主义"，①"泛道德主义"从文化精神上说源于"理性之作用表现"，它的德化的治道是对君主的一种制衡而不是对人民的奴役。而它的另一种形式"道德而格律化教条化"，是王船山所说的"立理以限事"，它是奴役人民的。牟宗三认为这种形式表现于西方的神权政治，而不能用于概括儒家。而"泛政治主义"，则是以政治生活概括一切，以政治权力奴役人民、控制社会。这两种形态都是有害的，因此——

> 吾人自人性的全部活动与文化理想上主张道德理性贯通观解理性，其贯是曲贯，非直贯，故不是泛道德主义，亦不是泛政治主义，故既能明科学与民主的独立性又能明其与道德理性的关联性。若必停滞在观解理性的架构表现上不能上通，则讲民主政治，而其为蔽与科学一层论同。此为囿

---

① 刘述先解释说，儒家政治思想的基本倾向是：儒家将政治视为道德的延长："中国人认为政治是伦理的延长，它的好处是在重视人与人之间的亲和关系。理想推扩出去可以达到一种天下一家的襟怀。但是它的坏处则在开不出客观的精神。"刘述先. 儒家思想与现代化［M］. 北京：中国广播电视出版社，1993：30. 又见《论儒家"内圣外王"理想》，同上书.

于实然境域而窒息文化生命文化理想的泛政治主义。①

牟宗三又以"良知的自我坎陷"来表述"曲通"的意义。"坎陷"一词源于《周易》(《说卦》):"坎,陷也。"坎卦的卦象是上下两爻为阴,中间一爻为阳,有上下贯通之意。故牟宗三用"坎陷"表现陷落、自我否定和向下贯通等意思。

"良知的自我坎陷",就是良知的道德主体,自我坎陷成为知性主体的意思。道德理性如果仍然只是高踞于内圣的运用,就不能推出"新外王",推出民主与科学来,因而道德主体只有通过自我坎陷,即自我否定才能成为知性主体,从而才能成就民主与科学。牟宗三说:

> 以前儒者所讲的外王是由内圣直接推出来,以为正心诚意即可直接函外王,以为尽心尽性尽伦尽制即可直接推出外王,以为圣君贤相一心妙用之神治即可函外王之极致:此为外王之"直接形态"。这个直接形态的外王是不够的。现在我们知道,积极的外王,外王之充分地实现,客观地实现,必须经过一个曲折,即前文所说的转一个弯,而建立一个政道,一个制度,而为间接的实现:此为外王之间接形态。亦如向上透所呈露之仁智合一之心须要再向下曲折一下而转出"知性"来,以备道德理性(即仁智合一的心性)之更进一步地实现。②

区别道德与政治,划定伦理与政治的不同范围,这是现代新儒家对于传统儒学的一个大的突破。

传统儒学讲外王,是由内圣直接讲,认为正心诚意便可直接开出外王,外王成为内圣之直接表现。如朱熹论治道,必以明天理,正人心,崇节义,厉廉耻为先,强调"以仁心施仁政",落实到政治层面,即不能不以君主为出发点,

---

① 牟宗三.政道与治道[M].台北:台湾学生书局,1991:62.
② 牟宗三.历史哲学[M].台北:台湾学生书局,1988:192.

第八章 现代新儒家的"民族文化精神之反思"

认为君为源，民为流，源清则流无不清。因此，"天下事有大根本，有小根本，正君心是大根本，其余万事各有一根本"①。主张"哑民之本，在人君正心术以立纲纪"，此所谓政治之本，基于人主之心术，② 朱熹此说虽然在本意上有以道德限制君主的用意，但亦可以解释为以君主为对象的政治理想的实现。张灏谈到真德秀的《大学衍义》时说，真德秀虽然承续朱熹注《大学》的传统，但是"在朱子手里，那还是一部谈成德治道一般原则的书，到真德秀笔下，便完全变成一部帝王成德之学了"③。进一步而言，还可以解释为强化君主统治的道德合理性论证，并且成为对整个社会的绝对统治的依据。

　　牟宗三等现代新儒家则认为，政治在有限的范围内有其独立性，民主与科学不是可以由内圣直接开出的，所以是所谓"新外王"。但新外王的独立又是有限的，它还必须由内圣的道德理性推出。这就是牟宗三设置的悖论。"新外王"既不能由道德理性直接推出，又不能不由道德理性推出，因此，道德理性就应当自己否定自己而转折地表现成为观解理性，这就是"良知之自我坎陷"。良知的特性和民主科学的特性有很多不相同的地方。良知是无对的，是直接涵盖万物而与万物为一，不与万物相对待，但民主政治与科学知识是有对待的，是要在主客对立之情况下，才可成就政治、成就科学；良知在实践中是直贯的，由道德主体而直贯下至各行为，但在政治上则出现"泛道德主义"，不能出现民主政治。因此，既然道德理性的良知不能直接表现出民主与科学，而民主科学又为现代中国所需要，良知就必须逆其自身的特性，经过"自我坎陷"，暂时让开一步，不再只是一个高高在上的良知，而经一个转折变成观解理性，这样才可成就民主与科学。总而言之，良知是道德理性层面的，民主科学是经验层面的，道德理性以"自我坎陷"的方式与经验层面的民主科学沟通，这样来免除"泛

---

① 《朱子语类》，卷一〇八。
② 杨幼炯. 中国政治思想史［M］. 上海：上海书店，1984：252.
③ 张灏. 幽黯意识与民主传统［M］//刘军宁. 市场逻辑与国家观念. 北京：生活·读书·新知三联书店，1995：98.

147

道德主义"和"泛政治主义"的弊端。①

牟宗三的"曲通"和"良知的自我坎陷"的概念，试图在理论逻辑上解决儒家传统与现代民主政治要求的关系，因此成为其他一些现代新儒家讨论的中心概念。刘述先进一步论述说，曲通亦是儒家哲学精神的体现，并且以《中庸》的一段话来证明："其次致曲，曲能有诚；诚则形，形则著，著则明，明则动，动则变，变则化；惟天下至诚为能化。"刘述先说："传统内圣外王理想的表达太过直接，结果沦为乌托邦的梦想，不切实际。第一序'至诚'的理想既难以实现，故此在传统的再解释上，我们不妨退一步，注重第二序的'致曲'观念的拓展，才可以接上现代化的潮流。文化的多样性的表现，必须通过曲折的方式得到充量的发展。"②

牟宗三对中国文化与西方文化的类型划分，一方面反映出近代以来中西文化冲突的背景，另一方面，反映的是现代化进程中的理性的危机。如其所述，"良知自我坎陷"说的提出，在现代新儒学的发展中有其内在的必然性。从"科玄论战"到"良知自我坎陷"，现代新儒家一直坚持以人文精神对抗唯科学主义，在中国现代思想史上占有重要地位。现代新儒家所弘扬的儒家传统的人文精神也的确有其合理之处，足以在人类未来的文化建构中占有一席之地。但是，由于"良知自我坎陷"说从反对科学主义出发，走到了另一个极端，在归根结底的意义上表现出将科学理性或工具理性人文化的理论趋向，现代新儒家最为根本的价值取向可以说依然是自我封限在判分德性之知与闻见之知、强调德性

---

① 牟宗三对其哲学的泛道德主义倾向的指责曾经做过辩解，如他说："吾人自人性的全部活动与文化理想上主张道德理性贯通观解理性，其贯是曲贯，非直贯，故不是泛道德主义，亦不是泛政治主义，故既能明科学与民主的独立性，又能明其与道德理性的关联性。若必停滞在观解理性的架构表现上而不能上通，则虽讲民主政治，而其为弊（实与）科学一层论同。此为囿于实然境域而窒息文化生命文化理想的泛政治主义。"牟宗三.政道与治道[M].台北：台湾学生书局，1987：62.尽管如此，他的哲学就整体而言，始终没有摆脱道德中心主义的立场，其"良知坎陷说"和"经用""权用"之辩都表明了这一点。

② 刘述先.论儒家"内圣外王"的理想，儒家思想与现代化[M].北京：中国广播电视出版社，1993：15.

主体对知性主体之绝对优位性的传统之中。因而，虽然如上所述我们并不否认它的理论意义，但是它恐怕不可能为中国文化带来科学理性之光。正如现代新儒家所指出的，唯科学主义的科学一层论的确是一偏之见。但是，现代新儒学在根本的价值取向上所表现出来的"唯人文主义"的"价值一层论"同样难免理论的偏失。如何既不偏废价值理性，也不偏废工具理性，立足于现实的社会实践，谋求价值理想与工具理性的辩证综合依然是我们在推进中国文化的现代化转型的过程中应当认真加以考量的问题。

（二）圆融与曲折：良知是个内在紧张的概念

我们知道，牟宗三的理论受到康德的影响。牟宗三的道德理性与观解理性，在康德哲学中可以找到对应的实践理性和纯粹理性。康德认为，本体是超乎人们经验之外的自在之物，因此对于经验科学来说自在之物是不可知的，经验科学是以人们的感觉和知性的先验形式为基础的，前者是实践理性的问题，后者才是纯粹理性的问题。实践理性是不依赖于任何经验内容的道德问题，不计后果的"善良意志"是道德的基础，遵循"绝对命令"的行为就是道德的行为，为了实践这一抽象的伦理原则，就必须在信仰上假定人的意志自由。康德是在价值与经验事实分离的基础上强调实践理性的，为信仰留下地盘。

牟宗三一方面吸收康德的实践理性与道德理性的分析方法，另一方面对康德有所批评，他从根本上反对将价值世界与现象世界分离的看法，认为康德沟通价值世界与现象世界的艰难，正反映了西方思想"概念思考"本身的障隔。他认为：

> 依宋明儒之说，道德性的天理实理是本心性体之所发。本心性体或于穆不已之道体性体是寂感真几，是创造之源，是直贯至宇宙之生化或道德之创造。自宇宙生化之气之迹上说，是实然，是服从自然因果律，但自创造之源说，则是当然，是服从意志因果的。
>
> 宋明儒之讲道德性的天理实理原不是孤离地局限地或抽象地单看"道德性"这个概念之当身，当看纯然善意所先验地自律地构成的那个"圆满

道德之理念"。他们自始就有一种通透的、具体的圆熟智慧，而把那道德性之当然渗透至充其极而达至具体清澈恻怛之圆而神的境地。①

牟宗三对康德的批评，是认为康德将价值世界与现象世界分离成为两片，因此道德的基础的自由意志也就被视为一种"设准"，而不是心的"朗现"，从而使自由意志及其自律失去凭依而成为"空说"。牟宗三讲，"无论是孟子的'性善'，或是《中庸》的'天命谓之性'，皆是由逆觉以显'本体'之为本，这就点出道德实践之先天的根据，亦可曰超越的根据""以儒家传统，性体所展现的道德法则，其先验性与普遍性，是随着天命之性而当然定然如此的，这是不待辩解而自明的，这是由于精诚的道德意识所贯注的那原始而通透的智慧随性体之肯定而直下肯定其为如此的。故重点不落在这种辩解上，而只落在'尽'字上"。②

在牟宗三看来，儒家的心性就是最高的道德法则，就是超越的和普遍的道德理性，它是最高的实在，"内在道德性之性通于天道、天命，不但直下是道德的，而且是本体论宇宙论的"③。同时，心性又是表现，又是活动，"理固是超越的，普遍的，先天的，但这理不只是抽象地普遍的，而且集中具体的心与情中见，故为具体地普遍的；而心与情亦因其即为理之具体而真实的表现，故亦上提而为超越的、普遍的，亦主亦客的，不是实然上的存主观，其为具体是超越而普遍的具体，其为特殊亦是超越而普遍的特殊，不是实然上的纯具体、纯特殊"。这样，超越的普遍的道德理性同具体的实在就打成了一片，这是中国思想的圆而神的最高境界。

新儒家关于道德理性的即超越即具体，即普遍即特殊的论证，就是要说明道德理性作为人生社会政治的本源和作用的意义。牟宗三说：

---

① 牟宗三. 道德理想主义的重建 [M]. 北京：中国广播电视出版社，1993：273.
② 牟宗三. 道德理想主义的重建 [M]. 北京：中国广播电视出版社，1993：277.
③ 牟宗三. 道德理想主义的重建 [M]. 北京：中国广播电视出版社，1993：281.

<<< 第八章 现代新儒家的"民族文化精神之反思"

儒家唯因通过道德性的性体心体之本体宇宙论的意义,把这性体心体转而为寂感真几之"生化之理",而寂感真几这生化之理又通过道德性的性体心体之支持而贞定住其道德性的真正创造之意义,它始打通了道德界与自然界之隔绝,这是儒家"道德的形上学"之彻底完成。①

这个"道德的形上学"的完成,就使一切问题都有一个道德意识所贯注的原始而通透的直悟,这个直悟正是以儒家的"具体清澈精诚恻怛"的"圆而神"之最高境界为根据的。牟宗三以此论证,打通康德的本体界和现象界,同时进一步为人生社会政治确立道德理性的至高的"道德的形上学"依据。我们看到,牟宗三的"道德的形上学"的论证,是将"心""性'证明为超越的至高无上的道德实体,而这样的超越的实体实际上是经验和理性无法证实的,只是表现出其理论上的固执与独断。

在马克斯·韦伯那里,康德的纯粹理性和实践理性转换成为价值理性和工具理性,并且更加凸显了二者的紧张。按照韦伯的分析,一方面,从工具理性出发,价值理性是非理性的,因为这里没有理性方法作为决定价值的可供选择手段,选择的根据只是所谓终极价值;另一方面,工具理性只是功能的合理性,而站在价值理性的立场,工具的合理性不考虑终极价值、意义和理想,因此是非理性的。两种合理性之间的冲突说明了人在看待客观实在时在价值上的对立和在选择上的两难。最终导致非理性的结果。对此,马克斯·韦伯是相当悲观的。②

某种意义上,价值理性和工具理性、理性与非理性或者说科学主义和人本主义的冲突与紧张关系,确实是一具有普遍性的文化现象。千百年来思想界一直在上演着这两者交织争战的戏剧:比如毕达哥拉斯派的"万物的本原是一"和智者派普罗泰戈拉的"人是万物的尺度"两大流派的对立;又如康德对他所谓的理性两个维面任务的分判——在理论理性的研究中强调它是

---

① 牟宗三:道德理想主义的重建 [M]. 北京:中国广播电视出版社,1993:342.
② 苏国勋. 理性化及其限制 [M]. 上海:上海人民出版社,1988:235,326.

传统文化与人文精神　>>>

"关于原理的""关于完整性的"能力，在实践理性的研究中则强调它是一切道德立法的根基；尼采就艺术活动提出了"日神精神"与"酒神精神"的二元对立，在他看来，日神精神是有关"美的外观的无数幻觉"，酒神精神则指"整个情绪系统激动亢奋"的状态①。另外，现代科学关于物理世界的描述有"钟"与"云"的对立，即牛顿的力学的物理决定论，整个世界被看作是个规则运动的钟；而海森堡等的量子力学又似乎显示了物理非决定论，致使产生所有的钟都是云，强调世界受偶然性、随机性或无序性法则的支配。东方哲学中如理学的程朱"性即理""道问学"与陆王"心即理""尊德性"，佛教中禅宗心学与华严、法相理学的对立，皆可视为人类自我在"价值"与"事实"、实践理性与理论理性的运用展开上存在某种持续的冲突、互相争胜、互相克服的特性。这种冲突贯穿整个人类各个时代各个民族的文化实践与精神生活之中。

　　牟宗三的道德理性和观解理性的概念，同样反映了对现代化进程中的理性化过程的价值失落的忧虑。不过，牟宗三将此紧张放在了中西文化冲突的背景下来讨论，认为价值的失落在西方文化来说是其文化精神的必然，用他的话来说，理性的架构表现在逻辑、科学、民主，但是如果不管其与道德理性方面的关系，便是科学一层论之蔽，导致物化、物欲横流。同马克斯·韦伯不同的是，牟宗三坚持心性论或道德理性的前提，并且认为通过某种转折开出工具理性的功能。因此，从人性活动的全部或文化理想方面来看，新儒家依然坚持心性之体的绝对价值，坚持道体的根源意义，而无论是民主还是科学的价值只有在心性论的核心价值体系中才有可能。

　　面对西方现代化的强大冲击，牟宗三继续执守儒家心性论的立场，通过对"心性本体"（良知或自由无限心或无限智心）的重新诠释，试图以自己的方式保住这一本体。为此，他将良知本体的权能和活动范围极大地扩展了（即良知由道德界扩展到了存在界，不仅是道德的根据，也是存在的担保），并最终通过

---

① 尼采. 悲剧的诞生［M］. 北京：生活·读书·新知三联书店，1986：108，320.

第八章 现代新儒家的"民族文化精神之反思"

"良知坎陷说",以道德统摄科学与民主,以德性主体统摄知性主体和政治主体。这一思路表明牟氏的视野本质上仍然是一个道德的视野。他实际上将道德与科学民主的关系暗中转换成了"体"与"用"的关系,"体"的凸显无疑贬低了"用"的地位。在道德本体的强大笼罩下,科学和民主已经在某种程度上被遮蔽了。这一道德中心主义的思路固然在一定程度上有助于缓解现代化过程中的文化断裂感,促进中华民族的文化认同,但另一方面它却既没有真正走出道德万能的传统,也将妨碍其对民主与科学的吸纳。牟宗三自己就给出了说明,因为——

> 外而现象,内而逻辑性,皆是识心之执之痉挛或抽搐;知性之内敛的逻辑性(格度与逻辑性的范畴)与知性之外及的存有论的概念(存有论式的范畴)是同时生起的,是识心之执之两面相。①

可见,无论是外在的认知对象还是内在的认知主体及其认知能力,都源自良知坎陷后出现的识心之执,而识心之执又仅仅只是良知的一个"权用",究其根本处而言,完全是统摄于良知的。这样,认识过程的全部要素事实上先在地就已经被收摄于价值世界,从而难免也成为具有"价值意味"的概念。

这正是"良知自我坎陷"说所包含的另一层理论意蕴:从以人文精神滋润和导引科学理性出发,它最终是要把科学理性价值化、人文化。在这个学说中,知性活动来自价值世界而且只是它的一个"权用",因而科学理性也就只能是自身没有形上根据的"虚执"。用价值理性滋润、导引工具理性无疑是必要的,但如果这种导引是把科学理性从根源上价值化、人文化,那么真正的科学理性就将不可能存在。科学理性的片面发展,固然带来了许多严重的问题,但是没有科学理性,人类甚至无法生存,更遑论发展。唯科学主义力图以工具理性来笼罩价值理性固然是短见与浅陋的,但"良知自我坎陷"说希望以价值理性来笼

---

① 牟宗三. 现象与物自身 [M]. 长春:吉林出版集团,2010:40,166-167,210.

罩工具理性，这恐怕是走到了另一个极端，这种"唯人文主义"同样也是一偏之失。由于它把科学理性在本质上价值化、人文化了，它不可能确立真正的科学理性，不可能在中国文化中"开出"科学。而正如前文已经论及的，如何发展理论科学并使科学理性精神在中国文化中扎根恰恰是中国文化要完成从"前现代"向"现代"转型所必须解决的关键性问题之一。

第九章

现代新儒家文化哲学中的道德宗教精神

正如我们所了解的那样,现代新儒家推崇中国传统文化的精神价值,仰慕并躬行宋明心性之学,以恢复儒家道统为使命。当他们登上中国文化舞台之时,面对的是近代以降中华民族及其文化在欧风美雨的强力涤荡而一败涂地、国是日非、自信丧失的惨淡局势,牟宗三就将"五四"以来的时代比同于孔子之后的"战国时代",是一个"时代精神日趋堕落"的时代。① "古今之变,中西之争,人文之蔽"的时代大势无往不在地刺激着新儒家学者的"忧患意识",让他们形成了强烈的继绝学、正人心、挽狂澜、开太平的使命感,他们与自由主义的西化派、马克思主义的唯物史观派在诸多问题上展开争鸣而同为二十世纪三大文化思潮之一。② 但是马克思主义最终赢得了理论争鸣和社会实践上的胜利。新中国成立前,部分新儒家人物如牟宗三、唐君毅、徐复观、钱穆、张君劢等纷纷出走,移居台港与海外。在经历了政治上之根本失败与文化上的边缘化挫折之后,他们浪迹天涯、无所依归,种种"花果飘零"的悲情意识不免愈发浓郁。于是,他们集中地围绕外王问题,积极进行文化与哲学上的"反省"和探索活动以寻求出路,这也可以说是新儒家在20世纪50年代共同的思想课题。

---

① 牟宗三. 道德的理想主义[M]. 台北:台湾学生书局,1986:232.
② 宋志明,孙小金. 20世纪中国实证主义研究[M]. 北京:中国人民大学出版社,2002:1-5.

一、时代悲感与意义唤醒

牟宗三自言1949年至1959年的十年，是他"文化意识及时代悲感最为昂扬之时"，他描述当时的心迹说：时大陆沦陷，天翻地覆。人心惶惶，不可终日。吾以流浪天涯之心境，逃难于海隅。自念身处此境，现实一切，皆无从说起。惟有静下心去，从事文化生命之反省，庶可得其原委而不惑。①

其实，牟宗三的文化意识与时代悲感，可以说由来已久。早在抗战时期，牟宗三避难西南，家国天下的危难时世，就已经唤起他强烈的历史文化意识。他瞻望国家之艰难，时风之邪僻，触目惊心，悲感益增。1947年他独创《历史与文化》杂志，就提出要对百年国族灾难的根源进行系统反省，而这根源，在牟氏看来，就在于对历史和文化自信毁灭的深切忧虑，应当从头疏导以孔孟为代表的中华民族之文化生命与学术命脉，以唤醒士心，昭苏国魂。其后又有了《重振鹅湖书院缘起》中有关"儒学三期""三统并建"等思想的提出。去台后，牟宗三的此种文化意识在时代悲感的挑激下全部泄出，一发而达十年之久。②

在牟宗三等新儒者的视野中，他们之所以要从事理论反省，非徒中国文化与中国民族的危机使然，还更有其世界性、人类性的背景，即普遍的精神迷失与人文主义的"意义危机"使然。

在他看来，自19世纪后半期以来，宗教在文化理想、时代精神方面的鼓舞作用日渐消沉，沦为"婆婆妈妈"的生活习惯。启蒙思想以来的个人主义、自由主义、人权运动，已经开花结果而成为现实的民主政治制度，其鼓舞时代精神、指导文化理想的作用已经停止并消失。人们只注意了科学成就而忽视了道

---

① 牟宗三. 道德的理想主义·序 [M]. 台北：台湾学生书局，1992：3.
② 走向文化与历史意识的反省，呼吁回到孔孟内圣之学以正本清源，不仅是时代悲感的外在挑激，也可以说是牟宗三早期致力于西方逻辑知识论研究的某种自然转进，牟氏经由《认识心之批判》的研究已从逻辑之解析进至知性主体并全幅展开之，"则道德主体朗然而观矣"。"穷智见德"，知性主体上达到的主体，牟宗三此时要求反省文化生命，力倡道德义理，当谓既是感应时代的，也是学理转进的自然。

<<< 第九章 现代新儒家文化哲学中的道德宗教精神

德精神与文化理想的价值和指导作用,导致人心沉溺于物欲的可悲境地。在牟宗三的笔下,这种人心沉溺于物欲的时代,是"上帝归寂"的时代,从科学方面说,就是爱因斯坦的时代。总之,科学精神畸变为理智决定一切的"科学一层论",民主堕落为"躯壳之个人主义",自由变现为"情欲之自由主义",整个西方时代精神表现为"无体、无力、无理",因而到了"趋于自毁"的地步:

> 西方名数之学虽昌大(赅摄自然科学),而其见道不真。民族国家虽早日成立,而文化背景不实……近代精神,乃步步下降,日趋堕落……然则有坚强之形下成就,而无真实之文化背景者,虽曰日益飞扬,实则日趋自毁耳。①

这里表现的是现代新儒家对于科学主义和理智一层论流行所造成的"意义危机"的反省与批评。

这种批评所反映的新儒家与现代科学主义的学派分歧,某种意义上早在20世纪20年代的科玄论战中就已经传递出来了。被科学派嗤为"玄学鬼"的张君劢认为,科学与哲学是不同领域的问题,科学的对象是自然界,以因果律为基本范畴;而人事界是哲学与不同领域的问题,科学的对象是自然界,以因果律为基本范畴;而人事界是哲学与玄学的领域,以是非之辨为基本内容,侧重于自由意志。②

可以说,张君劢的观念也是现代新儒家的普遍的看法。他们坚持认为,科学只有有限的功能,但是科学在现代中国扮演了一个逾越其范围的角色,不仅为自然的知识提供探究方法,而且试图为人生和整个社会提供一种普遍的方法论原则和标准,这是导致在价值和意义层面的空洞和危机的原因,这是现中国最重大的危机。张灏将现代新儒家兴起的原因归之于现代中国文化和人类的意

---

① 牟宗三.道德的理想主义[M].台北:台湾学生书局,1985:4.
② 张君劢.我之哲学思想[M]//张君劢.中国现代学术经典·张君劢卷.石家庄:河北教育出版社,1996:705.

义危机,人类的精神危机也不可避免地构成了现代中国思想危机的一个重要层面,而现代新儒学正是对此意义危机的反应,这个危机的核心包括"价值""存在"和"形而上"迷失的"意义危机",现代新儒家对现代思想危机的解决方式就是"意义的追求":

> "意义的追求"导使这些保守的新儒家发现到,在儒学里不只有存在于过去的传统,也还有生活的道德信念,这些道德信念是他们所躬行实践的,因此他们能认识到儒家精神和道德的理想,这是站在外的探讨者所无法体认到的。再者,他们将儒家之宗教道德里汲取价值中心,这价值中心不只作为道德取向的基础,同时也将清晰的意义分予生命和这个世界。①

现代新儒家的"意义的追求",就包含从传统中寻求解决西方文化冲击和现代化转变的双重问题的意义。现代新儒家也正是在同启蒙主义的理性精神和科学的实证论的对立中强化其对于儒家道德的形而上的超越本质的认同。现代新儒家接受西方科学民主的价值,但是,又力排科学民主和自由的文化依据,力图将科学民主和自由纳入儒家的中心理念的框架之中,或者强调儒家中心理念对于科学民主与自由的优越性和导向的意义。从这种倾向上来看,的确有某种"中体西用"的特征,但是其内在的问题,就不仅仅是"中体西用"中常用的中西文化关系的意义了,它的中心问题,还包括了对现代性的反应。这样一来,问题就复杂了。

牟宗三反省的着力点是马克思主义何以出现于西方并在中国取得胜利。他认为,整个时代的症结在于文化理想的失调与冲突。在他看来,西方文化在近代以来的发展主要表现在民族国家的建立、科学的发展、自由民主的实现,但是这样的发展同样引出三个方面的问题,即民族国家演变为帝国主义,科学的发展使人心转向对价值论问题的忽视,自由民主易在世俗中的粘滞或沉落而使

---

① 张灏. 新儒家与当代中国的思想危机[M]//张灏. 当代新儒家. 北京:生活·读书·新知三联书店,1989:78.

人的思想趋于庸俗化，理想主义之精神故而为之荡然无存。

牟宗三将这些问题的核心理解为文化理想的危机，是文化精神不断丧失德性的理性，不断下堕于感性与技术，不断量化或外在化而日趋堕落。牟宗三认为西方思想虽然认识到这些弊病，但是无法解决，"只能识病，而不能治病"。

这种时代之病使得人伦世界各个领域无不偏离正轨，表现为似是而非，必须加以救治，他说：

> 从最简单之孝悌、人伦起，进而至于人性、理性、正义、理想、自由、民主、家庭、国家、大同、普遍性、个体性、绝对、全体乃至宗教之神性等，因现实之牵连，皆有其似是而非处。然此中亦皆有其真理性与真实性，无一而可废……俱须提炼而考验之，重新厘清而肯定之，使人人皆期能正视而有正解，随时觉醒而消除其假借之歪曲。①

而中国知识界却不识不察，还在走着西方日陷绝境的老路。他认为，"五四"时期以后的知识分子对中国文化采取"外在"的态度，"把科学民主视为文化之全部"，全盘西化，使得中国文化丧失固有"义理"的信念，这便是中国现代危机之根本所在。

二、开出药方："道德的理想主义"

在牟宗三看来，现代人无法解决文化危机，问题在于对最根本的价值真理缺乏信念，因此要对时代唤起人的价值意识、文化意识和历史意识。其中心观念就是"孔孟之文化生命与德慧生命所印证之'怵惕恻隐之仁'"，就是他所谓"道德的理想主义"，在此基础上接引中国文化与世界新文化的来临。这个道德的理想主义必然包含着"人文主义之完成"的形态，它集中在三个中心点或"三统"上。所谓"三统"就是道统、学统、政统。牟宗三说：

---

① 牟宗三. 道德的理想主义·序 [M]. 台北：台湾学生书局，1992：6.

一、道统之肯定，此即肯定道德宗教之价值，护住孔孟所开辟之人生宇宙之本源。

二、学统之开出，此即转出"知性主体"以融纳希腊传统，开出学术之独立性。

三、政统之继续，此即由认识政体之发展而肯定民主政治为必然。①

在此基础上，牟宗三提出"儒学之第三期发展"的口号。他认为，自孔子、孟子、荀子到董仲舒为儒家为第一期，宋明为第二期，当前则为第三期，第三期所面临的是空前的危机："礼俗传统崩坏无余。儒家思想湮没不彰。是以人丧其心，国迷其途。"② 而儒学之第三期发展，也就是以上述"三统"为中心。牟宗三还特别强调第三期开展的政治理论的意义：

有二义：一、以往之儒学，乃纯以道德形式而表现，今则复须其转进至以国家形式而表现。二、以往之道德形式与天下观念相应和，今则复需一形式以与国家观念相应和。唯有此特殊之认识与决定，乃能尽创制建国之责任。政制既创，国家既建，然后政治之现代化可期。政治之现代化可期，而后社会经济方面可充实而生动，而风俗文物亦可与其根本之文化相应和而为本末一贯之表现。③

所谓儒学之第三期发展的概念就是这个道德理想主义的实现，牟宗三以此作为解决文化与社会政治危机、实现政治之现代化的根本途径。

在牟宗三看来，"怵惕恻隐之仁"乃是道德的理想主义的根据，它是一切的价值之源，从此根据出发对家、国、天下的重新肯定，到"与天地万物为一体"为其极。这是为时代树立的立体的纲维，以挽救所谓人类之狂流。"怵惕恻隐之

---

① 牟宗三. 道德的理想主义·序 [M]. 台北：台湾学生书局，1992：6.
② 牟宗三. 道德的理想主义 [M]. 台北：台湾学生书局，1992：2.
③ 牟宗三. 道德的理想主义 [M]. 台北：台湾学生书局，1992：2.

第九章 现代新儒家文化哲学中的道德宗教精神

仁"就是道德的心,它是一切言论行动以及判断一切言论行动的特点与标准。牟宗三解释说:

> 道德的心,浅显言之,就是一种"道德感"。经典地言之,就是一种生动活泼怵惕恻隐的仁心。生动活泼,是言其生命之不滞,随时随处感通而沛然莫之能御。怵惕恻隐是生动活泼之特殊化,或说是它的内容。在不滞之心之感通中,常是好善恶恶,为善去恶,有所不忍,迁善改过。依是,生物生理的活泼,不是此处所说的活泼;机变智巧的伶俐不是此处所说的生动。如果没有怵惕恻隐之心为本,则这一切聪明才智都是在陷于物欲的机括中耍把戏,其生命已经是呆滞而被窒塞了,那里还能说生动活泼?
>
> 人能顺道德的实践之心而健行不息,自能证实(实践地证实)此人天所同之道之为"仁",仁为宇宙之本体。在宇宙万物方面不说,人的一切活动,一切实践,皆不能离此道德的实践之仁心我别有其本。离开此本,没有一事是值行称赞的。公然否定此本,没有一事不是罪恶的。①

道德的心或仁心就是理性或道德理性。新儒家的理性的概念不同于西方思想的理性概念常用的知识性的意义,它强调的是道德的和实践的意义。用牟宗三的话说就是:"所谓理性是指道德实践的理性言,一方简别理智主义而非理想主义的逻辑理性,一方简别只讲生命冲动不讲实践理性的直觉主义,浪漫的理想主义,而非理性理想主义。"② 应当指出的是,儒家之实践,是人文的和道德的实践,与我们通常意义上的社会生产实践之意义是不同的。

牟宗三认定,仁心是理性的,因而是具有普遍的意义:"这个仁心之所以为理性的,当从其抒发理想指导吾人之现实生活处看。仁心所抒发之每一理想皆表示一种'应当'之命令。此应当之命令只是对已现实化了的习气(或行为)之需要克服或扭转言。"道德理性抒发的理想必然是:

---

① 牟宗三. 道德的理想主义 [M]. 台北:台湾学生书局,1992:15.
② 牟宗三. 道德的理想主义 [M]. 台北:台湾学生书局,1992:17.

"公而无私"的、正义的、客观的,它是一个"理",这个理是从怵惕恻隐之心发,所以是"天理"。天理即是天定如此之理,亦即无条件而定然如此之理。自其为公而无私的,正义的,客观的言,它是一个有普遍之理,即它是一个普遍的律则。凡公心而发的皆有公性,即指有普遍性。此即王阳明所谓"良知之天理"。此如跟怵惕恻隐之心来说"应当仁""应当义""应当有理""不应当顺躯壳而追求物欲",等等,皆是普遍的律则,放之四海而皆准的。①

我们由此可以发现,牟宗三所强调的"理性",即是道德性和实践性,即是宋明理学家的"心性",它是"客观而有超越性普遍的真理"和人类理想的根源。

从这一点出发,牟宗三批评否定形上学、否定传统哲学的价值与意义,否定人性的普遍性,否定一切价值与理想和将人类一切活动归之于阶级的观念,并以此攻击马克思主义。

牟宗三认为,儒家学术是"推动社会之普遍原则",其本义是"由人性通神性所定之理性"。

此理性,儒家向往其为一普遍之理性。其向往也,非凭空之抽象的向往,乃由实践的证实而成之向往。依此,其向往转为超越之崇敬。此种理性的普遍性,不独限于人类之历史,且大之而为宇宙之原理,依此而成为儒家形上学。此具普遍性之原理,儒家名曰"仁"。吾人现在亦可转名之曰"绝对理性"。②

绝对理性的"仁心""心性",是在人文的实践中"彰显"自己,人们在此

---

① 牟宗三. 道德的理想主义 [M]. 台北:台湾学生书局,1992:17-18.
② 牟宗三. 道德的理想主义 [M]. 台北:台湾学生书局,1992:8.

>>> 第九章 现代新儒家文化哲学中的道德宗教精神

实践中体认其指导和贯穿历史之精神原则。政治和政治的原则都是人们人文实践的产物，同时又是绝对理性的心性的"彰显"。牟宗三说：

> 儒者由实践而践仁，由仁之呈现而见天道。故仁为普遍之理性。以仁为道，道显然必精神也。（心理合一之绝对精神）……观夫圣人，则见天地，圣人与天地为一也。而天地之本质（即道）却必由圣人之践仁而彰著。①

在牟宗三看来，同道德理想与政治的密切不可分离一样，"价值"与"事实"，也是密不可分的。他继承儒家的思想传统，坚持"内圣"与"外王"的统一，伦理与政治的统一。

牟宗三关于道德理想主义的解释是受到黑格尔的影响。但不同的是，黑格尔将世界视为绝对精神在现实的开展，现实和存在都是绝对精神开展过程中的状态，政治和国家因此也就具有其合理性。牟宗三的绝对精神只是在人类的人文和道德实践中的"彰显"，因而就有"实现"和"引导"之义。换句话说，与黑格尔的"客观"的绝对精神相比较牟宗三的绝对精神更多的是能动的和实践的。② 而这也正表明了牟宗三等现代新儒家并不满足于黑格尔式的对于社会和政治现实的哲学解释，而是力图以其思想和理论来指导社会生活和政治活动。另外，牟宗三所使用的道德理性的概念和对理性的解释等，也都明显具有康德哲学的影子。

牟宗三认为，西方古希腊以来的传统，从发生来说是源于理智的好奇和理

---

① 牟宗三. 道德的理想主义[M]. 台北：台湾学生书局，1992：10.
② 唐君毅在评论牟宗三的《历史哲学》时也进行了这样的比较："然黑氏之理性之最高表现，已见于德意志之政治与文化。则哲学徒为事后之反省，如其所喻为夜间飞翔之鸟。人类未来历史当循何道，乃不得而论。而牟先生此书，则未尝以人类全幅理性，皆表现于过往之历史，以保持此理性之超越性于不坠。遂得由反省过往之历史，所实现之精神价值之极所在，而启人以当循何道，以建造来之历史，由是丽历史哲学之为用，乃通乎继往以开来。"唐君毅. 中国历史之哲学的省察[M]//牟宗三. 历史哲学. 台北：台湾学生书局，1988：9.

性的追求，以期对实践做逻辑的解析，其目的是满足人们的逻辑的和形而上的要求，对于逻辑理性寻求归宿、寻求形而上的根据，因此它是思辨的与观解的，远于人事和实践。而希伯来的基督教传统虽然与实践与生活有关，但是只是教人皈依上帝。

> 哲学，自康德始，顺希腊的传统，进一步，提出实践理性优于理论理性，把握住善的意志及意志之自由，此可谓大有关于道德的实践。下届费希特、谢林、黑格尔，皆重视精神生活之发展，大有利于德国国家之建立，甚能表示哲学之在历史文化上所起的作用。故至黑格尔遂建立起历史哲学及法律哲学。此与希腊传统之"观论的"稍不同，而已进于道德的实践之精神生活及其历史文化之客观的意义。此可谓康德开启，而充其极于黑格尔。①

现代新儒家与德国古典哲学的密切关系是一个很有意思的问题。韦政通曾经对此做过有趣而尖锐的批评性比较，认为新儒家受德国古典哲学影响而自闭于形而上学的文化这一"金字塔型世界"之最高层，遗忘了"小传统中'沉默的多数'"，现代新儒家以价值世界维护者和人类的救主自命，而这种"神圣使命"不过是建立在自己构筑的理论之上的②。

当然，包括牟宗三在内的现代新儒家的哲学和思想的基础，主要是儒家思想特别是宋明儒学的框架和核心概念，德国哲学不过是现代新儒家方便利用的外来思想资源罢了。牟宗三强调："在传统的一切思想学术中，只有儒家的文化

---

① 牟宗三.道德的理想主义［M］.台北：台湾学生书局，1992：20.
② 韦政通分析说，德国哲学家有强烈的系统欲，喜欢把文化塑造成一个金字塔型的世界，自己居于最高层，"新儒家中在哲学上有成就者显然受这种传统很深的影响，他们住在金字塔颈，因形下世界与他们构筑的形上世界的价值模型差别太大，因此对近代文明近代社会的评判往往离谱甚远"。韦政通认为，"历史文化不是少数人能维护得了的。一个传统能长期维系的命脉，'大传统'里的知识分子固然有功，如照'礼失求诸野'的说法，'小传统'里的'沉默的多数'维护之功说不定更大"。韦政通.儒家与现代中国［M］.上海：上海人民出版社，1990：253.

<<< 第九章 现代新儒家文化哲学中的道德宗教精神

系统可以作我们社会实践的指导原则。"在儒家思想的基础上来指导人类的一切活动,这就是其"道德的理想主义"的意义：

> "自由民主"一原则必须靠一个更高一层的较为积极而有力的文化系统来提挈它,维护它。维护住了自由民主,才能救住科学哲学宗教艺术乃至佛教。这个更高一层,更积极而有力的文化系统,就是儒家的文化系统,其核心思想就是理性主义的理想主义,简言之,就是道德的理想主义,切实言之,就是道德实践理性之理想主义。这个理想主义可以彻上彻下彻里彻外来成就我们人类的一切实践的：个人的及社会的。①

牟宗三认为,科学对政治社会问题不能有指导,希腊传统而来的西方哲学是思辨的和观论的,对于政治社会的实践也不能有积极的指导；佛教对于人生的指导是出世的,对于政治社会的实践也不能有帮助。他说："'怵惕恻隐之心'是'道德的实践'的先验根据,是'道德的理想主义'所以必然极成之确乎其不可拔的基础。离乎怵惕恻隐之心,不可说道德的实践,甚至不可说实践。"②这就是被现代新儒家极大地扩张了的道德理想主义的意义。牟宗三解释说,道德的理想主义用《中庸》的话说就是"能尽己之性,然后能尽人之性,能尽人之性,然后能尽物之性,能尽物之性,然后可以参天地赞化育",这是道德理想主义的最高理境。

道德理想主义是建立在道德普遍性的意义上的,对牟宗三来说,普遍性来源于对现实的超拔,牟宗三说,"普遍性是由冲破现实上的限制与障隔而见",这是他的基本看法。牟宗三将科学的知识同理想进行类比。他认为,知识概念的普遍性,就是由冲破感觉经验限制的表现,而在社会实践上的普遍性,就是对于现实生活的超拔。他借用康德的概念,认为存在着两个世界,一是科学的

---

① 牟宗三. 道德的理想主义 [M]. 台北：台湾学生书局, 1992：22.
② 牟宗三. 道德的理想主义 [M]. 台北：台湾学生书局, 1992：24.

"事实世界",另一个是"价值世界"或"意义世界"。①"事实世界"是理智的范围和科学的对象,它是外在的平铺的事实,没有意义和价值的区分,这就是事实世界的范围与局限;在"事实世界"之外是"价值世界"或"意义世界",它不是科学的对象,而是道德宗教的根源,"事实世界"以上的真美善的根源。牟宗三也说,"事实世界"和"意义世界"是不同的世界,不能混一。但是,他又认为,如果只是局限于"事实世界",必然是科学一层论和理智一层论,导致社会上的泛民主、泛自由和政治统治上的专制。在新儒家看来,"事实世界"必须由"价值世界"来引导,人生和社会政治要由新儒家的道德理想主义来超拔和引导。牟宗三说:

> 人不能安于纯现实,不能安于纯主观私利之无厌足的追逐下去而流于瘫痪,故必赖有道德心灵之跃起,而呈现一道德的普遍性。这道德的普遍性一方超越于主观私利之上而转化之,一方即为公共纽带而破除主观私利间之限制与隔障,而使人之心志可以通。是以此道德的普遍性根本是由自觉的心灵而涌现,而为理想所托命。普遍性是表示自我之超拔。人在此普遍性前,生命始能客观化,始能从自觉之躯壳私利中拖出来。普遍性即是理想性。人在此超拔中而呈现普遍性便是自我之解放。②

因此,我们可以将"道德的理想主义"理解为牟宗三和他的同道们利用儒家的道德实践来改变世界、指导政治社会实践的政治纲领。

三、儒学是一人文的道德宗教

一般说来,牟宗三对儒学从道德人文宗教角度来发挥说明,其基本理论的奠立,是在20世纪60年代,特别是以《心体与性体》为代表。其实,在牟宗三重点解决"外王问题"的20世纪50年代,其人文宗教的相关思想皆已经得

---

① 牟宗三. 道德的理想主义 [M]. 台北:台湾学生书局,1992:254.
② 牟宗三. 道德的理想主义 [M]. 台北:台湾学生书局,1992:137.

<<< 第九章 现代新儒家文化哲学中的道德宗教精神

到了清晰明确的探讨，目的就是要通过儒学宗教性的论证，为强化儒家思想的普遍意义提供支持。

而从哲学史的角度来看，"儒家是否为宗教"，也正是现代中国哲学史家们热烈讨论的一个话题。

康有为将儒家宗教化，承汉儒以孔子为素王之说，奉孔子为儒教教主；而章太炎反对儒家宗教之说，认为孔子的意义在于对古籍的整理。新文化运动中，启蒙主义成为思想界的主流，民主与科学、社会进步的概念成为衡量社会思想的标尺，在此背景下，现代新儒家的第一代对以宗教来定位儒家亦不赞同，他们强调的是儒家的人文性与哲学性。

牟宗三、唐君毅等从重建儒学精神的需要出发，在儒学的第三期发展和复兴儒学的口号中，对儒学的性质做了新的定位：一方面重新体认西方思想的宗教传统和意义，另一方面不断强调儒家的人文精神的普遍性意义和超越的性质，进而确定儒家的宗教性质。牟宗三在儒家的第三期发展的开"三统"的任务中，首先就是"道统的肯定，此即肯定道德宗教之价值，护住孔孟所开辟之人生宇宙之本源"[1]。作为第二代新儒家的文化和政治宣言的《为中国文化敬告世界人士宣言》，则极力张扬儒家的"宗教精神"：

> 好多年来之中国与世界人士，有一普遍流行的看法，即以中国文化是注意人间之伦理道德，而不重人对神之宗教信仰的，这种看法，在原则上并不错。但在一般人的观念中，同时以中国文化所重的伦理道德，只是求现实的人与人关系的调整，以维持社会政治之秩序；同时以为中国文化中莫有宗教性的超越感情，中国之伦理道德思想，都是一些外表的行为规范的条文，缺乏内心之精神生活上的根据。这种看法，却犯了莫大的错误。[2]

---

[1] 牟宗三. 道德的理想主义·序 [M]. 台北：台湾学生书局, 1992：6.
[2] 张灏. 新儒家与当代中国的思想危机 [M] //张灏. 当代新儒家. 北京：生活·读书·新知三联书店, 1989：13.

在牟宗三看来,宗教要高于科学,要做中西比较,要肯定中学或儒学的价值,参照系应当是宗教而不是科学。在这里,中国文化与西方文化的比较不仅在科学和民主,更重要的是中国文化中有无宗教精神,足以使人安身立命。牟宗三认为:文化生命之基本动力当在宗教,了解西方文化不能只通过科学与民主来了解,还要通过西方文化之基本动力——基督教来了解。了解中国文化也是同样,即要通过作为中国文化之动力儒教来了解。①

法国社会学学者涂尔干认为宗教根源于社会,宗教的信仰和形式是与社会结构的一些基本原则相适应的:"宗教显然是一种社会性的东西。宗教的表述是表达集体实在的集体表述;礼仪是一种行为方式,它产生于集合的群体之中,功能是去激发、维持或改造这些群体的精神状态。"在涂尔干看来,宗教既是一个集体思想,同时又是一个社会事物,它是信仰观念和道德团体的结合:"一种宗教是一种涉及神圣之物即将被分离被禁忌的东西的一些信仰和实践的统一体系——这些信仰和实践:所有信奉它们的人们统一成一个被称为教会的单一的社团。"②

与此相似,牟氏也持有大致相同的对宗教的理解,他认为宗教可以有两个方面的意义,一是在事上,规定日常生活的基本规范,二是在理上,启发人的精神,指导精神生活的途径。自事方面看,儒教不是普通的所谓宗教,因它不具备普遍宗教的仪式。它将宗教仪式转化而为日常生活轨道中之礼乐。但自理方面看,它有高度的宗教性,而且是极圆成的宗教精神,它是全部以道德意识、道德实践贯注于其中的宗教意识、宗教精神,因为它的重点是落在如何体现天道上。③

牟宗三直接肯定:儒家为人文教,中国的文化生命为人文教的文化生命,人文教之所以为教,落下来为日常生活之轨道,提上去肯定以超越而普遍之道

---

① 牟宗三. 中国哲学的特质 [M]. 上海:上海古籍出版社,1997:93.
② 涂尔干. 宗教生活的基本形式 [M] //鲍柯克,汤普森. 宗教与意识形态. 龚万震,译. 四川:四川人民出版社,1992:44,48.
③ 牟宗三. 中国哲学的特质 [M]. 上海:上海古籍出版社,1997:103.

第九章 现代新儒家文化哲学中的道德宗教精神

德精神实体，此实体通过祭天祭祖祭圣贤而成为超越而普遍之道德实体、价值之源。① 牟宗三认为，儒家的"人文教"是宗教的最圆满的形态，是所谓"圆教"。在他看来，中国哲学的特质就在于"学"与"教"的相融，而不是西方传统的知识与宗教的分离。作为学，是以生命为中心而展开的学问，作为教，是以高度的人生智慧决定人生的终极意义。

牟宗三从道统的延续的角度预言了西方宗教的新的转机。他以为，基督教是以外在而超越的上帝为重心，虽有道成肉身的耶稣作为人与神的中介，却终因神性不能当下直贯于人文而呈一人神隔离形态。人神隔离决定了基督教信仰为"依他之信"，其精彩落在客观（他）性上，开不出正面的真实的主观性或内在性，但这主观性或内在性却正是教之所以为教的本质。因此，在牟宗三看来，西方的道统的重新疏导或基督教的新的转型发展，便有必要借鉴重主观性或内在性的东方之教，尤其是作为中国文化道统之主脉的儒教。他称儒教为人文教，并由判教之后肯定了这人文教无与伦比的圆融：

> 从内在主体性方面说，耶教因歧出而为依他之信，故不如儒释道，若从基本态度、决断、肯定对于人生宇宙学术文化之关系言，则释道又不如儒教与耶教。依此而言，儒教为大中至正之大成圆教。其他皆不免歧出与偏曲。②

与牟氏一样，唐君毅也是儒家宗教性的积极论证者，甚至可以说，唐君毅在个人性格上就具有很大的宗教色彩，这使他与主要从理论需要上考虑儒家的宗教意义的牟宗三有所不同。唐君毅主张必须较"五四"时代更进一步，自觉地肯定宗教的价值，以求"自极权主义、唯物主义的视人如物的思想与政权中解放"，因此要肯定中国儒家思想中之宗教意义，使纯粹中国人与不信仰其他宗教的世界人士，在儒家思想的信仰中，同可发现一宗教性的安身立命之处所，

---

① 牟宗三. 生命的学问 [M]. 台北：台北三民书局，1973：75-76.
② 牟宗三. 生命的学问 [M]. 台北：台北三民书局，1973：108.

以建立儒家教化之基础。① 唐君毅认为：

> 由西方文化之如中国而生之现代中国文化之问题之一，乃宗教问题。这个问题之复杂性与重要性，不亚于现代中国之任何文化问题，如科学、民主、道德、教育问题之类。②

因此人们就应该在应对西方文化的冲击中，自觉肯定宗教的价值，发掘出先秦、宋明儒学中的宗教意蕴，确立儒家的宗教意义。

随着比较文化研究的不断深入，有无特定的宗教仪式不再被看作是衡断一种文化形态是否是"宗教"的基本标准，具有实体化的超越的人格神也不再被看作是宗教的必要条件。与此同时，20世纪以来，基督教世俗化的趋势也进一步加强了，有的神学家进而提出了确立"无上帝的宗教"的主张。在有关主张中，现代西方基督教神学界具有广泛影响的德国神学家保尔·田立克（Paul Tillich，又译蒂利希、提立克）提出的将宗教信仰当作是"终极的关怀"的思想颇有代表性。在他看来，每个人都有以自我生命之最终意义与价值为中心的关于"终极"问题的思考即终极关怀，正是这样一种对于人之生命意义如何从有限达于无限、从短暂进于永恒的追寻构成了人之自我的"宗教信仰"。显然，田立克的这一宗教观不仅揭示了宗教活动的核心内容，而且具有相当广泛的理论涵括力，因而它引起世界范围内的热切关注就是不难理解的了。

同样可以认为，牟宗三主要是在终极关怀的意义上来界定儒学的宗教性，这是与简单搬用西方宗教团体形式的康有为完全不同的地方。一方面他认为儒教不是从严格的宗教仪式，而是在日常生活的轨道中规定基本规范，而更具重要意义的是它的决定人生终极意义的智慧。另一方面，牟宗三对儒学的宗教化又是将儒家思想凌驾于经验与科学之上的论证。科学的对象是经验世界或现象世界，这个已知的世界，必须为超越的世界所涵盖和统率。

---

① 唐君毅．中国人文精神之发展［M］．台北：台湾学生书局，1984：342－343．
② 唐君毅．中国人文精神之发展［M］．台北：台湾学生书局，1984：337．

第九章　现代新儒家文化哲学中的道德宗教精神

在牟宗三看来，儒家之天与天道乃是具有形而上的精神生命的绝对实在。天道具有超越的意义，天道又是内在的，内在于人而成为人之性。天道既超越又内在，具有主客不二的特性，儒家的这种宗教精神较之以原罪、苦谛为前提的基督教和佛教对人、对世界缺乏一真正的敬意不同，它直接肯定对人对世界的真正的敬意，肯定人之性善，天命流行之至善。儒教与基督教、佛教不同，儒家将天与人、超越世界与伦理世界沟通了起来，因此是人文的宗教。

声称创立"社会生物学"的哈佛大学教授爱德华·威尔逊断定："宗教信仰的先天倾向在人类心灵中是一股最复杂最强大的力量，并且也是人类本性的所有可能性当中最为根深蒂固的一部分。"①从哲学人类学的角度说来，应该承认人类确有一种指向完满生存的文化心理倾向，它体现着人的整个族类的意志，反映了人类试图克服并且超越相对的功利人生，达到理想人生境界的心灵追求。宗教反映着人们的这种心灵倾向，所谓上帝无非是心灵中融真、善、美为一体的理想追求的人格化。费尔巴哈说得好：上帝是人之公开的内心，是人之坦白的自我；宗教是人的隐秘的宝藏的庄严揭幕，是人最内在的思想的自白。②

马克思主义的观点认为一切宗教都不过是支配着人们日常生活的外部力量在人们头脑中的歪曲反映，在这种反映中，人间的力量采取了超人间的力量的形式。③宗教的性质在于人自己的精神异化的文化表达形式，它反过来又担负起人类的精神麻醉师的社会功能。这种观点强调说明了宗教来源于人自己，天国的实质在于人间，归根到底是作为人类对现实人间不如意的克服与到达绝对完满境界这样一种自我精神的活动样态与表达形式。在这里，宗教真理是人间的利益愿望的虚幻反映。

我们认为，牟宗三以终极关怀、安身立命来确定儒家的人文宗教意义，这里包涵两种趋向。从对儒家传统的继承来说，所谓儒教绝不只是个人精神的寄托，而是人的生命和基本价值的拓展，人文的生命不是在彼岸，而是在现世，

---

① 威尔逊. 人类的本性［M］. 福州：福建人民出版社，1988：58.
② 费尔巴哈哲学著作选集：下卷［M］. 北京：商务印书馆，1984：38.
③ 马克思，恩格斯. 马克思恩格斯选集：第3卷［M］. 北京：人民出版社，1973：354.

就是在于在现实中的拓展。牟宗三等现代新儒家关于儒家的所谓人文的宗教的论证,就是要通过对儒教精神的宗教化来强化其社会功能,强化对于社会和文化的指导和干预。另一种趋向,是出现脱离儒家传统而成为单纯以个人的精神的安身立命和终极关怀为归依的精神解救。前者强调政治的和社会的功能,导致人文精神的式微,后者则可能导致与社会现实的脱节,这就背离了儒家的传统。

我们也可以看到,现代新儒家第三代的主要代表人物杜维明、刘述先等对儒学宗教意义的阐释较之他们的前辈更多体现了第二种趋向,他们干预社会的意识大大地弱化了。杜维明认为,儒家思想更主要的是其人文的关切和伦理宗教的性格,因此他说:"儒家思想既不只是一种政治意识形态,也不只是一种社会经济的伦理,而主要是宗教性神学的传统。"① 杜维明借取 W·C·施密斯对宗教意义和目的的研究,即对以一整套具体教条为特点的制度性"宗教"与作为某一信仰共同体中活动着的成员们在精神上的自我认同的"宗教性"的区别为参照,认为儒学(主要指宋明新儒学)观念中有着信奉精神自我认同的宗教倾向,而宋明新儒学的自我观念虽然能够从社会作用的层面加以理解,但它却首先具有宇宙论和本体论的道德信仰的深远意义。刘述先借取缔利希的看法,对宗教采取一种较宽泛的了解,把宗教信仰当作"终极关怀"看待,认为在这个意义上儒学有其深远的宗教意蕴。② 比较而言,对于儒教的普遍意义和社会功能的看法则大为弱化了。

张立文先生曾经基于对现代新儒学的基本精神、内涵、特征的理论探究,从"文化危机的挽救""意义世界的追求""终极关怀的寻觅"这样三个角度来肯定其文化人文价值,张先生对现代新儒家的这段整体性评价,引用来作为对牟宗三的"道德理想主义"学说的时代缘起、精神意蕴和学理价值做出评判其实也完全是适合的。他这样论述道:

---

① 杜维明. 探究真实的存在:略论熊十力 [M]. 当代新儒家. 北京:生活·读书·新知三联书店,1989:251.
② 郭齐勇. 儒学:入世的人文的又具有宗教性品格的精神形态 [J]. 文史哲. 1998 (3).

第九章 现代新儒家文化哲学中的道德宗教精神

其一,文化危机的挽救。现代新儒学处在西方文化以武器的侵略和价值冲击下,从"师夷之长技"到"采西学"与"中体西用",到"文学、道德革命""全盘西化",而产生精神迷失,自我意识失落,价值理想失陷的危机,而需要重建精神家园,面临着从无序到有序,从沦丧到重建的问题。其二,意义世界的追求。现代新儒学都注重从意义世界层面来理解、解决上述所遭受的文化危机。他们对存有世界的本然性和自在性已不满足,而赋予进入他们既有视界的一切对象以意义性和价值性。中国文化危机的深层底蕴,便是意义世界的解体和价值系统的崩坏,而凸显为形上学意义本体或价值本体的失落。因此,现代新儒家都把其全部理论重构的核心和重点放置在儒家形上学意义本体或价值本体的重建上,以儒学的"形上智慧"消解面临的危机和困境。其三,终极关怀的寻觅。由形上学意义本体或价值本体的追求,而导向超越层面境界的寻找,是人的主观内在世界在某种主客观条件下所达到的具有共时性意义的心理——意识的状态空间,是人与世界整体性关系的最高层次的表现,亦是人对科学所面临的存有世界的体认和哲学形上学所面临意义世界、价值世界的评价的基础上的思维创造。这种对于超越层面境界的解释,即是对终极关怀层面的理解。现代新儒家为人们创造了一个此在(此岸)的安身立命、精神自由的可能世界。①

牟宗三恰恰是在西学东渐、国族羼弱、人文凋敝的时代悲感和意义危机的挑激下,为着文化危机的挽救、精神家园的重建,方才走进从形而上学的意义世界层面来"开出药方"的。他的思考和阐述,他对儒家形上学意义本体或价值本体的重视和新发明,可以看成是广义宗教层面的对终极关怀的寻觅,目的很明确,就是为人们创造了一个"此在(此岸)的安身立命、精神自由的可能

---

① 张立文. 宋明新儒学与现代新儒学形上学之检讨 [M] // 张立文. 新儒家评论. 北京:中国广播电视出版社,1994:57-92.

173

世界"。至于这种思考和创造是否成功或者有效另当别论，至少这种担当家国天下的胸襟气度和忧患意识无疑是应该予以肯定和敬意的。

　　基于上文的讨论，我们便能对牟宗三政治哲学的时代渊源与"哲学"背景有了大致的了解，下面数章我们将围绕牟宗三在心性论和人性论，中西政治精神与政治形态的比较，政道与治道、德治与法治问题，以及自由、民主、国家等政治哲学基本范畴的论述，对牟氏政治哲学进行描述分析。首先要讨论的是牟宗三政治哲学的核心和基础：心性论与性善说。

第十章

再论牟宗三的现代新儒家"人文教"

从哲学史的角度来看,"儒家是否为宗教",是现代中国哲学史家们热烈讨论的一个题目。康有为和章太炎在此问题上针锋对立,与康氏沿承汉儒以孔子为素王,奉其为儒教教主之说不同,章太炎反对儒家宗教之说,认为孔子的意义在于对古籍的整理。到新文化运动时代,以民主科学和社会进步为标尺的启蒙主义成为思想界的主流,在此背景下产生的现代新儒家的第一代对以宗教来定位儒家表示异议,他们强调人文性与哲学性而不是宗教性是儒家的精神。①但到第二代新儒家的代表人物牟宗三和唐君毅等人那里,情形又发生了变化。他们从"儒学的第三期发展"和"复兴儒学"的需要出发,从"人文的道德宗教"或"人文宗教"的角度给予儒学以性质定位,即一方面重新体认西方思想的宗教传统和意义,另一方面不断强调儒家的人文精神的普遍性意义和超越的性质,进而确定儒家的宗教性质。本文拟围绕牟宗三在这方面的理论工作做些探讨。

---

① 如现代新儒家第一代的中心人物熊十力在天道与人道的关系上强调"天在人,不遗人以同天",肯定人在"天人合一"中的主体性地位,实际上是有意识地避开对儒家的宗教解释。熊十力还认为,宗教是对外在的理念的信仰,与中国思想路数不同,中国哲学亦可以《庄子》书中"自本自根"四字来概括,因此,中国人用不着宗教,宗教是依他,是向外追求。

一、儒学具有人文道德宗教的价值及精神内涵

牟宗三认为，宗教高于科学，文化生命之基本动力当在宗教，了解西方文化不能只通过科学与民主来了解，还要通过西方文化之基本动力——基督教来了解。了解中国文化也是同样，即要通过作为中国文化之动力的儒教来了解。[1] 在牟宗三看来，要做中西文化比较，要肯定中学或儒学的价值，参照系应当是宗教而不是科学，而其中重要的问题就是看中国文化中有无一足以使人安身立命的宗教精神。

在作为第二代新儒家的文化和政治宣言的《为中国文化敬告世界人士宣言》中，牟宗三等人明确地指出所谓中国儒家伦理道德文化中没有超越的"宗教精神"的流行观点是一个"莫大的错误"：

> 好多年来之中国与世界人士，有一普遍流行的看法，即以中国文化是注意人间之伦理道德，而不重人对神之宗教信仰的，这种看法，在原则上并不错。但在一般人的观念中，同时以中国文化所重的伦理道德，只是求现实的人与人关系的调整，以维持社会政治之秩序；同时以为中国文化中莫有宗教性的超越感情，中国之伦理道德思想，都是一些外表的行为规范的条文，缺乏内心之精神生活上的根据。这种看法，却犯了莫大的错误。[2]

牟宗三直接肯定：儒学就是一道德人文宗教。

牟宗三的宗教观重视的是对精神生活的指导意义并将其化用于日常生活，是注重以道德意识和道德实践而体现天道这样一种理解，他没有拘泥于一般的将宗教诠释成以人格神为核心而形成系统的教团组织，落实为宗教轨范、仪式的传统定义。这就赋予了宗教以广义的宽泛的命意。某种意义上，牟宗三对宗

---

[1] 牟宗三. 中国哲学的特质 [M]. 上海：上海古籍出版社，1997：93.
[2] 封祖盛. 当代新儒家 [M]. 北京：生活·读书·新知三联书店，1989：13.

教的东方式定义倒可以说是揭示了宗教活动的内在核心内容,因而具有相当广泛的理论涵括力。

二、儒家的"人文教"被谓为宗教的最圆满的形态

在牟宗三看来,中国哲学的特质,就在于"学"与"教"的相融,而不是西方传统的知识与宗教的分离。作为学,是以生命为中心而展开的学问,作为教,是以高度的人生智慧决定人生的终极意义,在此向度上,儒家的"人文教"堪称是宗教的最圆满形态,即所谓"圆教"。

在牟宗三的判释中,与中国文化以生命为中心达成人生的终极意义的立教形态不同,西方的基督教是以外在而超越的上帝为重心,虽有道成肉身的耶稣作为人与神的中介,却终因神性不能当下直贯于人文而呈一人神隔离形态。人神隔离决定了基督教信仰为"依他之信",其精彩落在客观性上,开不出正面的真实的主观性或内在性,但这主观性或内在性却正是教之所以为教的本质。

在牟宗三看来,儒家之天与天道乃是具有形而上的精神生命的绝对实在。天道具有超越的意义,天道又是内在的,内在于人而成为人之性。结合儒家传统的"心—性—天"的学理结构,牟宗三曾对天道与人道的圆融相济关系做过解析,他认为,儒家对于"性"的规定大体可以分为《中庸》《易传》所代表的"天命之谓性"的"宇宙论的进路"和孟子所代表的"仁义内在"、即心说性的"道德的进路"。① 而所谓天命,并不是人格神的天的宗教式的命令,而是"天命流行"之命,也就是"天以其创造之真几流到你那里便是命到你那里,命到你那里便就是你之性,此是宇宙论式的命法"②。而每个个体则可以由此内在道德性来印证此"天命",即"尽心知性则知天",或者说心性的"逆觉体证"

---

① 牟宗三.中国哲学的特质 [M].上海:上海古籍出版社,1997:54.
② 牟宗三.中国哲学的特质 [M].上海:上海古籍出版社,1997:55.

"智的直觉"① 可以洞彻价值之源和存在之源,可以呈现天道,从而印证天而人、人而天、天人合德、天人不二即"心、性、天"不异的实相。

正因为儒学表现了以生命为中心而呈现天道从而具有既超越又内在,天人合德、天人不二的特性的意义上,牟宗三称儒教为人文教。他据此判释,较之以原罪、苦谛为前提的基督教和佛教对人、对世界缺乏一真正的敬意不同,儒家的这种宗教精神直接肯定对人对世界的真正的敬意,肯定人之性善,天命流行之至善,将天与人、超越世界与伦理世界沟通了起来,因此具有无与伦比的圆融性,而基督教与佛教等其他宗教皆不免歧出与偏曲:从内在主体性方面说,耶教因歧出而为依他之信,故不如儒释道,若从基本态度、决断、肯定对于人生宇宙学术文化之关系言,则释道又不如儒教与耶教。依此而言,儒教为大中至正之大成圆教。其他皆不免歧出与偏曲。②

牟宗三甚至还乐观地预言了西方文化的新转机。他以为西方道统的重新疏导,基督教的新转型必须转而借鉴注重主观性或内在性的东方之教和作为中国文化道统之主脉的儒教。在他最后一本以讨论"福""德"如何一致问题的专著《圆善论》的结尾处,③ 牟宗三仍在强调:在中西所有哲学体系中,儒家是最真确的"圆教",并作歌咏以志其盛大光辉。

> 颂曰:中西有圣哲,人极赖以立。圆教种种说,尼父得其实。复为之歌以咏之曰:儒圣冥寂存天常,孟轲重开日月光。周张明道皆弗违,朱子伊川反渺茫。象山读孟而自得,阳明新规亦通方。四有四无方圆备,圆教

---

① 所谓"智的直觉",康德又名为"理智直觉",指一种上帝才有的,直觉之即创生之的能力。但康德否认人具有"智的直觉",不能达到物自体的观点不同,牟宗三借用这一观念,意在肯定依儒家传统,人之仁心或良知即具有这种既发生道德行为又"呈现"、创生存在世界的能力,他称之为"存有论的呈现(实现、创生)原则"(principle of ontological <creative> actualization)。因为"本心仁体既绝对而无限,则由本心之明觉所发的直觉自必是智的直觉"。牟氏把是否承认有智的直觉看作是"中西哲学最大的差异",认为在中国哲学传统中,"人有智的直觉"已经获得的"实践的证立"。
② 牟宗三. 生命的学问 [M]. 台北:台北三民书局,1973:108.
③ 牟宗三. 圆善论 [M]. 台北:台湾学生书局,1985:334-335.

<<< 第十章 再论牟宗三的现代新儒家"人文教"

有待龙溪扬。一本同体是真圆,明道五峰不寻常。德福一致浑圆事,何劳上帝作主张。我今重宣最高善,稽首仲尼留宪章。

三、人文道德宗教是对治人类"意义危机"的良方

有论者将现代新儒家兴起的原因归之于现代中国文化和人类的意义危机,这个危机的核心包括"价值""存在"和"形而上"迷失的"意义危机",认为现代新儒家对现代思想危机的解决方式就是"意义的追求":

"意义的追求"导使这些保守的新儒家发现到,在儒学里不只有存在与过去的传统,也还有生活的道德信念……再者,他们从儒家之宗教道德里汲取价值中心,这价值中心不只作为道德取向的基础,同时也将清晰的意义分子生命和这个世界。①

确实,在牟宗三等新儒者的视野中,他们之所以要从事理论反省与创新,包括对儒家的宗教化证明,非徒中国文化的危机使然,还更有其世界性、人类性的背景,这即普遍的精神迷失与人文主义的"意义危机"使然,而他们也正是要为时代病症开出良方。

在牟宗三看来,自19世纪后半期以来,人们只注意了科学成就而忽视了道德精神与文化理想的价值和指导作用,导致人心沉溺于物欲的可悲境地。在牟宗三的笔下,这种人心沉溺于物欲的时代,是"上帝归寂"的时代,从科学方面说,就是爱因斯坦的时代,牟宗三对此种流弊展开了猛烈的批判。牟宗三指出,科学研究虽然有它的可贵之处,但:

它只知平铺的事实,只以平铺事实为对象,这其中并没有"意义"与

---

① 张灏. 新儒家与当代中国的思想危机[M]. 当代新儒家. 北京:生活·读书·新知三联书店,1989:78.

179

"价值"。这就显出了科学的限度和范围。是以在科学的"事实世界"之外，必有一个"价值世界""意义世界"，这不是科学的对象。这就是道德宗教的根源，事实世界以上或以外的真善美之根源……这个意义世界或价值世界决不能抹杀。真正懂得科学的人必懂得科学的限度与范围，必懂得这两个世界的不同而不能混一。①

西方名数之学虽昌大（赅摄自然科学），而其见道不真。民族国家虽早日成立，而文化背景不实……近代精神，乃步步下降，日趋堕落……然则有坚强之形下成就，而无真实之文化背景者，虽曰日益飞扬，实则日趋自毁耳。②

正因为西方人不真正懂得科学的限度和价值与事实两个世界的范围不能混一，加之"见道不真""背景不实"，即没有中国文化中圆润的道理理性作为"内在之体"，以至于理想主义精神为之荡然无存，科学精神畸变为理智决定一切的"科学一层论"，民主堕落为"躯壳之个人主义"，自由变现为"情欲之自由主义"，整个西方时代精神表现为"无体、无力、无理"，因而到了"趋于自毁"的地步。而这正为儒家人文教的出场提供了现实性。

在牟宗三看来，现代人无法解决文化和"意义危机"，问题在于对最根本的价值真理缺乏信念，因此要对时代唤起人的价值意识、文化意识和历史意识，其中心观念就是孔孟之文化生命与德慧生命所印证之"怵惕恻隐之仁"，就是他所谓"道德的理想主义"，在此基础上接引中国文化与世界新文化的来临。这个道德的理想主义必然包含着"人文主义之完成"的形态，它集中在三个中心点或"三统"上。所谓"三统"就是以儒家的道德宗教为核心的"道统"融摄下开显知性为主体的"学统"和民主政治之"政统"。所谓儒学之第三期发展的概念就是这个道德理想主义的实现，他认为"儒学第三期之发扬，岂徒创造自己而已哉？亦所以救西方之自毁也。故吾人之融摄，其作用与价值，必将为世

---

① 牟宗三. 道德的理想主义 [M]. 台北：台湾学生书局，1983：254.
② 牟宗三. 道德的理想主义 [M]. 台北：台湾学生书局，1983：4.

界性，而为人类提示一新方向"①。也就是说，以道德宗教为核心的道德理想主义的三统说，代表了牟宗三解决人类"意义危机"和实现文化之现代化的根本方案。

四、"良知的自我坎陷"使人文道德宗教更趋精致化

西方人的问题就是陷入科学一元论而缺失人文精神，而当代中国的问题就是既要发展民主科学以求现代化，又要超越现代庸俗民主和科学神话困境，这就需要提供一套两全的方案。牟宗三提出"三统并建"之论，即在肯定儒家的道德宗教的道统价值的同时，"开出学统""继续政统""即转出'知性主体'以融通希腊传统，开出学术之独立性""由认识政体之发展而肯定民主政治为必然"。② 这个工作可以说是牟宗三等现代新儒家理论工作的着力突破之所在。

牟宗三明确承认中国历来有道统而无政统和学统，有治道而无政道，即中国传统中并没有一个可以称为"民主"和"科学"的外王之学。他认为这与传统心性论"摄智归仁，仁以养智"的特点有着根本的关系，他分析道：

> 西方以智为领导原则，而中国则以仁为领导原则。见道德实在，透精神实体，必以"仁"为首出。智隶属于仁而为其用。摄智归仁，仁以养智，则智之表现，及其全幅意义，必向"直觉形态"而趋，（即向"神智之用"的形态而趋），乃为理之最顺而必至者。至其转为"理解"（知性），则必经一曲折而甚难。此所以自孔子后，仁一面特别彰显凸出，而智一面，则终隐伏于仁而未能独立发展也。③

在牟宗三的理解中，正因中国传统心性之学表现了"综合的尽理之精神"，是"理性的内容与运用表现"，它不是西方式的"分解的尽理之精神"与"理

---

① 牟宗三. 道德的理想主义 [M]. 台北：台北：台湾学生书局，1985：4.
② 牟宗三. 道德的理想主义·序 [M]. 台北：台湾学生书局，1992：6.
③ 牟宗三. 历史哲学 [M]. 台北：台湾学生书局，1988：13.

性的形式与架构表现",而后者正是现代民主和科学的内在思维基础。中国文化中"智隶属于仁而为其用……其全幅意义,必向'直觉形态'而趋",国人便只能成就"道德的主体"和"艺术的主体",成就不了西方式的"思想的主体"和"政治的主体",故而不能开出现代化的科学和民主政治、国家法律。而儒家的内圣之学若孤悬于价值世界、价值事实两个世界分而不合,则这显然不符合儒家心性本体遍润价值与存有两界的题中本义,而儒学作为古今中外一切哲学中最具哲学特质的"哲学原型"和"德福完满的""圆教"的宣示也就无法得到充足证明。

在牟宗三看来,在现代社会中由"内圣"开出科学民主"新外王",就是儒学之第三期发展即当代发展的任务。在《政道与治道》一书中牟宗三首度把这种转化的方法论提炼为道德主体的"自我坎陷"(前此也有"暂忘""暂退"的用法):

> 由动态的成德之道德理性转为静态的成知识之观解理性……我们可以说是道德理性之自我坎陷(自我否定):经此坎陷,从动态转为静态,从无对转为有对,从践履上的直贯转为理解上的横列。在此一转中,观解理性之自性是与道德不相干的,它的架构表现以及其成果(即知识)亦是与道德不相干的。①

在《现象与物自身》中,牟宗三也哲学思辨地表诠道:

> 此步辩证的开显可如此说明:(1)外部地说,人既是人而圣,圣而人……则科学知识原则上是必要的,而亦可是可能的,否则人义有缺。(2)内部地说,要成就那内部地说的必然,知体明觉永不能永停在明觉之感应中,它必须自觉地自我否定(亦曰自我坎陷),转而为"知性";此知性与

---

① 牟宗三. 政道与治道 [M]. 台北:台湾学生书局,1991:59.

物为对,始能使物成为"对象",从而究竟知曲折之相。它必须经由这一步自我坎陷,它始能充分实现其自己,此即所谓辩证的开显。它经由自我坎陷转为知性,它始能解决那属于人的一切特殊问题,而其道德的心愿亦始能畅达无阻。①

正因为不开显出知性则"人义有缺",而神感神应的"知体明觉"(即"良知")也自觉地要求自我否定而走向知性之执,即转变为主客对立的"认知主体"并借以解决"属于人的一切特殊问题""道德的心愿"由是方能圆满。

牟宗三承认,他所谓的"良知自我坎陷"作为"辩证的必然性"是以黑格尔的"精神之内在的有机发展"观为理据的,因而"坎陷"约略相当于黑格尔哲学中的"异化"。既然良知本体具有精神实体和历史精神的普遍性格,而且它们必然要求外在化、客观化,那么,在人类各个民族国家中"有机地发展"就不成为问题了。中国文化从良知出发必然会走到"坎陷"出西方的民主政治与科学的地步,这是良知本体的内在要求。相同的,西方也必然会在知性文化中复起一向"良知本体"的飞越,知性文化与"识心之执"必须服从德性优先原则,必须由心性本体与"知体明觉"对其进行价值范导和意义提撕。相对于道统,坎陷民主与科学只是手段,而非根本目的,两者仍然是体用、经权、真俗、本末的关系。良知向知性文化的"自我坎陷"与知性文化向"良知本体"的复归,这在牟宗三看来是人类克服当代意义危机的需要,更是道德理性臻于充实圆满的必然要求。在"全幅人性",即人全面表现自己的文化生命力上看,两者也完全不矛盾,他认为:"假如人类同时须要两种东西,它们性质形态不同,不能互相替代,那么,人类除了让它们以最合理的方式并行,是别无他法的。"②从儒家思想的内在立场来看,牟宗三的"良知自我坎陷"说正是在借用西方哲学架构的基础上,继承了心学"心外无物"的传统,既摄物归心又推心及物,既摄知归心又扩德成知,推陈出新,为贯通儒学的"内圣外王之道"疏通思想

---

① 牟宗三. 现象与物自身 [M]. 台北:台湾学生书局,1984:122-123.
② 牟宗三. 中国哲学的特质 [M]. 上海:上海古籍出版社,1997:92.

理路，堪称证立了儒家圆教的现代形态，从而解决了现代新儒学发展中面临的时代课题。

五、小结

宗教是一种深刻地反映了人类自我的精神特性但也包含了复杂的社会历史因素而形成的文化问题。从哲学人类学的角度说来，我们应该承认人类确有一种指向完满生存的文化心理倾向，它体现着人的整个族类的意志，反映了人类试图克服并且超越相对的功利人生，达到理想人生境界的心灵追求。宗教反映着人们的这种心灵倾向。费尔巴哈说得好：上帝是人之公开的内心，是人之坦白的自我。① 某种意义上，宗教可以被同情地视作为人类为掌握生命与世界，渴望与追求真善美而开辟和行走出的一条独特的精神文化心路。

牟宗三以终极关怀、安身立命来确定儒家的人文宗教意义，以东方的方式定义和阐发了宗教的内涵，宗教被看成是人的生命和基本价值的拓展，而儒教之为"教"，则强调了人文的生命之在于人自身而不是人格神，重在德性主体的"内在超越"而非向彼岸的外在超越。可以说，牟宗三就是要通过对儒教精神的宗教化和"圆教"化来强化其精神功能和社会功能，强化其现实的指导和干预作用，疗治外在超越（理性哲学或基督宗教）导致的人文精神的式微，进而追求人的生命圆满和人类社会的圆满。

但也必须指出，牟宗三对儒家的宗教化论证，哲学地表现了对于宇宙世界做整体把握的形而上学迷恋，延续着儒家传统的天道信仰倾向。在一个"拒斥形而上学"的"去魅"时代，如此执着于"内圣"的宰执意义，坚持用"直觉之即创生之的"神秘的"智的直觉"去把握作为经验知识所不能证实（虽也不能证伪）的准神学的"良知"本体，既凸显了他作为儒者对传统的固守，同样也显得很不合时宜。而牟宗三念念不忘的良知的"自我坎陷"与知性文化向"良知本体"的复归，最多说明了科学与民主需要给予价值与意义向度的思考而

---

① 费尔巴哈哲学著作选集：下卷［M］．北京：商务印书馆，1984：38.

已。理智与直觉的转化也是在一定领域的一定限度之内，不是无条件的。"良知的自我坎陷"恰恰在深刻上暴露了良知本体的有限性和对特定领域问题上"根据"的失效，揭示了儒教的心性本体作为"一切存在的根源"的绝对性地位和儒教之为"圆教"的虚弱性。儒教的道德中心主义多大程度上能解决现实的社会问题包括所谓的人类的"意义危机"事实上也很难肯定，过于吹胀东方儒教的"圆教"性格也容易膨胀出余英时所讥刺的"良知的傲慢"和"金字塔尖"的精英主义人格心态①，这无疑不适合多元化时代需要。

牟宗三在西学东渐、人文凋敝的时代悲感和意义危机的挑激下，走进从形而上学的世界寻找"救世良方"，他在广义宗教层面的思考和阐述，作为对终极关怀的寻觅，表现了他对儒家形上学意义本体或价值本体的重视和新发明，目的很明确，就是为人们创造了一个"此在（此岸）的安身立命、精神自由的可能世界"。至于这种思考和创造是否成功或者有效另当别论，可以继续争鸣讨论，至少这种担当家国天下的胸襟气度和忧患意识及其创发的理论成就，无疑是应该予以肯定。

---

① "良知的傲慢"一词系余英时先生在《现代儒学论》中首创，他分析了新儒家们固守传统"道统论"而以现代教主自居的心理结构和文化做派，指出"新儒家的'良知的傲慢'是受现代'知性的傲慢'的刺激而产生的反应"。可参看余英时. 现代儒学论[M]. 上海：上海人民出版社，1998：218-217。

第十一章

浅谈现代新儒家人性观的若干问题

人性即所谓"人的本性"或"人的本质",是历来争议不休的老话题,思想家们在人性论问题上的分歧往往包含了更为深刻而广泛的道德哲学或政治哲学的不同判断和评价。我们知道,儒家在人性论上居主流的观点是性善论,而在现代新儒家那里,这一观点得到了继承并成为他们创辟新说的重要基础。我们这里试图通过考察牟宗三现代新儒学在人性论方面的相关论述,分析其存在的若干问题,来为人性论问题的讨论提供一些意见。

一、以"心性之学"的心体、性体界说人性

作为现代新儒家重要人物的牟宗三,在界定人性以及如何了解人性等问题上,一方面接续自孟子以降的传统观点,同时又表现了自己对人性论问题的独特理解和解说路数。大致而言,他从以下几个方面立论人性问题。

(一)以人性为实然本性与应然本性之统一但应然之性是人性的积极面

在我国,孟子首倡"性善"说。在孟子看来,人人都有恻隐、羞恶、恭敬、是非之心,不学而知,不习而能,不由外铄。同时孟子也注意到人有味、色、声、臭等生理需要,但对此他又申明"君子不谓性也"(《孟子·尽心下》)从而将人性给予纯善化评价。与孟子正相反,荀子认为"人之性恶,其善者伪"(《荀子·性恶》),"善"不过是出于维持人伦秩序需要的人为造作,这种造作一般说来是"反于性而悖于情"(《荀子·性恶》)的。除孟子和荀子的代表性观点外,我国思想史上还有"性无善无恶"说、"性有善有恶"说、"性善恶

第十一章 浅谈现代新儒家人性观的若干问题

混"说、"性善情恶"说等。至宋明，孟子的性善说成为居统治地位的观点。

在人性问题的讨论上，牟宗三是接着孟子和宋明理学的观点讲的。他认为，人性包括人的实然或事实之本性，以及人的应然或道德之本性两方面：

> 性有两层面：一是实然之性……一是自道德创造之真几说人之性。①

在另外的论述场合，他也使用"物性""神性"这对概念来说明这种在人身上的实然之性与应然之性：

> 人是两方面通，他上面可以通神性，但他也有物性。②

在牟宗三看来，人是文化的主体，兼神性与物性于一身。就通神性而言，人在生命中表现"道""心""理""备于天地之美，称神明之容"；就物性而言，人因感性而具型，因此又总在形而下的"气"的限制中。显现"道""心"的人的生命是有限制的生命——内在地受限于自身，外在地受限于环境，"道""心"只有在这限制中才得以呈现。"人性"概念既是在与二者的比照中出现的，人性本身也实在是二者的中介物或统一物。

但与孟子区分人性为"仁义礼智"与"味色声臭"并将后者驱逐出人性领域的前后矛盾的思路相同，牟宗三也没有将实然与应然二性并列齐观，他进一步说明道：

> "生之谓性"所呈之性本就是实然之性，而不是道德创造之应然之性……但孟子心目中所想之性却正是道德创造性之性……孟子是就人之内在道德性、道德创造之真几说人之性。③

---

① 牟宗三. 心体与性体. 中册 [M]. 上海：上海古籍出版社，1999：131.
② 牟宗三. 中国哲学十九讲 [M]. 上海：上海古籍出版社，1997：6.
③ 牟宗三. 心体与性体. 中册 [M]. 上海：上海古籍出版社，1999：131.

言性是自理或德而言性，是超越之性，是理想主义当然之性，是儒家人性论之积极面，亦是儒家所特有之人性论，亦是正宗儒家之所以正宗之本质特征。自生而言性是实在论态度的实然之性，是后来所谓气性、才性、气质之性，是儒家人性论之消极面，不是儒家所特有，如是儒家而又只如此言性，便是其非正宗处。①

在这里牟宗三指出了人性乃是人的实然本性与应然本性的统一，但应然本性即道德理性是人性的积极面，正宗的儒家之士是从人性的积极面言人性，即"自理或德而言性"，而所谓"气性、才性、气质之性"即实然之本性是人性之消极面，不是儒家言人性的正宗。我国宋明时期的先哲一般也看出性善说与性恶说的层次之分，如邵雍认为孟子讲的才是"性"，荀子讲的不过是"情"；朱熹认为孟子所讲的为"天命之性"，荀子所述的乃"气质之性"。牟宗三之贬低实然本性和物性在人性之中的位置表现了他在谈人性问题时对儒家传统家法的固守，深刻上看，他是在用被他视为中国文化"神髓""道统"的心性之学中的心体、性体概念来界定人性。

（二）以心体和性体界说人性——人即以此"创造性本身"为他的性

以牟宗三的理解来看，宋明儒学所讲者乃"性理之学"，也就是"心性之学"。此"心"非形而下的血肉之心、思辨之心，"性"也非所谓"食色性也"之性，而是道德的本心与道德实践之所以可能之先天根据——道德创造之性能，是究竟义，是最高义，故曰"心体"与"性体"。

牟宗三专就作为沟通"心"与"天"的"性"之实又做了本体论层次的分疏。

他认为儒家对于性的规定，大体可以分为《中庸》《易传》所代表的"天命之谓性"的"宇宙论的进路"和孟子所代表的"仁义内在"即心说性的"道德的进路"。所谓天命，并不是人格神的天的宗教式的命令，而是"天命流行"

---

① 牟宗三. 心体与性体：上册 [M]. 上海：上海古籍出版社，1999：185.

第十一章 浅谈现代新儒家人性观的若干问题

之命。每一个体虽然不同,但一切个体的"性"来自天的创造真几,这是同一的,因此它具普遍性(University)。① 而牟宗三很明显地继承了孟子之"尽心知性则知天",也就是直接从内在的道德意识即"仁心"来论性,并以此使"天命之性"从人的道德性得到印证和贞定:

> 孔孟之性是从了解仁那个意思而说,所谓"性与天道"之性,即从仁之为"创造性本身"来了解其本义。人即以此"创造性本身"为他的性。这是人之最独特处。……"尽性"即充分实现此创造性之意。这创造性本身落在人处,为人之性。若从宇宙大化流行那里看,就是天道。性是主观地讲,天道是客观地讲,此由仁那个观念而确定。此两面皆为仁所涵,贯通起来是一个观念。但创造性本身,就是生命的真几。我们讲恢复性,即恢复创造性本身。如何恢复呢?此就是孔子只是要人践仁成仁者,在孟子则要人尽性,尽性就是尽仁。尽性尽仁即可知天。此两点,即为孔孟立教之中心。②

良知之觉,怵惕恻隐之心,既是人的特点,所以说这就是人的性。人的性就是从这里说。中庸说:能尽己之性,然后能尽人之性,能尽人之性,然后能尽物之性,能尽物之性,然后可以参天地赞化育。都是就这个人的性作为起点而说的。尽己尽人之性就是尽这个"性"。③

因此,"仁心""人的性"即心性具有本体的意义(心体、性体),具有一切创造生机的内在动力的特性。"它虽特显于成吾人之道德行为,而却不为道德界所限,只封于道德界而无涉于存在界,而以其绝对无限的普遍性同时妙润一切而为一切存在之源。"④ 如果说性善论在孟子那里还有较多的伦理色彩,更强

---

① 牟宗三. 中国哲学的特质 [M]. 上海:上海古籍出版社,1997:56.
② 牟宗三. 中国哲学的特质 [M]. 上海:上海古籍出版社,1997:59.
③ 牟宗三. 道德的理想主义 [M]. 台北:台湾学生书局,1992:25.
④ 牟宗三. 智的直觉与中国哲学 [M]. 台北:台北三民书局,1970:190-191.

调"怵惕恻隐之心"和"不忍人之心",则牟宗三就展示出了现代新儒家的人性论所具有的更多的存在论的意义,这就更加强化了性善论的超越的根据。

可见牟宗三与传统儒家同样强调心性的超越性、本体性,并以此去包涵一般意义上的人性论,仁心之为"创造性本身",把仁心由主体道德情感问题上升为宇宙论存在界问题。反过来,又将人性视为超越化的"天命"的下落与"道心"的呈现。这就使其人性论具有不容置疑的宇宙大法的至善性和普遍的强制性,同时又表现了一种现实的超越性或者说"内在超越",具有鲜明的存在论与价值论融合贯通的特点。

(三)"内在人性的全幅展开"的反省意识

当然,作为现代的新儒家,牟宗三所担负的重要理论任务在于要为开出现代化的民主科学寻找人性论的内在根据,他对人的"实然之性"、对"物性"还是给予了相当的关注与重视的。牟宗三在进行中西方文化精神比较时指出中国文化缺少了"分解的尽理之精神"的一环,中国文化生命无论是"综和尽理"还是"综和尽气",都不是西方式的"分解的尽理之精神",他说:

> 在全幅人性的表现上,从知识方面说,它缺少了"知性"这一环,因而也不出现逻辑数学与科学。从客观实践方面说,它缺少了"政道"之建立这一环,因而也不出现民主政治,不出现近代国家政治与法律。它的基本精神是以个人姿态而向上透,无论是理性一面的圣贤人格或是才气一面的英雄人格(艺术性的天才人格)。[①]

他认为:

> 西方以智为领导原则,而中国则以仁为领导原则。见道德实在,透精神实体,必以"仁"为首出。智隶属于仁而为其用。摄智归仁,仁以养智,

---

① 牟宗三. 历史哲学[M]. 台北:台湾学生书局,1988:191.

第十一章 浅谈现代新儒家人性观的若干问题

则智之表现，及其全幅意义，必向"直觉形态"而趋，（即向"神智之用"的形态而趋），乃为理之最顺而必至者。至其转为"理解"（知性），则必经一曲折而甚难。此所以自孔子后，仁一面特别彰显凸出，而智一面，则终隐伏于仁而未能独立发展也。[1]

也就是说，牟宗三注意到了人性具有"（道德）理性""才气"和"知性"即知、情、意的全面内涵，它们有一个全面发展的问题。他主张：

综和的尽理之精神，综和的尽气之精神，与分解的尽理之精神，此三者，自整个文化言，缺一不可。而此后一者，正中国文化精神之所缺。[2]

某种意义上，现代新儒者的学理视野并不狭隘，他们共识到只有发展"知性"和"政道"，现代化意义上的抽象科学和民主政治方得以形成，只有人性内容全面发展，文化精神的健旺才有可能。牟宗三自己致力于研究西方知性学问，与康德哲学对话，创新传统，"坎陷良知"，循知性之路途而建构起他道德的形上学，这就是要超越前贤的不足，开出"现代性"，充分发展传统中历来不受重视的"知性""政道"的内涵，这可以看成牟宗三现代新儒学人性论与传统所不同或者说更具现代感的地方。

但仍要注意的是，在牟宗三看来，民主和科学是必要和可能的，但儒家道统则更需要坚守。"圆而神"的良知"坎陷"而发展出"方而智"的知性，为现代科学与民主政治的发展提供内在人性的可能性支持，但这一切最终却仍必须服从德性优先原则，必须由道德理性对其进行价值范导和意义提撕。德性向着知性的"自我坎陷"，知性的发育与发达，终究被视作道德理性臻于充实圆满

---

[1] 牟宗三. 历史哲学 [M]. 台北：台湾学生书局，1988：13.
[2] 牟宗三. 历史哲学 [M]. 台北：台湾学生书局，1988：196.

191

的一个必要环节,① 这里从"全幅人性"概念的提出却并没有造成一种人格全面发展的结论,"全幅人性"仍然蜷缩在作为神圣的独断本体——道德理性的主宰和统摄之下。牟宗三把这种道德理性的坎陷与复归,叫作"辩证的必然性",这往往被论者批评为是对黑格尔式的绝对精神的"内在有机发展"的翻版。

牟宗三的现代新儒学人性论在学理上固然包含了一般所谓实然的、物性的层次,并力图结合中西方文化精神的比较而呈现一个"全幅人性"的多元结构,但归结到他的道德的形而上学的整体框架下考察,则不难发现,牟宗三的人性论仍然是以"道德理性"为核心的性善论。"实然之性""物性"在牟宗三"正宗儒家者"的视野考量下并不是真实人性,而是孟子式的"君子不谓性也",因而当是被扬弃的消极面。"知性"在当下即使仍需发展,究竟而言则更需要被道德理性所超越融摄。人性应该是纯粹的"神性",那个大化流行、作为天道本体的"创造性""道德创造的应然之性"。这无疑是没有走出传统儒家的道德中心主义故辙,仍然迷恋以超越化的"心性"这一独断的抽象原则混同并主导现实人性的本体论崇拜痼疾使然的结果。这不单表现了现代新儒家人性论逻辑上的混乱,既歪曲了人性,又歪曲了道德,以此作为政治哲学的出发点向政治和社会生活领域("外王之学")进行延展运用,也必然在人生和社会的政治实践层面产生负面影响。因此,这样一种人性论遭到学者们的诟病和非议就并不意外了。

二、作为对现代新儒学人性观反思的几个批评

核心的问题则是:对人性问题做形而上学而非现实历史的独断处理,在多大的程度上还能为今天的人们所认同和接受。

---

① 牟宗三明确强调,良知坎陷自己不过是为了能够具体地研究、了知并主宰各种客观的经验事物,即"了别以从物,从物始能知物,知物始能宰物",而"及其可以宰也,它复自坎陷中涌出其自己而复会物以归己,成为自己之所统与所摄。……在行为宇宙中成就了知识宇宙,而复统摄了知识宇宙"。牟宗三. 历史哲学 [M]. 台北:台湾学生书局,1988:13.

<<< 第十一章　浅谈现代新儒家人性观的若干问题

（一）人性向"生活世界"的还原及作为"合群体性"的"善"

在人性及其本来善的问题上，与牟宗三等新儒家"人性善论"者相比较，现代社会学对于人性问题较多地持一种相对主义的看法，并且认为可以用科学方法来加以塑造。社会学家肯特利说：

> 关于人性方面，没有一样是固定的、静止的和毫不变更的，我们可以说，人性是没有一种准确的特征的，我们可以说，它是流动而经常在变化的……人性之所以特别表现了某一时期任何集团的特征，是因为有许多情形供这种集团中的个人教育成长的缘故，唯一能依照我们意志制造人性的方法，就是在科学方面规划出一种社会和经济的环境来……①

肯特利的相对人性论，主张人性的流变性，认为人性形成同个人教育成长的集团有关系，因而可以通过有目的地改造"社会和经济的环境"来发展人性。肯特利在这里表现了他同马克思主义哲学视野下的实践人性观的交集。

马克思在批判边沁效用原则时指出，人性既是一般的，又是随每个时代而变化的：

> 如果我们想把这一原则运用到人身上来，想根据效用原则来评价人的一切行为、运动和关系等，就首先要研究人的一般本性，然后要研究在每个时代历史地发生了变化的人的本性。②

马克思提出的"一般人性"的概念，如果仅就主体类的内在能动特性而言，可以被概括成知、情、意这样三种生命活动特性。马克思在《1844年经济学—哲学手稿》中就强调指出："一个种的整体特性、种的类特性就在于生命活动的

---

① 转引自 John H·Hallowetl. 人性与政治[J]. 新中国评论，台北，1957（5）.
② 马克思，恩格斯. 马克思恩格斯全集：第23卷[M]. 北京：人民出版社，1979：669.

性质，而自由的有意识的活动恰恰就是人的类特性。"① 很明显，自由与意志相关，意识和知性相连，活动则具有感性的品格。而这也大致相应于牟宗三所概括的"（道德）理性""知性"和"才气"的"全幅人性"的三个层次。

应该指出，中西方哲学中谈论人性问题的基本线索大都展现了一个将人性分成"知、情、意"三个层次来给予研究的基本视野。人类身上确实具有明天人之分以掌握自然普遍规律而"为自然立法"的求真的理智性，有求天人合一以实现人生绝对自由的"为人生立法"的求善的意志力，也有兼容并超越真善，愉情悦性的求美的情感能力这样三种独特而互动统一的本质力量。但这里的差别在于，马克思主义哲学重视人性对文化的主体地位，但又始终不脱离人的社会性去现实性去空谈、玄谈"人是什么"的问题。作为自然属性和社会属性统一的"人性"一方面被认为是劳动的产物，劳动实践被理解为人性生成的动力源泉；另一方面"人的本质不是单个人所固有的抽象物，在其现实性上，它是一切社会关系的总和"②，人被理解是社会实践中生成着的人，是"社会关系实际上决定着一个人能够发展到什么程度"。因而人性就不是"先天地而固存"的神秘的东西，它是从自然界走来、在社会性劳动实践活动之中生成和发展的产物。

而绝对的、不变而纯粹自为的道德在马克思主义哲学视野下同样是不能成立的。人性的"善"与"恶"，作为社会意识内容表现的伦理道德范畴被看作在一定的社会经济、政治基础上产生的社会的概念，是人们在生活中对符合自我利益与群体利益之行为方式的肯定。人类的道德情感、道德理想无非是在社会群体的长期生活实践中逐步走向自觉和积淀内化，道德的价值与目的也无非是为着实现群体和谐与公共利益的最大化。道德是个"合群体性"的"文明功利"的概念。道德总是要放置到合群体性的视野下才能得到合理的理解。离开人类社会生活中千丝万缕的利益联系，离开人类的实践交往和共同生活，根本就没有"道德"问题之发生。

---

① 马克思，恩格斯. 马克思恩格斯全集：第42卷［M］. 北京：人民出版社，1979：96.
② 马克思，恩格斯. 马克思恩格斯选集：第1卷［M］. 北京：人民出版社，1995：295.

第十一章 浅谈现代新儒家人性观的若干问题

抽象道德论者和我们的理解不同，牟宗三这样理解道德，他说：

> 何谓道德，道德即依无条件的定然命令而行之谓。发此无条件的定然命令者，康德名曰自由意志，自发自律的意志，而在中国的儒者则名曰本心、仁体、或良知，而此即吾人之性体。①

比较而言，牟宗三的道德人性论的特点：一是从来不谈人性和"善"的现实来源的"不由外铄"的自在人性论和自在道德论；二是表面上重视"全幅人性"实则消极化贬抑人性的"物性"及知性内涵的纯粹人性论和单面人性论。人性从本体论层次的"心体"和"性体"得到界说，而这种没有现实性来源的抽象本体实质上则是一个由纯粹主观臆测和玄思假托的准神学的"灵明之自身"。

可以肯定的是，形而上学家们宣称的一切所谓不由"外铄"的无条件的"天赋德性""良知"以及"道德的定然命令""神性"无非是人们实践经验意识的"先验化"，是把后天的概念用到先天的属性上去，即把人的实践基础上形成的、关联于社会属性的善恶移到人的自然属性上。因此，无论是把人的自然属性还是社会属性的某一方面夸大为先天存在，都会导致抽象的人性论。与之相反，我们坚持的则是从社会实践史的视野出发，去考察人性的产生，去理解善恶的起源，去范导优良道德的形成，去追求人的全面发展。

（二）"证立多元开放心态""编织世界假设"与"终极信仰无关乎民主政治"

事实上，牟宗三所承继的传统儒家由于其道德理性、本心、性体等抽象的哲学概念所构成的"性善说"的片面性及其准宗教意义的流弊也已经为现代新儒家的第三代所注意和反思。

傅伟勋对现代新儒家的心性论论证进行了批评，他指出，"从孟子直至阳明

---

① 牟宗三．智的直觉与中国哲学［M］．台北：台北三民书局，1970：190.

的儒家真常心性论的任何'客观'意义的天命、天道等道德的形而上学观念只能是无从证立的一种可能看法而已"。他认为，不经过"多元开放心态"上有效的证立，道德的形而上学很难成为最具有哲理强制性或普遍接受性的形而上主张，而现代新儒家的良知论者仍然流于"单元简易心态"，忽略人性的现实，就难以避免过分单纯的解释或不必要的误解，甚至"以理杀人"。傅伟勋认为这种儒学的一贯倾向，在现代新儒家这里不仅没有改变，反而因其心性论的论证而有加强化的趋向。

刘述先也指出：传统中国哲学的理想往往陈义过高，在德性方面锐于求进，所以往往未能真正正视人性的阴暗面，没有照察到如西方基督教所体验最深的罪恶感，或西方心理学所挖掘出来的人心中种种的情结，西方文学所暴露的现实社会的丑恶面，以及痛摧心肺的悲剧的体会与感受。当然，出于其新儒家的理论立场，刘述先仍坚持认为，抽象的概念、"宇宙论的玄想"并不因为其非经验性而丧失其意义，他说：

> 我们自可以通过我们的经验见闻，触类引申，建立经验科学知识；我们也可以驰骋我们的宇宙论的玄想，用我们的想象力，编织成为一些世界假设（World Hypotheses），这些假设虽不能在知识上充分可以证成，却决非认知地无意义。①

但刘述先或许没有意识到，当他将"宇宙论的玄想"仅仅当作"世界假设"，他的立场就与熊十力、牟宗三等人所坚持的"良知不是假设而是呈现"的说法相去甚远而走近了冯友兰早年的新实在论的哲学立场了。"假设"与"呈现"无疑是西方理智主义与东方直觉主义的方向性差异，不过却表现出了他们这一代新儒者没有墨守师说，对传统心性之学采取了更为灵活的态度。

另外，刘述先提到传统中国哲学未能真正正视人性的阴暗面，这个批评，

---

① 刘述先. 朱子哲学思想的现代意义 [M] //刘述先. 儒家思想与现代化. 北京：中国广播电视出版社，1992：105.

<<< 第十一章　浅谈现代新儒家人性观的若干问题

对牟宗三来说同样也有效力。牟宗三和其他新儒家在人性论上一味乐观地强调"性善"，并试图以此来设计现代版的、能统摄法治的德治这样一种儒家式民主政治。而事实上，近现代西方政治哲学越来越趋向达成这样一种共识，人性论的分歧并不是政治思想达成某种表层一致的不可逾越的障碍，而性善也并不是民主的必要前提。

同样被认作是现代新儒者的余英时在他的《现代儒学论》中对此做了肯定的说明：

> 西方现代化的历程始于世俗化，即取消了"道统"——基督教——的绝对主宰地位，其结果是大家都知道的政、教分离。……对一个人最重要的终极信仰是与民主政治完全不相干的。同样的原则也适用于科学研究方面。①

牟宗三坚持善良人性的可能性，承认人的超越向度和道德完美化的目标，但实际上人性先验"善"是个准宗教的独断，由此出发自然难以给那些为现代民主社会广泛承认的、在底线和基本人权方面的个人存在以积极的认可与满足，对人性容易向恶的趋势缺少足够的意识和警惕（即张灏所谓为西方人重视的"幽暗意识"）。现代的民主政治不需要"性善"的人性观作必要条件。在这一点上，科恩的观点具有普遍的启示意义：

> 人性善或者性恶，难以确定。从理论上说，即使在自私的坏人所组成的社会中，民主也完全可行的。的确，民主的部分价值就在于它能使既能为善又能为恶的人能够规规矩矩地生活在一起。②

---

① 余英时．现代儒学论 [M]．上海：上海人民出版社，1998：216．
② 科恩．论民主 [M]．北京：商务印书馆，1988：60．

197

三、结语

牟宗三现代新儒学的人性观从传统中走来,又结合中国的时代问题做了新鲜的阐发和丰富,而其根底却仍是儒家传统的心性之学及其规定的性善论,其人性观表现了对传统范式的精巧的"保守",包含了学理和实践上极大的问题。要走出牟宗三式的道德理性中心阴影笼罩下的人性论故辙,要落实"全幅人性"即人的全面发展的理想,这就要求对传统形而上学的种种幻象给予"去魅"并推动人性观念向"生活世界"的还原。核心的观点就是:"一般人性",即以追求真善美为指向的知、情、意是人的类特性、类能力,乃是生物性与超生物性在社会实践中的动态进化、积淀内化和教育传导的结晶,它们互相渗透关联而形成生命的文化活动力与创造性,它们之间不存在所谓的唯一中心和绝对主导,而只是多元互动并统一于人之生命之中属人的自我能力而已。使人性能够独立而多元、全面而自由地表现、发展出来,从而创造属人和利人的科学文化、艺术文化、伦理文化,这应当被看成当代人文主义者在现实中最根本的任务。

第十二章

"照着说"与"接着说"
——浅谈牟宗三现代新儒学心性论的特质及其问题

现代新儒学的唯心主义本体论是承袭宋明理学程朱、陆王的心性本体论而来的,应该说,儒家之心性论与西方启蒙运动以来的所谓人性论并不相同,后者倾向于人的自然的和社会的本质的解释,而儒家的心性论则坚持认为心性论是根源于最高实在的,因而更注重其内在的和超越的性质,这是现代新儒家力图辨明的。在《为中国文化敬告世界人士宣言》中,牟宗三、唐君毅、徐复观等人即宣示此心性之学,"是中国古时所谓义理之本原所在者""正为中国学术思想之核心,亦是中国思想史之所以有天人合德之说真正理由所在"。[①] 余英时指出:"现代新儒家之熊、牟、唐,都是有很强烈的道统意识,而重建道统的方式则已与宋明以来的一般取径有所不同,这就是不重传道世系,而是以对'心性'的理解来界定。"[②] 因此,"心性论"即是新儒家的理论出发点,又是其学派的特征。牟宗三一方面坚守心性之学的传统规范,同时又结合时代问题,改进方法论,以现代的诠释方式推进了它的发展,创造出了心性论的历史新形态。本章即是要考察牟宗三心性论的层次结构,借以说明其如何将"照着说"和"接着说"相融会而为其新儒学做学理谋划的。

[①] 牟宗三,等.为中国文化敬告世界人士宣言[M]//牟宗三,等.当代新儒家.北京:生活·读书·新知三联书店,1989:120.
[②] 余英时.钱穆与中国文化[M].上海:上海远东出版社,1994:66.

一、牟宗三继承了宋明儒学以心性为本体的基本看法，将心性本体界说为"既存有又活动"、即道德即超越的最高实体

牟宗三认为，宋明儒学所讲者乃"性理之学"，也就是"心性之学"。在此心性之学中，"心"非形而下的血肉之心、思辨之心，"性"也非所谓"食色性也"之性，而是道德的本心与道德实践之所以可能的先天根据，是一切价值的根源，心性不单单是道德的先天根据，同时也是存在的先验根据，是"一切存在之源"，即在存在论上也是一切创造生机的内在根据，是究竟义，是最高义，故曰"心体"与"性体"。他说此心性本体：

> 虽特限显于人类，而却不为人类所限，不只限于人类而为一类概念，它虽特显于成吾人之道德行为，而却不为道德界所限，只封于道德界而无涉于存在界，而以其绝对无限的普遍性同时妙润一切而为一切存在之源。①

在他看来，滞心性本体于道德界而不准开存在界，或以先谈道体性体及其所成立之存在界为"空悬绝断"者，皆未得儒家的真精神。牟宗三分析说，宋明儒体悟的心体、性体、道体、仁体，一方面皆能静态地为本体论的"实有"；另一方面动态地为宇宙论的生化之理，同时亦为道德创造的实体和本源，心性本体究其本义应该是即体即用，既存有又活动的。心性本体若只满足于普遍性与超越性的存有论的规定，这便是"空悬隔断"，是西方观念论哲学意义上的不动而死滞的抽象本体，牟宗三认为，活动的成分在于心，只有心才能活动。没有心而只有理，是不能活动的。本心即性即理，它既是主观的，亦是客观的，复是绝对的。不如是讲超越的道德本心，也就脱离了中国哲学讲述心性的真实路数，这无疑反映了他试图在心性论的基础上调和"心即理"和"性即理"的矛盾的立意。

在判释宋明理学内在系统时，牟宗三就以"既存有又活动"和"只存有不

---

① 牟宗三. 智的直觉与中国哲学［M］. 台北：台北三民书局，1970：190-191.

活动"为衡断的标准而为其分类,他认为符合了前者的周敦颐、张载、程颢、胡宏、陆九渊、王阳明、刘宗周代表儒学的正宗,而被认为是主张后者的程颐、朱熹一系为儒学"歧出"的旁枝,是"别子为宗",牟宗三以此建立了他所理解的独特的儒家道统谱系。

二、牟宗三坚持孟子以来的性善说,将心性本体形而上的"创造性本身"视为理解人性的真所在

在分疏人性的结构,说明人性的实义以及如何发展人性等论题上,牟宗三与自孟子以降的区分人性为"仁义礼智"与"味色声臭"两层次(并将后者驱逐出人性领域)的传统思路相同,他也认为,"性有两层面:一是实然之性……一是自道德创造之真几说人之性",而实然与应然二性又不可并列齐观:

"生之谓性"所呈之性本就是实然之性,而不是道德创造之应然之性……但孟子心目中所想之性却正是道德创造性之性……孟子是就人之内在道德性、道德创造之真几说人之性。①

牟宗三认为,正宗儒家言人性是从人性的积极面即"自理或德而言性",而所谓"气性、才性、气质之性"即实然之本性是人性之消极面,对此当以孟子"君子不谓性也"的态度来审视之。

牟宗三结合儒家"心— 性 —天"的结构对人性做了本体论的解读。他认为,儒家对于"性"的规定大体可以分为《中庸》《易传》所代表的"天命之谓性"的"宇宙论的进路"和孟子所代表的"仁义内在",即心说性的"道德的进路"。② 所谓天命,并不是人格神的天作宗教式的命令,而是"天命流行"之命,也就是"天以其创造之真几流到你那里便是命到你那里,命到你那里便

---

① 牟宗三. 心体与性体:上册 [M]. 上海:上海古籍出版社,1999:131.
② 牟宗三. 中国哲学的特质 [M]. 上海:上海古籍出版社,1999:54.

就是你之性,此是宇宙论式的命法"①。每一个体虽然不同,但一切个体的"性"来自天的创造真几,这是同一的,因此它具普遍性(university)。② 他说:

> 孔孟之性是从了解仁那个意思而说,所谓"性与天道"之性,即从仁之为"创造性本身"来了解其本义。人即以此"创造性本身"为他的性。这是人之最独特处。……"尽性"即充分实现此创造性之意。这创造性本身落在人处,为人之性。若从宇宙大化流行那里看,就是天道。性是主观地讲,天道是客观地讲,此由仁那个观念而确定。此两面皆为仁所涵,贯通起来是一个观念。但创造性本身,就是生命的真几。我们讲恢复性,即恢复创造性本身。……此两点,即为孔孟立教之中心。③

从中可看出,牟宗三的心性论沿袭传统的"天命之谓性"的路数,即天道的"创造真几"通过"天命流行"的方式体现于现实的个体上,因此就在前提下先验地断定了人性之为善的特点。同时,心性的"逆觉体证",通过"仁"这个观念又可以呈现天道,使"天命之性"从人的道德性中得到印证和贞定。如果说性善论在孟子那里还有较多的伦理色彩,更强调"怵惕恻隐之心"和"不忍人之心",牟宗三的人性论则更多地展示出现代新儒家所具有的宇宙论、存在论的意义,这自然就更强化或凸显了性善论的超越的根据。

三、宋明心学以直觉主义肯定本心仁体之真实性的"工夫论"与方法论在牟宗三那里也得到"保守"

在如何把握内在而超越的心性本体这一最高存的问题上,中国传统儒学提倡直觉为主、理智为辅的方法论,提倡"大其心以体天下之物""穷神知化"。对此,牟宗三是赞同且坚持的。与熊十力"直觉为体,理智为用"和"性智高

---

① 牟宗三. 中国哲学的特质 [M]. 上海:上海古籍出版社,1999:55.
② 牟宗三. 中国哲学的特质 [M]. 上海:上海古籍出版社,1999:56.
③ 牟宗三. 中国哲学的特质 [M]. 上海:上海古籍出版社,1999:99.

于量智"的观点相同,牟宗三反对冯友兰从纯思的抽象逻辑的"理"本体论出发认为"良知是个假设"的观点,对于"心性之无限量",他主张不可悬空去拟议,只可通过以心性为起点自觉地做圣贤工夫(做道德实践),通过"智的直觉"使之自然"呈现"而为人们所了知。所谓"智的直觉",康德又名为"理智直觉",指一种上帝才有、直觉之即创生之的能力。但与康德否认人具有"智的直觉",不能达到物自体的观点不同,牟宗三借用这一观念,意在肯定依儒家传统,人之仁心或良知即具有这种既发生道德行为又"呈现"、创生存在世界的能力,他称之为"存有论的呈现(实现、创生)原则"(principle of ontological <creative> actualization)。

牟宗三的心性之学根本上是乐观的,与康德否认人具有"智的直觉",不能达到物自体的观点不同,牟宗三反复引用儒释道三教材料,试图说明人在理论理性有限的同时具有实践理性的无限性。实践理性或者说道德理性的"觉照"也就是"智的直觉",它可以洞彻本体。因为"本心仁体既绝对而无限,则由本心之明觉所发的直觉自必是智的直觉"①。牟氏把是否承认有智的直觉看作是"中西哲学最大的差异",认为在中国哲学传统中,"人有智的直觉"已经获得了"实践的证立"。因为在儒家心性之学中,成就个人道德创造的本心仁体总是"连带着其宇宙生化而为一的"。他认为,孟子所谓"万物皆备于我",王阳明所谓良知"生天生地""成鬼成帝"都内蕴了道德本性与宇宙本体至当归一的道理。依儒家的传统,显然只能由此肯定本心仁体的真实性。因而,按照中国哲学的智慧精神,人必然是人而神地具有"智的直觉"的,本心仁体既是道德行为的动源,更是创生万物的、直觉之即创生之的能力"绝对无限者"。② 人们必可以"智的直觉"而洞彻价值之源和存在之源,从而印证"心、性、天"不异的特质,他说:

而由此印证,即见此心此性,同时即通于天。于是人能尽心知性则知

---

① 牟宗三. 智的直觉与中国哲学 [M]. 台北:台北三民书局,1970:193.
② 牟宗三. 智的直觉与中国哲学 [M]. 台北:台北三民书局,1970:98-99.

天，人之存心养性亦即所以事天。……共认此道德实践之行，与觉悟之知，二者系相依互进，共认一切外在世界之道德实践行为，唯依于吾人之欲自尽此内在之心性，即出于吾人心性，或出于吾人心性自身之所不容自已的要求；共认人能尽此内在心性，即所以达天德，天理，天心而与天地合德，或与天地参。①

显然，这种高于逻辑理智的"智的直觉"印证的"心、性、天"合一的良知本体或本心的观念，自然是非生理、非心理、非逻辑而为经验知识所无法证实之物，因而也不具有科学真理（而只能是信仰真理）的意义，但它却是传统儒家与现代新儒家包括牟宗三整个哲学体系得以确立的根本方法。

四、牟宗三继承了宋明儒学心性论"体用不二"基础上"内圣开外王"的基本视野

牟宗三视野下的心性论不是所谓孤立的"内圣之学"，而是谋求"内圣"与"外王"一致的伦理政治哲学。可以说，力图以心性论为政治哲学的学理前提，以心性论为中心安排人生和政治的合理性秩序，这一点是中国传统哲学的基本色彩，同样也是现代新儒家学说的基本风貌。牟宗三在《为中国文化敬告世界人士宣言》中就指出，所谓外在化看的人的社会政治活动，都蕴涵一实现人之内在心性的概念：

人生之一切行道而成物之事，皆为成德成己之事。凡从外面看来，只是顺从社会之礼法，或上遵天命，或为天下后世，立德、立功、立言者，从此内在之觉悟中看，皆不外尽自己心性之无限量。②

---

① 牟宗三，等. 为中国文化敬告世界人士宣言 [M] //牟宗三，等. 当代新儒家. 北京：生活·读书·新知三联书店，1989：20-21.
② 牟宗三，等. 为中国文化敬告世界人士宣言 [M] //牟宗三，等. 当代新儒家. 北京：生活·读书·新知三联书店，1989：20.

心或心性指向现实的"家国天下"政治实践的这种外在化和客观化特点，根源于它的内在动力。牟宗三认为，本心不是单纯抽象的存在，而是既存有又活动，因而必然要在道德实践中体现。此"道德实践"是一广义的概念，包含道德、政治等人的社会活动和规范，这个活动和规范源于道德。何谓道德？牟宗三解释说："道德即依无条件的定然命令而行之谓。发此无条件的定然命令者，康德名曰自由意志，自发自律的意志，而在中国的儒者则名曰本心、仁体、或良知，而此即吾人之性体。"①

换句话说，国家政治和法律同样是作为"本心"的绝对精神的彰显和客观化。此本心又是所谓"普遍的精神实体"。这里就表现出了牟宗三坚持中国传统儒学"不舍世间"、积极入世，在社会政治践履德行的固有品质。

五、简短的评述

牟宗三的现代新儒学对传统心性论既照着说又接着说，心、心性、道体、心体、性体的概念都得到了"保守"并被赋予了道德理性、普遍的精神实体等新表达。作为牟氏思想体系的核心概念，心性本体同样是一切价值和一切存在的根源，是只能直觉之不可思量之的人和宇宙共有的本质，它即体即用，既存有又活动，遵循"精神之内在的有机发展"的辩证必然性，既能"自我坎陷"成"知性主体"以成立现代民主科学，"识心之执"又必要向"良知本体"起一复归以获得意义安顿，从而思辨地建构起以"无执的存有论""执的存有论"相结构的"道德的形上学"，表现了推进传统心性论新发展的学理特点，因而，从某种意义说，牟宗三确实是儒家现代心性学理论的系统建构者。

牟宗三现代新儒学心性论无疑也蕴含了诸多复杂而内在紧张的问题，限于篇幅，笔者只拟做一个概括的点明。我们认为，牟宗三的心性本体论，至少有这样几个问题值得我们进一步展开辩难批评。

第一，牟宗三以心性论为核心的新儒学，哲学地表现了对于宇宙世界做整

---

① 牟宗三．智的直觉与中国哲学［M］．台北：台北三民书局，1970：190．

体把握的形而上学迷恋。牟宗三坚持将心性的抽象原则放在核心位置，并赋予其"一切价值之源"和"一切存在之源"的最高实在的规定，延续着儒家传统的天道信仰倾向。在一个"拒斥形而上学"的"去魅"时代，如此执著"直觉之即创生之的"作为"绝对无限者"准神学的"本心"概念和"内圣"的宰执意义，既表现了其作为儒者对传统的固守，同样也显得很不合时宜。如何解决心性论形而上学的真理权威性与现代社会所要求的文化的多样性发展之间的矛盾，建立"多元开放心态"是个根本的难题。

第二，心性论儒学中的"本心"所具有的价值根源、存在根源的本体特性，在牟宗三看来只能依靠"智的直觉"来把握。这种"智的直觉"显然是超越感性、知性的，由此神秘主义的方法论所印证出来的所谓本性或本心的观念，并不是经验知识所能证实（虽也不能证伪）的东西，不具有科学真理的意义，因而不具有可普遍接受与应用的价值，至多不过是一种信仰的"存在"。包括牟宗三在内的新儒者们以直觉为体，理智为用，视整个知识领域为低一层次的活动，对知性学问而言难以有足够的平等对话、和衷共济的气度，这对知性学问和科学的发展而言，多少是一种阻碍。而从哲学认识论的思维形式上看，逻辑理智与"智的直觉"都是高于感性经验和感性直觉的思维方式，二者处于同等的理性认识地位，二者在不同的领域内有不同的应用方法，它们是相辅相成而没有任何优劣上下的属从关系。

第三，和其他新儒家一样，牟宗三在人性论上一味乐观地强调"性善"，并以其心性论解释人性论，用存在论证明性本善，而抱着善良的愿望把人的自我价值说成是宇宙本体，其实正反映了一种道德中心主义崇拜症，事实上并不能解决现实的社会问题，也容易膨胀出余英时所讥刺的"良知的傲慢"和"金字塔尖"的精英主义人格心态[①]。这无疑不适合多元化时代需要，反"精英文化"或反"精英主义"的声浪在西方高涨便是这一趋向的明确标志。而与牟宗三等新儒家人性善论者相比较，现代社会学对于人性问题较多地持一种相对主义的

---

① 余英时. 现代儒学论[M]. 上海：上海人民出版社，1998：217-218.

看法，历史唯物论的立场也告诉我们，美好人性之所以可能也并不需要从某种先验而至善的绝对心性出发，而是从社会和经济环境的科学规划与改造出发，去实现对人性趋向善良的范导。

第四，牟宗三以"良知自我坎陷"说为"识心之执"及其支持的民主科学开路，从而沟通价值事实两界。这虽然表明了儒家的道德理性对产生和发展民主科学的容忍，是对心性论的一种现代修正方式。但也正是这种"暂忘""中立""坎陷"，表明民主科学的产生和发展别有人本意义上的依据与根源而不必隶属于道德价值，或者说这至少就揭示了价值与事实两个世界有着不同的意义和规则。而牟宗三念念不忘的良知的"自我坎陷"与知性文化向"良知本体"的复归，最多说明了科学与民主需要的是知性思维的发用并需要给予价值与意义向度的思考而已，但这恰恰在深刻上暴露了良知本体的有限性和对特定领域问题上"根据"的失效，揭示了心性本体作为"一切存在的根源"的绝对性地位的虚弱性，或者说心性本体不是无限和绝对的，它的失效与虚弱说明其同样是有限而相对之物。我们认为，理智与直觉是互补关系，其转化也是在一定领域的一定限度之内，是有条件的。儒家的心性本体即道德直觉不能"直觉之即创生之"，也不能直接转化为科学领域内的逻辑理智，即使在社会领域内的道德直觉也不能直接转化为经济学、法律学的理论和实践。

总之，心性论既是牟宗三创造其现代新儒学思想的核心理论，同时又对其新儒家思想以致命的束缚，从形而上学角度强调其心性本体的意义就不可避免地抹煞经验现实；而从实证主义角度肯定现实则可能导致对本体的根本否定，从而动摇其整个理论和信仰的基础。只要不摆脱心性论框架，其表现出来的"唯人文主义"的"价值一层论"的理论偏失也终究无法得到克服，而这也反映了现代新儒学一个难于克服的根本理论困境。

参考文献

[1] 张岱年. 文化与哲学 [M]. 北京：教育科学出版社, 1988.

[2] 张岱年, 程宜山：中国文化与文化论争 [M]. 北京：中国人民大学出版, 1990.

[3] 李宗桂. 中国文化概论 [M]. 广州：中山大学出版社, 1988.

[4] 张世英. 天人之际：中西哲学的困惑与选择 [M]. 北京：人民出版社, 1995.

[5] 成中英. 世纪之交的抉择：论中西哲学的会通与融合 [M]. 上海：知识出版社, 1991.

[6] 曹锡仁. 中西文化比较导论 [M]. 北京：中国青年出版社, 1992.

[7] 安乐哲. 和而不同：比较哲学与中西会通 [M]. 北京：北京大学出版社, 2002.

[8] 阿伦·布洛克. 西方人文主义传统 [M]. 董乐山, 译, 北京：生活·读书·新知三联书店, 1997.

[9] 王晓明. 人文精神寻思录 [M], 上海：文汇出版社, 1996.

[10] 杨岚, 张维真. 中国当代人文精神的构建 [M]. 北京：人民出版社, 2002.

[11] 萨顿. 科学史和新人文主义 [M], 北京：华夏出版社, 1989.

[12] 韩震. 重建理性主义信念 [M]. 北京：北京出版社, 1998.

[13] 冯天瑜, 等. 中华文化史 [M]. 上海：人民出版社, 1990.

[14] 邵汉明. 中国文化研究二十年 [M]. 北京：人民出版社, 2003.

[15] 启良. 西方文化概论 [M]. 广州：花城出版社, 2000.

[16] 马克思. 1844 年经济学哲学手稿 [M]. 北京：人民出版社, 1985.

[17] 卡西尔. 人论 [M]. 上海：上海译文出版社, 1985.

[18] 蓝德曼. 哲学人类学 [M]. 北京：工人出版社, 1988.

[19] 杨适. 人的解放—重读马克思 [M]. 四川人民出版社, 1996.

[20] 韩庆祥. 哲学的现代形态—一人学 [M]. 哈尔滨：黑龙江教育出版社, 1996.

[21] 胡家祥. 文化解析与心灵结构 [M]. 北京：北京大学出版社, 1998.

[22] 罗素. 西方哲学史 [M]. 北京：商务印书馆, 1996.

[23] 谢立中, 孙立平. 二十世纪西方现代化理论文选 [M]. 上海：上海三联书店, 2002.

[24] 葛兆光. 中国思想史（第 1—2 卷）[M]. 上海：复旦大学出版社, 1998.

[25] 亨廷顿. 文明的冲突与世界秩序的重建 [M]. 周琪, 等, 译, 北京：新华出版社, 1999.

[26] 池田大作, 阿·汤因比. 展望 21 世纪—汤因比与迟田大作对话录 [M]. 北京：国际文化出版公司, 1985.

[27] 梁漱溟. 东西文化及其哲学 [M]. 北京：商务印书馆, 1999 年.

[28] 梁漱溟. 中国文化要义 [M]. 上海：学林出版社, 2000 年.

[29] 熊十力. 返本开新：熊十力文选 [M]. 上海：上海远东出版社, 1997.

[30] 贺麟. 文化与人生 [M]. 北京：商务印书馆, 1999.

[31] 牟宗三. 历史哲学 [M]. 台北：台湾学生书局, 1988.

[32] 牟宗三. 道德的理想主义 [M]. 台北：台湾学生书局, 1985.

[33] 牟宗三. 政道与治道 [M]. 台北：台湾学生书局, 1987.

[34] 牟宗三. 生命的学问 [M]. 台北：三民书局, 1988.

[35] 牟宗三. 中国哲学的特质 [M]. 上海：上海古籍出版社, 1997.

[36] 牟宗三. 中国哲学十九讲 [M]. 上海：上海古籍出版社, 1999年.

[37] 牟宗三. 中西哲学之会通十四讲 [M]. 上海：上海古籍出版社, 1997.

[38] 牟宗三. 客观的了解与中国文化之再造 [M] //当代新儒学论文集·总论篇. 台北：文津出版社, 1991.

[39] 牟宗三. 中儒家的当前使命说中国文化的现代意义 [M] //当代新儒家. 封祖盛, 编. 北京：生活·读书·新知三联书店, 1989.

[40] 牟宗三. 中国文化发展中的大综和与中西传统的融会 [M] //儒学与当今世界, 台北：文津出版社, 1994.

[41] 牟宗三, 徐复观, 张君劢, 唐君毅. 为中国文化敬告世界人士宣言 [M] //当代新儒学. 封祖盛, 编. 北京：生活·读书·新知三联书店, 1989年.

[42] 徐复观. 中国人性论史·先秦篇 [M]. 上海：上海三联书店, 2001.

[43] 唐君毅, 张祥浩. 文化意识宇宙的探索 [M]. 北京：中国广播电视出版社, 1992.

[44] 李泽厚. 李泽厚哲学文存（上、下编）[M]., 合肥：安徽文艺出版社, 1999.

[45] 蒙培元. 中国哲学主体思维 [M]. 北京：人民出版社, 1997.

[46] 杜维明. 东亚价值与多元现代性 [M]. 北京：中国社会科学出版社, 2001.

[47] 道·学·政一论儒家知识分子 [M]. 上海：上海人民出版社, 2000.

[48] 辛华, 任菁. 内在超越之路：余英时新儒学论著辑要 [M]. 北京：中国广播电视出版社, 1992.

[49] 余英时. 现代儒学论 [M]. 上海：上海人民出版社, 1998.

[50] 刘述先主编. 当代儒学论集：传统与创新 [M]. 台北：中央研究院中国文哲研究所筹备处, 1995.

[51] 陈来. 古代思想文化的世界：春秋时代的宗教、伦理与社会思想[M]. 北京：生活·读书·新知三联书店，2002.

[52] 李明辉. 儒学如何开出民主与科学[M]//原道（第6辑）. 贵阳：贵州人民出版社，2000年：.

[53] 李明辉. 牟宗三先生与中国哲学之重建[M]. 台北：文津出版社，1996.

[54] 林安梧. 当代儒学发展之新契机[M]. 台北：文津出版社，1997.

[55] 江日新. 牟宗三哲学与唐君毅哲学论[M]. 台北：文津出版社，1997.

[56] 方朝晖. "西学"在"中学"中的命运：形而上学之例[J]. 上海社会科学院学术季刊，2002（3）.

后 记

　　本书是笔者迄今以来对文化哲学相关领域和问题研究的系列论文的结集。虽然总体保持了方法论的一贯，但仔细推敲，各章之间仍然难免有疏阔之处，且论文的写作前后或间隔相当的时间，也使得较早的一部分论述稍显稚气和不成熟。这只能付诸无可奈何之叹了，就当作一个过去的日历放在这里，任由读者去评说。而我个人的研究兴趣点当然也不再停留在纯粹理性的概念世界，而愿意把更多的时间放在诸如探寻闽西明清古村落、研究整理家训和家谱，深入去了解祠堂、祭祀礼乐仪式等儒家社会学、民俗学的领域。我相信，那是一个更活泼、更有生机的世界，那里有儒家、传统文化和中华民族精神的本根。传统文化现代化不是重复和因循西方功利主义和经济主义的窠臼，而必须更扎实地从民族脚下的土地上发起。

　　能幸运地得到资助付梓，要感谢华侨大学马克思主义学院的大力支持，怀艺院长多次关心本书的出版，令我感动。

　　华侨大学哲学与社会发展学院博士生导师冯兵教授是我相识多年的兄长。其人学识渊博，性情沉静善思，平时常得其教益和友情鼓舞，并不敢忘记。此次又为我这本小书欣然作序，给予重要的意见，他的观点也足资我以后在相关的教学研究工作中给予运用。

汤忠钢
2019 年 6 月 4 日于厦门集美